小林康夫×中島隆博
KOBAYASHI YASUO NAKAJIMA TAKAHIRO

日本を解き放つ

東京大学出版会

Freeing Up Japan:
Macro Perspectives on Japanese Culture
Yasuo Kobayashi and Takahiro Nakajima
University of Tokyo Press, 2019
ISBN 978-4-13-013097-4

はじめに――世界の未来に向かって

小林康夫

『日本を解き放つ』――ふしぎなタイトルとなりました。

どこに向かって解き放つのか、もちろん世界に向かってです。日本文化とは異なる多様な他文化からなる「世界」という地平に向かって。

だからといって、この本をとおして、われわれが行おうとしていることは、世界の他文化の人々に、直接、日本文化を紹介したり、説明したりすることではありません。いつか英語、その他の言語をもちいて、そうした本をつくることもあるかもしれませんが、そのためにも、まずは、われわれ自身が、日本文化を、その「内」にいながら、しかし「外」から視る視角を見出さなければならないということなのです。

すなわち、真に越境的な交流が起こるためには、自分がいるその場において、いささかなりともその場を俯瞰《ふかん》する垂直的な視点の獲得が必要である、と言ってもいいかもしれません。

すでに明治維新の「開国」以来150年、多くの日本文化が世界へと運ばれ、紹介され、理解され、受容されています。「浮世絵からMangaまで」と言ってもいいし、「貞奴《さだやっこ》から舞踏まで」あるいは「柔道から鮨《すし》まで」、「京都学派から村上春樹まで」と言ってもいいかもしれない。文学も映画も建築もアートも海外で高く評価されている。日本文化への関心は高く、期待も大きい。わたし自身、外国の友人たちと話をしていて、何度となく日本文化の（かれらの眼にうつる）「神秘性」への強い興味を打ち明けられています。それは、21世紀に入ってとくに強くなってきていると感じます。

あえて言うならば、それは、西欧文化がある種の限界点に達したという認識が広まっていることでもある。これまで世界を主導してきたルネッサンス以来の西欧文化が行き詰まり、破綻しかかっていると多くの人に感じられはじめている。それは、根幹においては、西欧文化とはちがった歴史的発展をし、かつ近代化以降、きわめて効果的な仕方で西欧文化を受容してきている日本文化のなかに、未来を開くまだ知られていない「鍵」があるのではないか、という興味関心、いや、呼びかけなのです。つまり、日本を、世界の未来に向かって、解き放ってほしい、という呼びかけ。それに応えたい。だが、準備がいります。日本文化を未来に向かって開くべく、それが何であるかを世界の人々と「対話」するための準備——それこそが本書をつらぬく、慎ましい、だが激しい願いなのです。

こうして、本書が、かならずしも日本文化を専門とする研究者によってつくられていない理由を理解していただけると思います。専門というなら、中島隆博は中国哲学の研究者であり、わたし小林康夫のバックグランドはフランス現代哲学です。

だが、われわれは、2002年から東京大学で、いわゆる「21世紀COE」予算などで運営されていたUTCP（University of Tokyo Center for Philosophy）「共生のための国際哲学教育研究センター」のメンバーとして、十数年にわたって、世界各地の哲学者たちと対話的研究交流を実践してきました。チームを組んで、アメリカ合衆国、カナダ、アルゼンチン、ドイツ、フランス、イギリス、アイルランド、スイス、イタリア、ブルガリア、中国、香港、台湾、韓国、ベトナム、ミャンマー、インド、シンガポール、オーストラリア、イスラエル等々、多くの国に行きました。また逆に、多くの国の研究者を東京や京都に招きました。そうした場合、もちろん日本文化に還元されない現代の切迫する諸問題、共通の研究テーマについての発表も行うわけですが、同時に、かならず日本文化についての講演や発表も求められました。わたしは日本文化の専門家ではない、などという言い訳は通用しません。

日本文化から出発して、あなたは、われわれになにをもたらしてくれるのか、われわれにも理解できるようないかなる「哲学」を贈与してくれるのか、と問われる。そして、その呼びかけに応えられないようであるなら、――もちろんはっきり言われるわけではありませんが――、あなたはわれわれの文化も理解できないだろうし、われわれの「友情」に値しないだろう、ということになる。

しかし、このような場合、日本文化の特定の対象をただもってきて、それについて一方的に論じるというのでは相手の期待に応えたことにはならない。よくあることですが、それでは一方通行で終わってしまいます。相手はかならずしも日本文化の専門家ではないので、ただ個別の対象を論じるだけでは十分ではなく、それを、一般化可能な水準におけるマクロなパースペクティヴにおいて語るのでなければ真の国際的なコミュニケーションへと発展していくことがありません。そのためには、われわれ自身が、日本文化についてのマクロなパースペクティヴをもつ必要があるのです。だが、まさに言うは易しです。自分がそのなかに浸かっている文化は一般的な論理の水準で他者に語ることができるようには認識されていません。生きた文化は、前意識、無意識の次元に浸透して組織されているからで、その人には「あたりまえ」のことであっても、それを異文化の他者に「翻訳」して論じることはとても困難です。しかも、「日本文化」といっても、統一されたひとつのものではなく、それは無数の他の文化が入り交じり、溶け合い、重なりあった複雑な複合体です。文化は他の文化との交流のなかではてしなく自己組織化を行い続けるダイナミックな生命体です。同時に、そのダイナミズムのうちには、変容を惹《ひ》き起こす契機となるコアとなる「文化遺伝子」、あるいは「基本的アプリケーション」のようなものもある。変化と同時に不変なものもある。その両方の視点から日本文化の歴史的な展開を、きわめて大きなパースペクティヴでつかみ直すことができないか、それが本書の出発点にあったわれわれふたりの問題意識だったのです。

以上から明らかなように、本書は、学術的な研究書でもなければ、いわゆる教科書でもありません。そうではなくて、これは、世界と日本とのあいだに立って、現在、活動している方々、これからそのような現場へと赴くであろうような若い人々に向けて、世界から日本に向けて発せられる

「呼びかけ」に応える準備をうながし、そのための「鍵」を手渡すことを願う本なのです。日本文化の具体的な項目については、無数の手引きがあり、参考文献がある。われわれは、そのようなひとつひとつのジャンルや対象について論じるのではなく、無謀と知りつつ、あえて「日本文化」なるものを、できうる限りマクロな視点から語りあってみたかったのです。

昔からわたしはそう主張しているのですが、「知」とは「知識」ではなく、「行為する」ものでなければなりません。ここでは「行為」とは対話です。「世界」と対話するために、まずは、限りなく「世界」に近いその境界線の、しかし「日本」の側に立って、準備としての「対話」を行為すること。ひとつの結論を得るための「対話」ではなく、まずは「対話」を通じて、われわれの「日本」をおたがいに開くこと。

そのために、「いま、日本文化を世界に開くとしたら、あなたはどう語るか」、という問いにそれぞれが独立に応える短いエッセイを3、4本書き、それをもとに7回の「対話」を行いました。本書はその記録ということになります。

最後にあえて言っておきたいことがあります。それは、本書の、とりわけわれわれの対話の底には、危機の感覚が共有されていたということです。すなわち、とりわけ今世紀に入って、世界そして人類の文化は、これまでにない大変化のなかに突入しているということ。情報革命、地球温暖化、環境問題、全世界的な社会不安の増大、資本主義のデッドロック、国民国家の揺らぎ、ポピュリズム的政治運動……、さまざまな問題が複雑に絡みあうカオス的状況、人間のスケールをはるかに超えた文化変容をわれわれは生きているのです。この未曾有《みぞう》の危機的状況を前にして、われわれは、もう一度「人間とはなにか?」を問い直さなければならない事態に立ち至っています。だが、それをただ抽象的な一般的な問いとして考えるわけにはいかない。「人間」とはもっと具体的で現実的な、なによりも歴史のなかに根づいている存在です。だからまずは、われわれにもっとも近い「文化」としての「日本文化」をどのように受けとめ、それをどのように疑いもなくカオス的である「未来」の方へと開いていくのか、この問いに向かい合わないわけにはいかないのです。

日本を解き放つ——それは、過去の日本文化を世界に「輸出」しようというのではありません。そうではなく、日本文化を「未来」に向けて開くこと、どのように開くかを考えること。非力ではあるが、それがいま、われわれの思考の責務である。その思いが、この本を世に送り出そうとするわれわれの願いです。

日本を解き放つ／目次

はじめに――世界の未来に向かって　小林康夫

装丁・本文デザイン　佐々木由美／designfolio

[巻頭対談]

日本文化をつかむ

火と水の婚姻

中島　小林さんは、2017年の夏に東大の大学院生を連れて、インドにいらっしゃって前代未聞の経験をされたとうかがいました。火と水をテーマに踊ると、天が感じて洪水が起きてしまったという経験です。ところで、なぜ火と水だったのでしょうか。この2つは古代中国でも、世界を構成する五行《ごぎょう》のなかの2つのエレメントでした。この2つの関係は、古代中国での政治の正統性をめぐる議論のなかでもよく論じられました。水は火に克《か》つ（五行相克《そうこく》）とか、水が木を生み、木が火を生む（五行相生《そうしょう》）とかというイメージですね。そして、それが日本に入ってきますと、神道のなかで、火と水は重要な働きをなすようになります。しかし、小林さんはなぜこの2つに着目されたのでしょうか。

小林　火と水というのは、わたしにとっては、昔からずっと一貫してある秘密のテーマなんですね。詩的なイマジネーションにとっての根幹です。わたしの出発点は、「水の思考」でしたからね（「水の思考」『エピステーメー』1976年4月号）。そして火はいつもわたしにはわからないもの、いつかそれを知りたいものとしてありました。火と水の婚姻、その不可能な結びつきこそ、神秘の根幹だという感覚ですね。あえてそれを今日の文脈の「日本」にもってくるなら、火と水こそ、この火山列島の秘密の本質だみたいなことも思いますね。たとえば「お水取り」とか、「火祭り」とか、つねに火と水が神秘主義の根元にあります。そのイメージが、なんとインドのケララ州山中の舞台で突然に蘇って、学生たちとともに

中島　「火と水の不可能な婚姻」をテーマに即興の舞台をつくったわけです。

それはすごくおもしろいですね。たまたまこの前、神田明神《かんだみょうじん》に行ったんです。そのときうかがった話が水と火でした。神田明神の屋根に飾りの動物が載せられています。あれは伊東忠太《ちゅうた》が載せたらしいんですが、水の化身だそうです。水の化身が、神社を守っているわけですね。神田明神は、昔はもっと海に近いほう、いまの神保町《じんぼうちょう》の南、大手町のあたりにあったらしく、やはり水に関係していたようです。うかがった説明によると、江戸に火事が多かったから水の象徴を載せたんだろうとのことですが、たぶんそれ以上のことがあるのではないかと、わたしは思っています。というのも、神道のなかには、水と火のテーマがずっとあるからです。

お隣の湯島《ゆしま》聖堂でもおもしろい話をうかがいました。そちらの大成殿《たいせいでん》は黒い色で塗られています。考えてみれば、孔子廟《びょう》が黒いというのは、中国ではないんです。なぜ黒なのでしょうかとうかがいましたら、これはじつは水の象徴なんですとのことでした。また、この大成殿にもやはり屋根に飾りが載っています。これも伊東忠太がつくったんですが、こ

「火」と「水」こそ、この火山列島の秘密の本質（小林）

れは小さい竜だそうです。水の神ですね。神田明神にしても湯島聖堂にしても、2つとも伊東忠太がつくったから、似ていないわけはないのですが、それにしても水のイメージが貫かれています。

小林　伊東忠太は、東大の先生でしたっけ？

中島　伊東忠太は、東大の建築の初期の人で、Architectureを「建築」と訳して、定着させた人です。それまでは、「造家《ぞうか》」という訳語でした。多くの建築を残していますが、東大の正門や、築地《つきじ》本願寺とかをつくった人です。かれの頭のなかでも、水のイメージが日本に割り振られていたのでしょう。だから、湯島聖堂のような儒教の場所に、日本的な水を用いたのだと思います。ちなみに、中国の五行思想では、水には黒という色が配当されています。

考えてみますと、伊勢神宮には内宮《ないくう》と外宮《げくう》の2つがありますが、たしかあれも火と水じゃないですか。天照大御神《あまてらすおおみかみ》を祀《まつ》る内宮に対して、豊受大御神《とようけおおみかみ》を祀るのが外宮で、それぞれ火と水に対応しています。豊受大御神は天照に食事を捧げる神ですので水に配当されましたし、天照は太陽神ですから、当然火です。なにか日本の古いところに、やっぱり火と水の結婚というのがあるのかなという気がしますね。

小林　なるほど、すでに日本列島のあちこちに「火と水の婚姻」が祀られているということで、これこそ最初から、日本文化の秘密のパースペクティヴという感じもしますね。まあ、われわれのほうは、いっしょに行った院生たちとインドの俳優やダンサーの舞台を観たあとに、ある種の答礼として、われわれの「儀礼」を山にささげようと思ったんですね。聖なる山でしたから。われわれは半年間、「すごくゆっくりとした歩行」を練習としてやってきたので、ものすごくゆっくり舞台を横切りながら、誰かに希望を届けるということをやろう、と思っていました。その日の稽古の最中に親指の爪を剝がした女子学生がいたので、彼女に、君はこの舞台の端で死にそうな人間としていてくれ、と言い、もうひとりの学生に舞台に設定した「生命の泉」から「水」を汲《く》んで彼女に届けてくれ、と言ったわけです。そういうことを数分で準備して、稽古なしにインドの演劇人たちの前でやってみた。そうしたら、その日の夜、モンスーンが吹き荒れて、土砂崩れが起き、われわれが夕方パフォーマンスした舞台まで土砂に埋まるという惨事が起こりました。

中島　きっとなにかに触れてしまったんですね（笑）。

小林　そうかもしれません。われわれはなんとか空港に辿り着いて予定通り帰ることができましたが、インドの友人たちは、たいへんな思いをしました。いままで学生たちともずいぶん海外に行きましたが、いつも最上の晴天でした、そのわが伝説が一挙に崩れ、わたし自身、

日本の古いところに、火と水の結婚がある（中島）

その衝撃からまだ立ち直っていません。そう、なにかに触れてしまったという感覚は消せませんね。

日本文化の本質をつかむ

小林　思いがけず私語りからはじまってしまいましたけど、この本の前提について一言だけ語っておきましょうか。この企画は、すでに中島さんの編集で2巻本の『世界の語り方』が刊行されていますが、それと同じく、東大のＥＭＰ（エグゼクティブ・マネジメント・プログラム）の講義の延長線で、たとえば日本の企業の先端に立って活躍していらっしゃるような人たちに、世界の文化／日本の文化をどう学び直すかということのヒントをお伝えできたらという願いが出発点ですね。日本の文化を、世界との関係においてどういうふうに考えるか、をワンポイントでつかんでいくみたいな。そういうことを、この本を通じて、サジェスチョンできればいい。別にこれが、ひとつのまとまった体系的な本というんじゃなくて、むしろヒントとなるようなものを与えたい、これがわたしの願いです。だから、ふだんわれわれがあまり意識せずに生きている日本文化の奥にある、コンセプトなのか、アイデアなのか、プロセスなのか、やり口なのか、わかりませんけれど、そういうものをつかんでみたい。日々、そこら中で感じられるわりには、かえって、それとして取り出されることがないようななにかを、中島さんと提示できたら、と思います。

中島　感じていても、それが言葉に結晶化しないと、使える概念にはならないわけですから、それをなんとかうまく提示できればと思います。

インティマシーとインテグリティー

中島　そうなると、日本文化の奥にあるものに触れるわけですから、われわれの共通の友人であるトマス・カスリスさんの、インティマシーとインテグリティーの議論（『インティマシーあるいはインテグリティー』法政大学出版局、２０１６年）が、やはり出発点になると思うんですよね。

小林　そうですね。

中島　かれに言わせると、インティマシーこそが、日本の神秘主義の根幹にあるんじゃないか、というわけです。もちろん、かれは非常に慎重な人でもあるし、クレバーな人でもあるので、日本文化が全部インティマシーだとは絶対に言わないわけです。インティマシーにしても、インテグリティーにしても、２つの型であって、両方がどの文化にもあって、どちらがより前景化されるかの違いだというのです。その上で、そのインティマシーとインテグリティーがぶつかったときにどうなるのかを考えることまでするわけです。そこまで踏まえた上で、それでも、日本の神秘思想の根幹はインティマシーではないか、というのです。

小林　カスリスさんたちが長い苦労を重ねて *Japanese Philosophy: A Sourcebook* (University of Hawaii Press, 2011) をつくってくれたというのはほんとうにすごいこと、ありがたいことですよね。「日本哲学」という名のもとに、空海から、最後は坂部恵《さかべめぐみ》さんや井筒俊彦さんにいたるまでの膨大なテクストを1冊にまとめる本をつくってくれた。これ以降、「日本哲学」は世界に断固として存在するわけですから。

カスリスさんは、一方では『ソースブック』をつくって「日本哲学」を体系的に研究するのだけど、同時に、インティマシーとインテグリティーという独自の切り口で日本文化に迫ってきた。すると、このインティマシーという英語の言葉が、先ほど言ったみたいに、われわれ日本人がなんとなくわかっているが、本質として提示できない、文化の無意識の核を突いてくるわけですよね。なるほど、と膝をうつというか。

そのときに衝撃だったのは、わたしにとっては、インティマシーではなくて、反対のインテグリティーのほうだった。つまり、インティマシーは、たしかにとても日本人的で、どう訳するか難しいですが、共同体的な親密性というか、近接性とか、他者と真正面からぶつかるんじゃなくて、仲間同士でつきあっていくみたいな、いつも小さな器、小さな村のなかでコミュニケーションしているような人間たちの生き方を、とてもうまく突いていると思ったんだけれども、反対概念がインテグリティーだと言われたときに、衝撃が来ましたね。

実際、インテグリティーという言葉をなんと訳すのか。これは日本語にならないじゃないかと。インテグリティーという言葉を翻訳することができないほど、われわれにはインテグリティーへの感性がないんじゃないか。

中島さんは、インテグリティーをどう訳しますかね？　完全性とか、完全無欠とか。その人の全体がそこにあるみたいな？

中島　統合されているとかですかね。

小林　なるほど、統合されているね。では、インティマシーとインテグリティーの問題は、中国文化ではどうなっているんだろう、みたいなことも考えるのですが。

中島　カスリスさんの本を訳した衣笠正晃先生や解説を書かれた高田康成先生をもってしても、これらの語は訳せなかったわけですよね。それはわれわれがもっている語彙《ごい》が、インティマシーにせよ、インテグリティーにせよ、それらをつかまえるほど洗練されていないということだと思うんです。日本文化はインティミットなものだと言ったところで、じゃあ、ほんとうにカスリスさんが言うようなインティマシーをつかまえることができているかと

翻訳することができないほど、インテグリティーへの感性がない（小林）

いうと、それはあやしいですよね。

小林　疑わしいよね。

中島　たぶん、このカスリスさんの仕事が可能になったのは、かれがインティマシーとインテグリティーの緊張関係の間でちゃんと思考ができている人だからだと思います。両方をわからないと、じつはインティマシーもわからない。だから、日本のことを考えるときに、いつも悩ましいのは、たしかにインティミットなんだけれども、そのインティミットさが、インテグリティーを欠きすぎているときがあるので、インティマシーまでも洗練されないというところがあるのではないかということです。

小林　ありますね。

中島　このことは先ほどから、小林さんも警戒されていることだろうと思います。では、具体的に日本の文化を見ていきますと、インテグリティーの要素も結構あるわけです。カスリスさんたちの『ソースブック』は空海から井筒です。わたしは拙著（『思想としての言語』岩波現代全書、2017年）でこれを真似させてもらって、空海からはじめて、井筒の空海論で終わりました。これは、『ソースブック』に対するオマージュでもあり、ひとつの応答でした。

たとえば、空海を見ると、一方で、ものすごくインティマシーを追求した人です。空海がつくった密教は、インティマシーの壮麗な体系だという気がします。しかし、それを可能にしたのは、空海のものすごくインテグラルな思考です。わたしはそれを、ある種の配置の思考だと呼んでいいと思っています。なにか完全性をもつとか、統合されるパースペクティヴを可能にするように、物事をきちんと配置していく手つきですね。空海は、それを当時の中国の学術から相当手に入れたわけです。

先ほどのご質問ですが、中国の思想とか哲学のなかでは、インティマシーの要素とインテグリティーの要素の両方があって、それらはいつも、ものすごい強度でぶつかりあっています。簡単に理解したい人たちは、たとえば、道教はすごくインティマシー的で、儒教はインテグリティー的なものだと理解する傾向があるんですが、そんな単純なものではまったくありません。その2つはお互いにすごい緊張関係にあり、その緊張関係のなかで、中国の思想が鍛えられ続けてきたと思います。

また別に仏教がありますが、これはインティマシーとインテグリティーの両方を強力にもっている新しいタイプの思考です。それが中国に入ってきて、さらに緊張度が高まったと思います。当然、日本の人たちは、そうした中国を見ているわけですから、その上で、自分たちで、インティマシーにしてもインテグリティーにしても、洗練し直してきたんだろうなと思います。

ただ、その努力を、われわれがちゃんと理解しているかというと、どうもそうではない気がしてなりません。

空海のインティマシー／インテグリティー

小林　空海がインテグリティーというのはわかるんだけれども、インティマシーの極致であるというのは、たとえばどういうことかしら。

中島　2015年の夏に、小林さんやアメリカの先生、そして院生たちと一緒に高野山《こうやさん》に行って、『声字実相義《しょうじじっそうぎ》』を読んだりしました。それは一種の言語論なのですが、不思議な言語論です。ここには、ありえないことが書いてあるわけです。「声」と「字」と「実相」が、けっして別物ではない、ということです。インテグラルな思考からすれば、普通はそれらを区別したいわけです。ところが空海は、この3つは異なった概念ではあるけれども、それらは別物ではないと述べることで、ある種の神秘の次元をつくり出します。この手つきは、わたしにはなにかインティマシーという秘密を明らかにしているように思われます。このことを小林さんの『声字実相義』の解説を聞きながら思っていたわけです。

小林　空海は、日本の文化のなかでは、基本的な位置づけとしては、もっともインテグリティーの思考が強かった人ですよね。たぶん最強ですよね。

中島　最強です。

小林　空海を超えるインテグリティーの思想家はいなかった。空海だけが、この日本のインティマシー・オリエンテッドな文化のなかで、それを損なうことなく、強烈なインテグリティー・オリエンテッドな思考を導入してしまった。そこが、空海という人の深い謎ですよね。いま、中島さんは、それを、中国の思想から学んだことも多いんじゃないかと言ったけれども、空海という現象は、ある意味じゃ、日本文化のなかで完全な異端だけれども、同時に完全に正統なわけですよね。そこに空海という人の途方もない強靭《きょうじん》さがある。それが、なにに端的に表れるかというと、仏教思想はもちろんあるけれども、いま中島さんが言ったみたいに、言語ですよね。

中島　そうですね。

小林　ここに中島さんとわたしに共通する、そして他の人たちと少し違うところがあると思うのですが、それは、われわれは空海を密教の思想家として見るよりは、「声」と「文字」と、そして「実相」という、この3つの根本的問題に手をつけてしまった人、そしてそこから出発して、文字を導入した人だと捉えているわけですよね。

そうすると、日本の神秘主義とはなにかという問題にかかわってくるんですが、すごく簡単に言ったとき、インティマシーというのは声の次元なんですね。ところが、インテグリティーは文字なんです。文字はインティマシーの次元を全部落として、時間と空間を超えて広まっていくわけですよ。

「声」のインティマシーと「文字」のインテグリティー、相反するこの2つをどう関係づけるかというときに、「実相」をもってきた。この空海という人の言語感覚のシャープさというか、シャープさというのじゃ追いつかない、まさに日本語はそこから生まれてくるわけですから。
もちろん歴史的には空海その人が日本の仮名文字を全部発明したわけではないのでしょうが、まるで空海がほとんど日本語の文字をつくったようにすら思えてくるんですよね。空海が中国の漢字の体系から、「いろはにほへと」をつくり出し、平仮名をつくり出し、声に当てはめるという恐ろしい仕組みをつくり上げたというようにね。
それ以降、極端なことを言うと、われわれのいままでの日本文化は、すべてが空海のつくり上げたこの「声字実相」というアプリケーションの上に乗っかっている。この上に日本の心は全部乗っかった。それほど大きな革命を、空海という人はしたように思いますよね。

中島　考えてみたら、当時は、われわれが普段イメージするような日本語なんかないわけです。それでも、空海は、いま風に言うと、語学の天才だったんだろうと思うんですよね。一方で、中国語をマスターする。それは当時語られている中国語だけじゃなくて、古典中国語もマスターします。他方で、サンスクリット語をマスターする。これらを自由に操りながら、日本語をまさにつくり上げる。こんなとんでもないことをやってしまったわけです。こうした営為がわれわれの条件になっている。条件になっているものを、普段は意識しないものです。

小林　しない。できない。

中島　それがわれわれの条件だからですね。思考の条件でもあり、生きる条件でもある。でも、その条件を、かれは非常にパフォーマティヴな仕方でつくっちゃったと思うんですよね。その上を、われわれはぐるぐる踊っているだけなのかもしれません。

日本語という根源的条件

小林　日本語は「いろはにほへと」という音韻の、声を写す文字の体系をつくり上げた。でも、同時に、漢語をそのまま置いておくという仕組みも、日本語はもつわけですよね。日本の文化のことを考えるときに、いま中島さんが言った基本条件としての日本語のこの奇妙な性格を考えないわけにはいかない。ひとつは表記。片仮名と平仮名と漢字を全部一緒に使っている。しかも統一性がない。この文字表記は、われわれの文化の根底をなしているんですね。たとえば、いまだって、片仮名を使って外国語をそのまま――しかし日本的音韻に変換して――取り入れてしまう。「ガソリン」とか、「コンピューター」とかね、自分たちの言語を変えない。そのまま写しちゃう、つまり移しちゃう、いや、映してしまう。この「うつし」は、ある意味では、日本の文化のひとつの根底的オペレーションですが、これを一挙に徹底的にやったのが空海だと、もちろん多少の誇張やファンタジーはありますけど、言えますよね。

中島　言えますね。

小林　これが、ほとんど後の文化を決めてしまった。いまだにわれわれは、この空海的マジックのなかにいる。いまだに片仮名と平仮名と漢字を使い、さらにはアルファベットまで入れてしまって、この奇妙なハイブリッドな言語を、疑問ももたずに使っているんですよ。これは信じがたい無意識ですよね。しかも、平仮名も片仮名も、本来は漢字の一部ですからね。崩し字と部分ですから。中国の漢字をもってきて、なぜ平仮名と片仮名と両方をつくったのか。これは不思議ですよね。

中島　不思議です。

小林　なぜわれわれはこの2つを使い分けるのか。われわれの無意識のなかには、片仮名言語と平仮名言語が、完全に並行して入っていますよ。こんな頭をもっている人たちは世界にいない。おかしい（笑）。いつも思うけれども、これに疑問を抱かないのかしら？　たとえば、韓国は昔は漢字を使っていましたが、いまは全部ハングルに変えましたよね。ある意味では、それは統一性という意味においては、ひとつのロジックじゃないですか。われわれは、むしろ多様化している方向に行ってません？　とうとう絵文字まで出てきて。こんな、すべてがゆるされる、これはなんなんでしょうね。

中島　普通では考えにくいことが生じてしまったわけですよね。わたしが、空海が恐ろしいなと思うのは、両界曼荼羅《りょうかいまんだら》の配置です（54頁）。金剛界、胎蔵界の曼荼羅ですね。この2つはもともとはまったく関係ないんです。ところが、その2つを合わせて、両界曼荼羅ですといって世界をつくったわけです。同じことが言語でも生じていて、漢字と平仮名と片仮名が平然と並列しています。普通はしないこの並列というありえないことが、いまわれわれのデフォルトの条件になっているじゃないですか。たぶんそこから逃れられないですよね。

小林　もう逃れられないです。ここに、途方もない豊かさというものもあるんですが、また同時に、途方もない誤解というか、罠《わな》もあると思いますがね。

日本語の特性

中島　小林さんはずっと、フランス語に心血を注がれました。ほんとうにフランス人であるかのように、フランス語を使って思考するということを試みられたわけです。どうなんでしょう、そのときに、日本のデフォルトの条件である言語の構造から、自由になられましたか。

小林　たぶん、ある程度は自由になれるんですよね。つまり、それぞれの言語は、それ自体がひとつの完全に別の世界なんで、もちろん、到底及ばないんだけれども、でもその世界を丸ごと生きることができるんですよ。もちろん、ある程度のレベルまで行かないとどうしようもありませんが。だから、ほんとうに引き受けてしまえば、フランス人に比べたらおぼ

漢字と平仮名と片仮名の並列という
ありえないことが、われわれの条件になっている（中島）

つかないけれども、その言語の世界のなかに入れる。わたしは、人間は両界どころか、三界、四界、五界を生きることができると思います。ただし若いときにやらなくちゃ駄目ですよ。わたしの歳になったらもうなにも入ってきません。でも、原理的には、人間は複数の言語のなかに入ることはできると思いますね。

中島　それで生きることはできますよね。

小林　できますね。けれども、それでもなお、学びきれないものがありますね。どうしようもなく、いつまでたっても、どうしても使いこなせないものはある。それは、文字とかそういう表記のレベルじゃなくて、文法のレベルに入ってくるんですね。たとえば、フランス語を生きようとするわたしにとっての最大の問題は、冠詞です。

中島　定冠詞、不定冠詞。

小林　定冠詞、不定冠詞。また、冠詞という意味ではない、存在類型を指示する記号。単数／複数などの「数」、あるいは「男性／女性」といった「性」。このように世界を把握するということが東アジア文化圏にはないんですよね。われわれの日本語の意識のなかでは、数についての観念がすっぽり落ちていますね。また、冠詞とは、その名詞、その対象がすでに出てきたものかどうか、文脈の関係、前後の関係を押しつけるわけですね。日本語は、冠詞がないので、こういう関係性を明確にしないでもいけるわけです。だから、よく、日本語は関係性の言語だなんて言うけれども、関係のつくり方が非常にラフにいけます。関係を明示しなくてもいい。

ついでにもうひとつ言っておくと、日本語の文は、基本的に、主語中心ではないということ。日本語は主語なしでも文が成立する。つねに主語を明示しなくてはいけない西欧の言語とはその成り立ちが違いますね。いちいち「I《アイ》」（英語）とか、「Je《ジュ》」（フランス語）とか、「Ich《イッヒ》」（ドイツ語）とか言わなくていい。「食べる?」、「食べる」で会話は成立する。

日本語の基本構造は、主語・述語ではなくて、主題と述語ですよね。「は」という助詞がそれを示してます。あの有名な「ボクハウナギダ」（奥津敬一郎『「ボクハ ウナギダ」の文法』くろしお出版、1978年）です。「I am an eel」と言っているんじゃなくて、「ボク」と「ウナギ」のあいだに対応関係をつけているだけ。日本人はこの対応関係で思考している。「は」で思考している。主語—述語では思考するのが難しい。まあ、もっと言えば、日本語の最強オペレーションとしてのオノマトペとか擬態語というのもありますが、今日は置いておきましょうね（私見では、これが日本における「漫画」の発展に大きな役割を果たしていると思いますのでとても重要なのですが。漫画的コミュニケーションです）。

で、インテグリティーに戻ると、この次元は、いま言ったみたいに、強い関係性を明確に規定していくことを積み重ねていって、それが全体性に及んだときに、はじめて出てくるような気がします。

だから、カスリスさんから、日本文化の特徴はインティマシーにあって、インテグリティーの次元が弱いんじゃない？と言われると、それは、単にわれわれのメンタリティーの問題というより、メンタリティーが日本語という言語によって規定されているのでは、というようにわたしは考えるんですね。

「甘え」の構造

中島　中国語もじつは同じで、現代中国語になってくると主語がずいぶん入ってくるようになりましたが、やっぱり主題なんですよね。主題に述語。この構造は変わらないわけです。考えてみれば、サンスクリット語であるとかギリシャ語、ラテン語は、主語という形ではなくて、動詞の格変化で主語を指示しますよね。

小林　そう。ラテン語は主語を明記しなくてよかったですからね。

中島　ギリシャ語もそうですよね。ところが、近代的なヨーロッパ語を国民語としてつくり上げていくなかで、主語が非常に強い働きをするように変わっていきます。

小林　そうです。

中島　なにか根本的な変化があったわけです。おそらく日本語も、空海の時代の日本語に比べると相当変わってきている。それにもかかわらず、いまおっしゃったような構造的な問題が残っているわけです。よく日本は関係性を中心とする考え方をしがちなところだと言いますが、わたしはその考えはいつも不思議に思っています。逆に、カスリスさんもそうですが、アメリカの知識人としゃべっていると、非常に繊細な関係性の感度をもっているわけです。自分たちの抱えている、それこそインディビジュアリズムに対する批判を常にもっていますよね。日本の場合、それをすぽっと抜きにして、関係性だから大丈夫なんだという、非常にあやふやな構造があります。

小林　それを、「甘え」の構造というわけですよね（土居健郎《どいたけお》『「甘え」の構造』弘文堂、1971年）。つまり、関係性が先立つ。関係性はすでにあるのであって、私はすでにその関係性のなかにいるのだから、私はそれには責任がないという方向に、日本の文化は行く傾向が強い。無責任体制、甘えですね。

中島　そうですね。

小林　まず甘えありきなんですよ。それは、たとえば母子融合的な関係に乗っかっているわけですよ。だって、当たり前ですが、母親と子どもの1対1の関係のときに、主語を明記する必要はないですから。いちいち「私は乳がほしい」とか言わなくていいわけですよね。基本的に言語の発生段階では、いちいち主語を明記して関係性を構築しなくていいわけです。でも、その後、その親密な1対1の関係が崩れると、今度は、他の人に対して自分がなんであるのかを、自分自身で責任をもって規定しなくちゃいけなくなる。そのとき自分をインテグラルに把握する必要が出てきます。ここの問題だと思いますね。

近代ヨーロッパでは、君の責任において関係性をつくりなさいというモラルが押し掛かってくるので、非常に繊細な神経が生まれる。でも、日本人には、すでに関係はあるのだから、自分がつくらなくてもいいという考え方がどこかにある。これは、特に企業もそうですが、集団になったときに、そこに全部の関係性を押しつけてしまって、自分はそこから逃げる、つまり自然に免除されている状態に自分を落とし込んでしまうということがありますね。

インティマシーと告白

中島　自然であるということについてはあとでまた議論してみたいと思うんですが、その前に、もうちょっとインティマシーにこだわってみたいと思います。

いまおっしゃったように、インティマシーの原型は母子密着の状態だろうと、わたしも思います。ところが、カスリスさんに言わせると、インティマシーの定義は、「親友に自分の内奥のものを伝えることなんだ」と言うわけです。

小林　すばらしい！

中島　これはおそらく、母子密着のインティマシーが、ある種変容し、再定義されたインティマシーだと思うんですよね。

小林　そのとおりだと思います。まさに、一度、インテグリティーを通過したあとのインティマシーですよね。そこでは、インティマシーは、与えられた親密性ではなくて、みずからの内奥を打ち明け、与えることによって、まったく他人である存在とのあいだに、友情というインティマシーの関係を構築するという方向に跳んだわけですね。これはすごい、と同時に、とても西欧的。だって、キリスト教的な西欧文化の中心軸のひとつが、みずからの罪という秘密の内奥を打ち明けるという告白の伝統だからですね。西欧の近代は、ジャン＝ジャック・ルソーが典型的ですけど、まさにこの問題を近代の根底に据えたわけですね。

中島　近代的な内面性ですよね。

小林　いや、これはなかなか難しい問題です。というのは、告白は究極的には「神」というインテグリティーが必然的に絡んでくるからで、ここにこそ、インティマシーとインテグリティーとの関係づけのキリスト教的な「解」があったわけですから。このような告白の観念は日本にはないでしょう。日本人にとっては、告白は君に恋心を告白する、ですから。西欧的には、インテグラルな自分を相手に開示することがインティマシーなのだという方向に行くわけで、これをわかっていないと、ヨーロッパ人とは真の友情が成立しない。おつきあいできないというか、単なる「おつきあい」で終わるというか。打ち明けられない

まさに、一度、インテグリティーを通過したあとのインティマシーですよね（小林）

インティマシーを打ち明けることだけが、友情の定義なのに。極端なことを言うと、日本人がヨーロッパに行ったときに、そこを見られているということが、多くの日本人にはわからない。

内面と内奥

中島　わたしがいつも悩んでいることは、近代日本は近代日本のやり方で、ある種の内面性をつくろうと、たぶん努力したんだろうと思うんですが、その意味が何であったのかですね。

小林　しましたね。膨大な努力ですよ。夏目漱石をはじめとして。

中島　漱石なんかは典型的です。しかし、やはりあまりうまくいかない。わたしが悩んでいるのは、いまあえて「内面性」じゃなくて「内奥性」という言い方をしてみるところにあります。つまり、中国を見ていても、あるいは日本を見ていても、近代的な内面性ではないんだけれども、ある種、内奥的なものへの螺旋《らせん》状のかかわり方があるんじゃないかと思うわけです。空海は、カスリスさんが言う意味でのインティマシーをよくわかっていた人だろうと思うんですが、では近代的な内面性のことを問うていたのかというと、そんな気はしないんです。別のタイプのインテリオリティー（内奥性）の議論を、空海はしているんじゃないか。母子密着の、あるいは場のインティマシーとも違う、しかも西洋的なインティマシーとも違うようなものがなかったのか。それはどうなんでしょうね。

たとえば、「心」という言葉があるじゃないですか。それを歌に詠みますよね。あれはなにをしている行為なんでしょう。

小林　それは難問中の難問かもしれませんね。つまり、中島さんが言う「内奥なるもの」を、「歌」にするか、ロゴスにするかですよね。

中島　そうそう。

小林　「歌」なのか、ロゴスなのか。もっと言えば、神への「信」なのか、それとも、あなたの心なのか。ここに、日本文化の底の一番深いところがあるわけですよね。夏目漱石の『こころ』（1914年）以降、西欧近代を取り入れた日本の最高の知性が、七転八倒しながらそこに迫っていくわけですよね。なかには途中でみずから死ぬ人すら出てくる。でも、最終的には、「信」へと突破できないわけですよね。どこかで、みんなその問題に下りていくんだけど、突破はできない。ヨーロッパの場合は、ひとつは、ある種の絶対的インテグリティーであるロゴス、つまり完全に超人的な、超人間的なロゴスへと突破する。それは、もう、人間の気配がしないような数理の世界と言ってもいい。もうひとつは、神人同型としての「神」への「信」か、どっちかに突き抜けて行くように思うのですが、このような「突き抜け」はなかなか日本では起こりにくい。そこを、禅がとてもうまくすくうわけですよ。なぜならば、禅はそこで、人間の心がそのまま「無」ですよという、大ロジックを出すわけですよね。無心。心を否定しないまま、それが無であり全体であるという切り札。

夏目漱石だって、そこに果てしなく近づいていきますよね。そういう意味では、その底なき底みたいなものに、日本の文化は究極的に到達したのかどうか、わたしにはいまだにわからないですね。

中島　そうですよね。

小林　空海も道元も突き抜けた人だと思いますが、他の人たちは、やっぱりこの「心」のうつろい、移り変わり、その時間性、つまり「もののあわれ」に滞留するというか。インテグリティーではなく、むしろ美学。その「もののあわれ」という美学においてこそ、日本の底なき底が見えるという感じがわたしにはしますがね。

中島　ちょっと、「もののあわれ」にいくと大変なので。というのも、拙著『思想としての言語』でも少し論じたのですが、宣長は中国の詩論と重ね合わせながら、「もののあわれ」を普遍化しようとするのですが、その理路《りろ》がなかなかやっかいだからです。

小林　はい、今日はそこに行くのは留保しましょうかね。

中島　わたしが「内面」と「内奥」の区別を考えるようになったのは、朱子学を考え直そうと思ったときでした。島田虔次《けんじ》という京大の先生は、朱子学に中国的な近代を見ようとしました。つまり、朱子学に近代的な内面を読み込む努力をされたのですね。それは、半分はたぶん当たっていたと思うんです。なぜかというと、いまおっしゃったような神への「信」のようなものが、朱子学にはあるからです。「理」という言葉があるじゃないですか。「ことわり」の「理」ですよね。

小林　「理性」の「理」でもある。

中島　はい。その「理」を、朱熹《しゅき》が発明し直します。「理」は超越者でもありますから、「理」への「信」を強力に主張しました。そうじゃなきゃ、仏教に対抗できないわけです。しかし、仏教に対抗するために、「理」への「信」を出してくるときに、それを引き受けるのは誰なのかが問題になります。朱熹はここで「心」を出してきます。そしてそれを実に近代的な構えで出してくるわけです。ところが、子細に読んでいくと、近代ヨーロッパの内面性の議論にどうしても収まらないところが多々出てくるわけですね。

当時、わたしは、ここにはなにかそれとは違う、それこそ内奥というものにかかわる、ひとつのタイプがあるんじゃないかというふうに思ったわけです。このことを日本の知識人は、それこそ荻生徂徠《おぎゅうそらい》以来だと思いますが、たぶんよくわかっていたはずなんです。自分たちでもう一度、この内奥性と内面性の問題を考えようとしたんじゃないか。だからこそ、日本の知識人は、「心」の問題を、自分たちなりに洗練し直していく。その果てに、本《もと》居宣長《おりのりなが》の「もののあわれ」が、非常にユニークな形で登場してきます。それは日本的な内奥性をすくい取っていったんだろうという気がします。

宣長の議論にいろいろな問題があるにしても、多くの人がひかれてしまうのは、このためではないかと思うのです。

心の問題を洗練し直していく果てに、本居宣長の「もののあわれ」が登場してきます（中島）

小林　その場合の内奥性は、究極的には、はじめに触れた「声」でしょうか。

中島　そうだと思いますね。

小林　とすれば、宣長がやったことは、ある意味では、空海以降の文字ベースの文化を、その一段階以前の無文字文化、つまり声の文化に引き戻したところにあると思いますね。歌がまさにそう。歌は声ですから。歌は声として立ち上がらなければ歌じゃないわけですよね。これが、日本の文化では、伝統の中心にある。宣長は、そこに内奥性の復権を賭けたと、そう言っていらっしゃるんですよね。

中島　そう思います。宣長は、もともと二条派の歌論に造詣の深い人でした。そのために、宣長は『古今集』の翻訳をします。「うつす」作業をするんですね。最初におっしゃった「うつし」ですね。そのなかで、宣長は声の問題をやり直したんだろうと思います。ただ、これが難しいのは、じゃあ『古今集』で紀貫之《きのつらゆき》たちがなにをやったのかを考え直しておかなければならないということです。かれらも、単に声と言ったのではなく、空海的な設定を受けた上で、日本の声はいかにして可能なのかを考えたからです。

小林　ある意味では、「声」は「実相」ですからね。「実相」と空海が言うなにか、実体そのもの、「実」のもの、存在が、含意されているわけですね。

中島　そうだと思います。もちろん、そういう意味では、宣長は単純じゃないと思うんですけれども、非常に広く取ってみれば、やっぱり声の回復、声と内奥とに賭けていったんだろうと思います。

小林　あの時代に、それに賭けたんですね。

親鸞の「信」

中島　ここで自然ということと、神の「信」の問題にいきたいと思います。今回の『UP《ユーピー》』（東京大学出版会、2017年10月号）で、中島岳志さんの『親鸞《しんらん》と日本主義』（新潮選書、2017年）という本の書評をいたしました。日本の近代を考えてみると、「信《しん》」の問題は多くの場合、親鸞をめぐって議論されていったと思うんですよね。同時に、そこに自然の問題が非常に深く入ってきて、複雑な様相を呈しています。「自然法爾《じねんほうに》」の問題です。それが政治的には、非常に強力な国家主義に傾斜していったりしたわけですが、近代の親鸞読解に関して小林さんはお考えはありませんでしょうか。

たとえば、日本の近代の親鸞読解を見ると、ほとんどキリスト教的で、親鸞は日本のイエス・キリストとされたこともありました。

小林　吉本隆明もそうだし、みんなそうですよね。

中島　吉本隆明は典型的ですよね。そこには、日本の「信」の形をつくりたいという、強力な欲望があったわけじゃないですか。

小林　それは逆に、「信」が、われわれの文化に決定的に欠けていることを自覚しているからですよね。西欧近代と比べたときに、なににおいてかれらを理解できないかといえば、やっぱり「信」だ。では、日本で対抗できる「信」の思想家は誰かというと、親鸞しかいないので、親鸞にいく。親鸞がすごいのは、要するに、悪人正機《しょうき》説のように一切のロジックを超えて、「信」にかけることができるからです。それから、往還《おうげん》という往復運動を「信」に見出しているということ。往相《おうそう》、還相《げんそう》。そういう運動論を展開している。そして日本にはあまりない罪の意識に大きな比重をもたせた。

親鸞的なものは、空海的な世界観あるいは道元的な世界観のような広大なインテグリティーの世界をインティマシーの次元に落とし込んでいく、そういう日本的変形においてもっとも過激なものと見えるんですがね。

中島　そうですよね。わたしが、中島岳志さんの本でおもしろかったのは、日本の近代において、国学と浄土真宗が融合するという点なんです。親鸞流のインティマシーの復権と、宣長流のインティマシーの復権が、すごく奇妙な形で結びあっているのが、近代の日本の歴史だったとすると、実に恐ろしい気もいたします。

空海で考えると、親鸞のような「信」の問題は立てないですよね。

小林　さっき両界曼荼羅の話がありましたが、金剛界というのは、まさに完全にインテグリティーの世界ですよね（54頁）。数の秩序が相互に入れ込むようになっていて、世界モデルとしてはあれほどの精密な多重世界モデルはないわけですよ。いままでの現代物理学の提出する世界観にほとんど匹敵するような多世界理論。逆に、胎蔵界曼荼羅は、ある意味では、ひとつの主体を真んなかに置いてつくられた中心構造の世界。全体が大きな蓮の花の上に乗っているというか、中心から各方面を観た図式ですよね。つまり、ある意味では、あれは主体的な「信」の世界の遠近法というか。この両界的思考に対して、親鸞的な革命は、わたしの目から見ると、インテグリティーの世界をそぎ落としてしまう。阿弥陀如来《あみだにょらい》を扉に立てることで、その向こう側はもう見ないことにしてしまう。そんなロゴスの世界を、わたしたちに話してもしょうがない。ただ、この「扉」だけを信じるという方向。論理的な解決ではなく、みごとな実践的な解決だったと思いますけれども。

中島　もともと仏教のなかには菩薩《ぼさつ》の願いというのがあります。衆生《しゅじょう》が救われるまでは如来にならないが、衆生が救われたら如来になるというものです。それを親鸞流に変形して、親鸞の「信」は、あれは法然《ほうねん》に向けられているんですが、法然が言っていることを、私はただ信じるんだというわけです。すごい割り切りです。しかし、それによって、いまおっしゃったように難しいことを全部なしにしていくじゃないですか。それが力をもつわけで

「名」は称えることが大事（小林）

す。ところが、それは「自然法爾」の思想と一挙に結びつきますよね。いまこのままを肯定していくという、ものすごい強力な現状肯定になります。

「声」と「信」

小林　でもそのときに、その「信」を支えたものはなにかといえば、名号《みょうごう》なわけですよね。それは日蓮の場合もそうですね。お題目、つまり「名」なわけです。この「名」というのは、もちろん書きもするのですが、なによりも称《とな》えることが大事なわけですよ。

中島　称名念仏《しょうみょうねんぶつ》。

小林　称名によって、「信」を表すと。親鸞自身が言っているように、称えたからといって、別にありがたい気持ちなんか全然してこないんだけれども、称え続けるわけじゃないですか。そこから後の「妙好人」（浄土教の篤信者）の思想にまでいくわけだけれども、そこに「信」の日本的なひとつの形を見出したわけじゃないですか。これが、ヨーロッパ的な「信」と同じかどうかはわかりませんよね。

中島　違うと思いますね。

小林　ここには、インテグリティー的なものはないんです。声として、いま、自分が称えているということにおいて完結している「信」。これは、とても経済的な救いの構造かもしれない。天才的アイデア。名号ひとつ、「南無阿弥陀仏」で済むわけですから。これで全部解決する。すばらしいといえばすばらしい。どんな宗教も、最後はそういうところに行くので。要するに言霊的なものが動員されるのは当然なのですが、はたして「信」はそれに尽きるのかというと、あまりにもプラグマティックに処理されすぎているという感覚をもちますよね。向こう側の世界は問わないのか。阿弥陀はいかにして世界を、君を救うのかを、問わないのか。つまり、インテグリティー的思考の側からしたら、問いを封じるために称名しているのかと思いますよね。ここにきわめて日本的な展開がありますよ。これは単に批判的に言っているんじゃなくて、いまもわれわれのなかに脈々と生き続けていることを感じながら言っているんで、別にわたしはそうじゃないよ、と言っているのではない。

中島　われわれもそのなかに組み込まれちゃっている。

小林　われわれは、それを否定的でもなく、といって肯定的でもなく、距離を取って眺めているだけなのですが、ここになにか秘密がありますよね。われわれのインティマシーの秘密。つまり、称名というインティマシーといってもいいけれども、称名はある種のインティマシー。題目だってインティマシー。つまり、自分の声というインティマシーのなかにすべてがある。日々、人々を救っているという構造。すごいっちゃすごいね。哲学は要らない

（笑）。なにも要らない。

中島　そこに哲学があるとすれば、清沢満之《きよさわまんし》みたいな形で、浄土真宗を宗教化する手助けをするぐらいですよね。それは、奇妙な「自然法爾」というのを支えてしまうという結果に終わったわけです。日本の「自然」というのは、あるタイプの構造をもっています。いまの親鸞の議論もそうですけれども、たまたま「自然」と言っているんじゃなくて、「信」の問題に挟み込まれることで、「自然法爾」という工程が出てくるわけです。

「寄る」

小林　「うつす」ということをさっき言いましたよね。もし日本文化のキーワードの動詞をもうひとつ挙げるとすると、それは、――わたしの先生でもあった建築家の横山正さんから学んだことですが――「よる」かなあ。「寄る」であり「依る」であり。インティマシーとも深く関係していますけど、これは、すでにあるものに「寄って行く」ということ。たとえば、日本の仏教や神道もそうですけど、山に寄って行く。「ナントカ山ナントカ寺」という形ですね。これは中国の五台山とかから発した伝統なのかもしれませんが、比叡山延暦寺、高野山金剛峯寺《こんごうぶじ》とか。これらはほんとうに山ですけど、山がないところでも「山」がつきますね、「名」としてですが。この「山」は、日本における「自然」のあり方の原型ですよね。山と海。この間にわれわれが住んでいる。「天」と「地」というよりは、むしろ「山」

と「海」、山海なんですよね、そのあいだに、春夏秋冬の時間が循環的に回帰してくる、そういう感覚が、この国の身体感覚としては一番ナチュラルな感じですよね。それに対して、中国から入ってくる碁盤の目のような幾何学的空間構成は、まさにインテグリティー的構成なわけですが、これをこの「山海」の時空に導入すると、結局は、そこにある「山」の重力に引き寄せられ、そのインテグリティー構造が少しずつ崩れていく。そして、その「崩れ」に、われわれ日本人はある種の「美」を見出したりするんですね。

中島　そういえば、道元は『正法眼蔵《しょうぼうげんぞう》』山水経《さんすいきょう》で、「山の運歩《うんぽ》は、人の運歩のごとし」と述べていました。人が歩みを進めるように、山も歩くように見なければならない、というわけです。とはいえ、それは簡単なことではなく、山に寄りかかるように没入しないと見えるようにはならないというのです。

小林　それはつまり、「物」の思想ですね。「物」に寄りかかる。「物」の怪《け》とか「物」語とか、みんなそうですが、「物」の力のなかに自分たちが巻き込まれていく。その意味では、わたしは、「自然」は、日本人にとっては、初めは「物」という形で表れてきたんじゃないかとい

山に寄りかかるように没入しないと見えるようにはならない（中島）

うふうに考えますね。だから西欧近代的な「自然」じゃなくて、「物がつく」とか、「物言いする」とか、「物」とのかかわりでわれわれが動かされる。これが、この国の根本的な働き。ヨーロッパ的なエコロジックな「自然」とは全然違う。同じ言葉を使っていても違うように思いますね。それは、わりといい加減で、環境を保護しようなんて思わない。だって、向こうはきわめて強力なので、むしろ結界を引いて、そのエネルギーの全体に自分が巻き込まれないようにする。しかし、こちらの都合のいいところにはエネルギーを使わせてもらいたいというようなものです。結界というのは、きわめて重要な日本的な境界設定ですよね。「はらう」という動詞とも深く関係している。いつかカスリスさんが神道について東大で講演してくれたときに、日本人の多くは、自分が拝んでいる結界の向こうの「ご神体」が何者か知らなかったりするんだよ、と言ったことがありましたけど。樹木にしても山岳にしても、滝にしても、敬って拝むわけですけどね。それがたとえば環境保護的な自然観につながるかどうかは微妙ですよね。

中島　あちこちの神社で大木や大岩や祠《ほこら》にしめ縄をしてね。

小林　でも、それが依拠している「自然観」はかなり特殊なものですよね。

中島　南方熊楠《みなかたくまぐす》が、1900年にロンドンから帰ってきます。かれは、当時のエコロジーの運動をイギリスで見るわけです。イギリスは、19世紀には世界の工場なわけでしょう。じゃんじゃん環境破壊をやってひどいわけです。あまりにひどいというので、はじめてエコロジー、つまり自然保護がイギリスで登場しました。いまの湖水地方ってありますよね。あれは、環境破壊のあとに、もう1回つくり直されます。熊楠はこうした動きをわかっていたわけです。それを日本にもって帰るんですが、いまおっしゃったように、日本のかつての自然観と、熊楠が今日の前で見ている自然は違うわけです。かれの主張は理解されないわけです。おかしなやつだなと思われておしまいです。そこから、じゃあわれわれはほんとうに抜け出しているのかというと、あやしいですよね。

小林　あやしいと思いますね。別に西欧の「自然」観がすぐれているというのではなく、違いを認識する必要があるということ。われわれは「自然」という言葉を使って、あるいはある種の詐術を自分にかけているのかもしれないですよね。自然を大切にしているつもりだけど、ほんとうは全然そうじゃなかったり。日本近代が西欧とつきあうことによって引き受けた、ある種のトリックというか、二重理解みたいなことに、われわれ自身が気がつかないと、日本を世界に解き放つことはできない。

物のカタリ

中島　さきほども少し述べましたが、道元がまさに山が歩くみたいなことを言うじゃないですか。われわれはそれを、非常にメタフォリックなものとして、だいたいは解釈していますよね。でも、全然メタフォリックじゃないと、わたしは思うときがあるんですよ。道元は、ほんとうに山が歩くというふうに見たのではないか。というのも、山は、いまおっしゃったように物だからです。物だから、すごくダイナミックなんですよ。物というのは、もっているものはエネルギーなんです。

たとえば、石はそうです。いま、われわれは、石を見ると冷たくて硬くて動かないと思っていますが、当時の日本では、中国もそうですが、これはエネルギーの塊なんです。だから、石からいろんなものが、たとえば孫悟空のようなものが、生まれるんですよ。そういうふうに世界を見ていたはずですが、その見方をわれわれはまったく理解しません。

物の怪もそうですが、「物」の中心的なイメージは、たとえば中国語で言うと鬼神《きしん》です。亡霊的なもの、幽霊的なものです。といっても、われわれが思い描く亡霊とか幽霊とはちょっと違って、鬼神はそこに石ころがあるのと同じなわけです。ただあるわけで、そんなに大したことじゃありません。それで、石と同様にすごい力をもっている。そういう「物」と一緒にいるわけですから、結界をつくって、危ない物は入ってこないようにしていたのです。

そうなりますと、もっとも問題になるのは、物語ですよね。「物を言う」ことです。これはなにをしている行為なのか。わたしは小さいときに、黙っていると「物を言いなさい」とよく言われました。「物を言いなさい」とはおもしろいですね。そして、「物を言う」ことは難しいんです。単になにか音声を発すればいいというのではなく、まさに「物」を言わなきゃいけませんから、物とともに、あるいは物に取り憑《つ》かれてでも言わなきゃいけないという、ものすごい言語行為なんです。それを小さいときのわたしは、繰り返し強要された気がしています。

小林　すごい。それこそが中島さんの知性の基礎訓練だったわけだ。

中島　うちは四国の真言宗ですから、まさに空海の世界なわけです。その環境で、「物を言え」というのは、なかなか大変なことです。「物を言う」とか、「物を語る」というのは、どうお考えですか。

小林　物語というのは、まさに「物」が動いたことを伝えるわけでしょう。ヒューマンストーリーを語ることとは全然違っていて。

中島　違う。全然違うんです。

小林　今昔物語だってなんだってはっきりしていますが、なにかが動いたよね、そういうことですよね。最初にお話ししたわたし自身のインドの経験じゃないけれども、なにかが動いてしまったと、これですよね。これが原形。わからないわけですよ。つまり、人間の「心」のロジックでは解けないものが、人間の周りにたくさんあって、それが動いた、それを語らなければならない。人間の心は、歌にして歌いあげておけばいいんで、語らなくてもいい。「わたしはあなたに会いたい」と言えばいいんだから。でも、「物」は、それがどのような言語形式に適合するのかわからないんですよね。だから、こちらから見える形を語るしかない。

中島　そうなんです。だから、「物を言え」と言われて、ほんとうに苦しいわけですよ。だって、そのためには、いまおっしゃったように、なにかが起きて、出来事としてあって、動いていなきゃ駄目なんです。しかも、それがなんであるかわからないわけですよね。一所懸命、そのわからないものを言葉に載せないといけない。

小林　中島さんは口数が少ない子どもだったの？

中島　そういうわけでもありませんが、物語はつまらないことは言っちゃいけないんです。別に、「おはようございます」とか、そういうのだったらいいですよ。でも、そうじゃなく、ある関係性のなかで、なにかその関係性が動くようなことを言葉にしなきゃいけない。そういうパフォーマティヴなことを要求されるわけですよ。これは難しい。大人になったって難しいんだけれども。

小林　「柿の木が叫んでいますね」とか言えばいいの？

中島　そんな感じです。大変なわけです。たぶんわたしは、日本の文化を見ていくと、そういう言語経験がきっとあったんだろうと思うんですよ。そうじゃないと理解できないことが多すぎると思います。単に記述的になにかを表現することではすまない。あるいは、心を表出するだけじゃすまないような言語経験を、「物」に要求されている。だから、たまに物に取り憑かれるわけです。

小林　うん、取り憑かれる。

中島　取り憑かれちゃって、どうにもならなくなって、だからそれを追い払おうともするわけです。

小林　このアニミズム的な「取り憑き」の構造が、じつはカスリスさんが言うインティマシーの一番深いところにあるということですよね。

中島　そうだと思いますね。

小林　それはもうシャーマン的世界なので、共同体的なみんなで仲良くね、というのとは違う。「物」の声が聞こえてきて、それを表現せざるをえない人たちがいる。その言葉に、物語に、耳を傾け、それを伝える人たちがいるということですよね。結局、それが芸術的に昇華したのがお能だったりするわけです。わざわざ歌ではない謡いを語って、ワキ僧が「物」を呼び出す。まさに「物」であるシテを呼び出している。ワキは、舞台の脇でまさにじっと座っているわけですが、でもかれの力のなかにこそ物が寄ってくるんですよ。

そうして、なにかもうひとつの世界が開示される。でも、これは感覚の変容という自己

アニミズム的な「取り憑き」の構造が、インティマシーの一番深いところにある（小林）

のなかのもうひとつのインティマシーの次元にかかわり、そこでは誰にでも通用する「真理」としてのインテグリティーはない。その人にしか感覚できない世界だけど、その物語に耳を傾けるというのが、日本における「文化のつくり方」のお作法のひとつで、そこから座という場が生まれるわけですよね。座というのは、茶道だって、文楽だって、落語だってそうですけど、そういう人が物を語っているのをみんなが聞くことでしょう。そういう座があちこちに生まれてきて、それが日本のインティマシーの文化の極致になる。それはある意味で感性論的な、感覚的な美的世界です。そこには、固有の概念体系とか、ロゴスの体系は基本的にはない。全部感覚的に処理されている。それで、われわれは別に困りはしないし、それを楽しめるのですが、しかし世界の他の文化とつきあうとなったときには、そのままではもってはいけないわけですよ。そこに、日本文化をもう一度、翻訳可能な仕方でインテグリティーのほうへと開いていくという問題があって、それをわれわれはいまここでちょっとやろうということですよね。

トレーニングから普遍へ

中島　われわれには喜ぶとか悲しむという基本的な感情がありますが、案外人間は、喜ぶべきときにちゃんと喜ぶとか、悲しむべきときにちゃんと悲しむことができていないんじゃないかと思っているんです。それは、トレーニングしないとできないのではないか。若い人は感情豊かだねというのは、半分ほんとうで半分嘘だと思います。トレーニングされてはじめて豊かになる感情があると思うからです。お能を考えていくと、そこにはトレーニングをへたあとに変形されて、変容された感覚の問題に迫るものがある気がするんですね。

単に生の感覚がそこにむき出しにあるというのではなく、トレーニングのプロセスをへた感覚には、普遍的なものにつながる回路が見出せるんじゃないかなと思うんですが、それはどうでしょうね。

小林　それはまさにそのとおりなので、「感覚的」と言ったときに、一番大きな誤解は、われわれが常に、もちろんいろんなものを知覚し、感覚しているんだけれども、その感覚が、多くの場合は習慣によって統御されているわけです、かならずね。感覚はすでにつくられてしまっているというか。アートの、芸術の力が必要なのは、まさに、つくり上げられた、鎧《よろい》のように出来上がってどうしようもない、この人間の癖となっている、癖の塊である感覚にひびを入れるためですよね。そこにひびを入れることで、はじめて、もう1回、世界との直接的なコンタクトが、なんらかの仕方で生まれてくる。それがない限りは、この感覚をそのまま延長すればいいなんてことはけっしてない。それは禅の修行だってそうで、あらゆるものは全部そこを目指しているわけじゃないですか。

さっきの、インドでやっていたことのひとつは、ものすごくゆっくり、ここからここまでを20分かけて歩くみたいなことを、安藤朋子さんの指導のもとで学生たちと1学期間トレーニングとしてやっていたんですが、それは要するに、歩くという目的を全部排除することです。つまり、われわれの癖というのは目的論的に構成されているので、それを一度解除してあげないと、ほんとうの感覚はもてないわけですよね。

結局、ある意味では日本のあらゆる「動」は、身体的な癖を全部排除して、もう1回解体して、まったく新しい繊細な身体感覚をどのように取り戻すかというところにかかっていた。

「初心忘るべからず」は、わたしはどこかに書いたことがあるけれども、はじめてそれに触れて、これを極めたいと思ったときの心ですよね。いまわたしが言ったみたいなトレーニングというのは、罠があるわけですよ。だって、トレーニングすればトレーニングするほど、癖がついていくわけじゃないですか。

中島　トレーニングしなくちゃいけないんだけれども、トレーニングしたら癖がもう1個増えただけかもしれない。つまり、トレーニングのアポリア（難問）であって、すればするほど、結局もう1回別の癖を身につけましたね、で終わるわけですよね。

自由にならないんですよね。

小林　自由にならない、まったくならない。じゃあ、どうしたらいいのか。トレーニングしなかったら昔のままの感覚だという矛盾に、身体系の人はかならずぶち当たるわけですよね。それでどうしていいかわからない。それで、「初心忘るべからず」というのは、要するに、ある意味では、トレーニングに慣れ切ってしまったベテランたちに、自分の体が自分の思うとおりにならなかったときの、あの感覚のなかにあるなにかに、もう1回目覚めよというようなことじゃないかなと思いますがね。

言語の根源性をどう把握するか

中島　ちょっと話題を変えてうかがいます。日本の思想のなかで、空海以外にインテグリティーにのめり込んでいった思想はどんなものがあるとお考えでしょう。

小林　わたしのなかでさっと出てくる名前は、岡倉天心かな。あの時代にまさに「美」を通して「アジアはひとつ」と打ち出した。そのうえで、昔それを論じたことがありますが、「永遠」というような西欧的な概念を引き受けるわけですよね。つまり、「永遠」は、まさに西欧的なインテグリティーの中心概念のひとつですから。われわれ日本人は、諸行無常、もののあわれ、ですから「永遠」を全然理解していない。理解できない。そういうコアの概念をほんとうに、それこそ感覚的に理解するってとても難しいんです。たとえば「創造」という概念も同じです。「無限」とか「真理」すらそうかもしれない。われわれは、じつは、そのような名詞的なコア・アイデアはなしですますことができる文化なんですね。なんでもその場かぎりで「見立て」てしまえばいい。真かどうかなんて関係ない。いま、うまく回ればいいんです。プラグマティックですね。でも、岡倉天心は、「茶」の文化を世界に向けて論じながら、同時に、そこで西欧的な「永遠」という概念と格闘するんですね。そこが感動的です。そういう知性って日本にはほとんどない。希有な例だと思います。でも、かれはそこから体系的なロゴスを展開したわけではなく、最後は、利休の壮絶な死のモーメントと「永遠」を接合するみたいなアクロバットで着地する、みたいな感じがしますね。

中島　それは、どうして岡倉に可能だったんでしょうね。英語で考えたからですかね。

小林　そうだと思いますね。それがすごく大きいと思います。多くの日本人は、日本語の枠を超えて考えられない。だって、「eternity（永遠）」や「creation（創造）」みたいな言葉に向かいあって、これはわからないなという感覚がなくて、わかったつもりになったらおしまいですよね。明治以降、まさに岡倉天心以降、百何十年と日本は近代化をやってきて、いまそういう根本的な壁にぶち当たっていると思いますね。いままで一所懸命取り込もうとしてきた。取り込むのは好きだから、「うつし」て取り込んできたけれども、ほんとうにモノにしたかというと、全然していないという気がする。根底では日本の文化はまったく変わっていないんじゃないかと、おののいたりしますよ。これは、別に変わればいいということを主張しているのではなく、西欧化すればいいと言っているのではなく、なかなか西欧なるもの根幹を理解していないんじゃないか。同様に、とても長いあいだ中国文化の根幹にあるものも理解していなかったかもしれないということです。われわれはなんとなくイージーなインティマシー、「用」の行為論ですべてを乗り切っているだけなんじゃないか、と思わないでもない。

中島　わたしが日本でインテグリティーを発揮したのは荻生徂徠だと思うんです。なぜかというと、かれは中国語で考えた人なんですよ。それが例外的なのは、みんなは漢文訓読で考えるわけです。あれでは駄目なんですよ。あれは思考を奪う罠です。

小林　ついでに言わせてもらうけれども、いまの日本人は、英語もそれでやっているでしょう。英語も同じく、英文訓読でしょう、だから英語が全然できないんだよ。だって、英語そのものを勉強していないもの。

中島　徂徠は、だからそれを壊そうとしたんですよね。かれは中国語で考えることをやってみせて、中国語のテキストを中国語として読みます。それで、完全にインテグリティーの世界に入っていって、ある種の思想革命を江戸で起こしちゃった人なんですね。宣長は、徂徠がいなければ存在しませんので。

小林　なるほど。

中島　徂徠の開いた地平で、宣長は、中国の代わりに日本の古代をもってきましょうというすり替えをやります。中国的な詩論の概念に代えて、「もののあわれ」をもち出すわけです。しかし、これは、徂徠が可能にした操作だと思うんですよね。だから、丸山眞男は、たとえ間違っていたにせよ、徂徠こそが日本の近代の出発点だと定めたかったのだと思います。

小林　インテグリティーの問題に関して、少なくとも言えるのは、言語に手をつけない限りは、この問題は解けないということです。だから、文化論の枠だけではなくて、人間にとっての言語の根源性みたいなことをどう把握するか。インティマシーには、プラグマティックな「用」の次元、言語行為論的な次元があるんだけれども、インテグリティーは超越的な意味論の世界で、ここの現象性と超越性との異なった世界をどう展望するのかというのをやらないわけにはいかない。ある意味では、どうしても複数世界論にならざるをえないという気がしますね。それがいまの時代、われわれがやるべきことですね。両界曼荼羅なんてそのためのいいサジェスチョンになるかもしれないけれども、いずれにせよ、ひとつの世界でインテグリティーが完成するのではなくて、むしろ複数世界。それで、複数世界におけるインティマシーとインテグリティーみたいな方向に向かう。そのように全体のレベルがもうひとつ上がるという時代に来ているという感覚を、わたし自身はもっています。そして、それをやるためには、どうしても20世紀に自然科学がもたらした驚くべき世界論に向かいあわないわけにはいかない。空海が、あの時代に仏教がもたらした、インド的複数世界論にきちんと反応したのと同じように、われわれもいま自然科学がもたらしてきた複数世界論みたいなものと向きあう必要がある。それなしにもう「哲学」はできない。それこそが、人間の思考には問われていると思いますけれどもね。

知性を鍛える

中島　冒頭で小林さんが「火と水の不可能な結婚」を論じたときに、これは知性の問題なんだとおっしゃいました。そうすると、日本を通じて、知性をちゃんと鍛えていくためには、たとえばどういうものを参考にしていけばいいんでしょうね。空海、これはもう知性ですよ。これは、もう巨大な。わたしは徂徠も知性だと思いますけれども。

小林　どうなんだろうな。参考にというよりも、ほんとうはなんでもいいんだけれども、その読み方を学ぶことが大事ですよね。つまり、情報ではなく、知識ではなく。

論理的、感覚的、想像力的、いくつかの道があるんだけれども、それらすべてが動員されながら、新しいというか、別の世界というか、わたしの知っている世界とは違う世界が垣間見られるという感覚を、どう自分のなかにもつかだと思うんですよ。それを知識として飲み込んで終わりじゃなくて、ひとつのまったく違う世界が見えることなんですよね。感じられること。つかめること。それがない限り、ただ言葉の意味作用がわかったつもりになっていても、ほんとうはわかっていないんです。ということに、少なくとも1度ぐらいは愕然《がくぜん》としてほしいわけだよね。自分はわかっていなかった。わかっていたつもりになっていたけれども、それはただの字義にすぎなかったんだと。私にはわからない世界がそこにあるという感覚をもってほしいわけだよね。わかんないからどうでもいいではなくて、わたしにはわからないその感覚が、しかしわたしの内奥性を通じてわたしの世界でも

変容が自分のなかに生じない限りは、絶対に知性は働かない（中島）

あるというふうに行きたいんですね。そこではじめて、この2つが出会うことができる。出会う場所はどこかといったら、自分のなか。そこから豊かな内奥性が芽生えてくる。そこで、世界からの呼び掛けにも応えることになるし、ほんとうの意味での世界とのコミュニケーションが可能になると思いますけれどもね。口で言うのは簡単だけれども、なかなか難しい。

中島　ある種の変容が自分のなかに生じない限りは、絶対に知性は働かないですね。それに比べると、知識は、別に自分が変わらなくたって身につくわけです。

小林　知識は簡単。いまならウィキペディアを見たらいくらでも書いてある。

中島　そうじゃなくて、自分のありよう、まさに知性的なありようも、身体的なありようも、それが変化していかない限りは、まったく意味に到達できない。

小林　そうなんです。いま、情報があふれればあふれるほど、われわれはますます意味＝感覚から遠ざかって、意味が欠乏しつつあるんです。しかもものすごく意味が薄くなっている。つまり情報という名の膨大な「薄い意味」を毎日のように食べながら、しかしほんとうはなんの「意味」にもなっていない。

中島　どんどん飢えていくんですよね。

小林　そういう感じがしますよね。だから、この本を読めば一発でわかりますよ、というようなことはない。そういう本は無意味ですね。だってなにを読んでも同じなんですね。結局、読み方が違っていればどうにもならないので。だからこそ、この本では、ただわれわれが書いたテキストをお渡しするのではなくて、中島さんもわたしも、われわれなりに、わたしはここにしびれるんだよね、というほとんど身体的な感覚をお見せすることによって、われわれの反応を通じてなにか自分なりの手掛かりをつかんでほしいなと、そういう狙いですよね。

中島　そうです。われわれが日本の思想とどう出会おうとしているのか。それはただノックするだけでは駄目で、感覚を開いてその内に入っていくことで、はじめて開かれるものです。それを読者のみなさんには、ともに感じてほしいと思います。

［第1部］

〈ことば〉を解き放つ

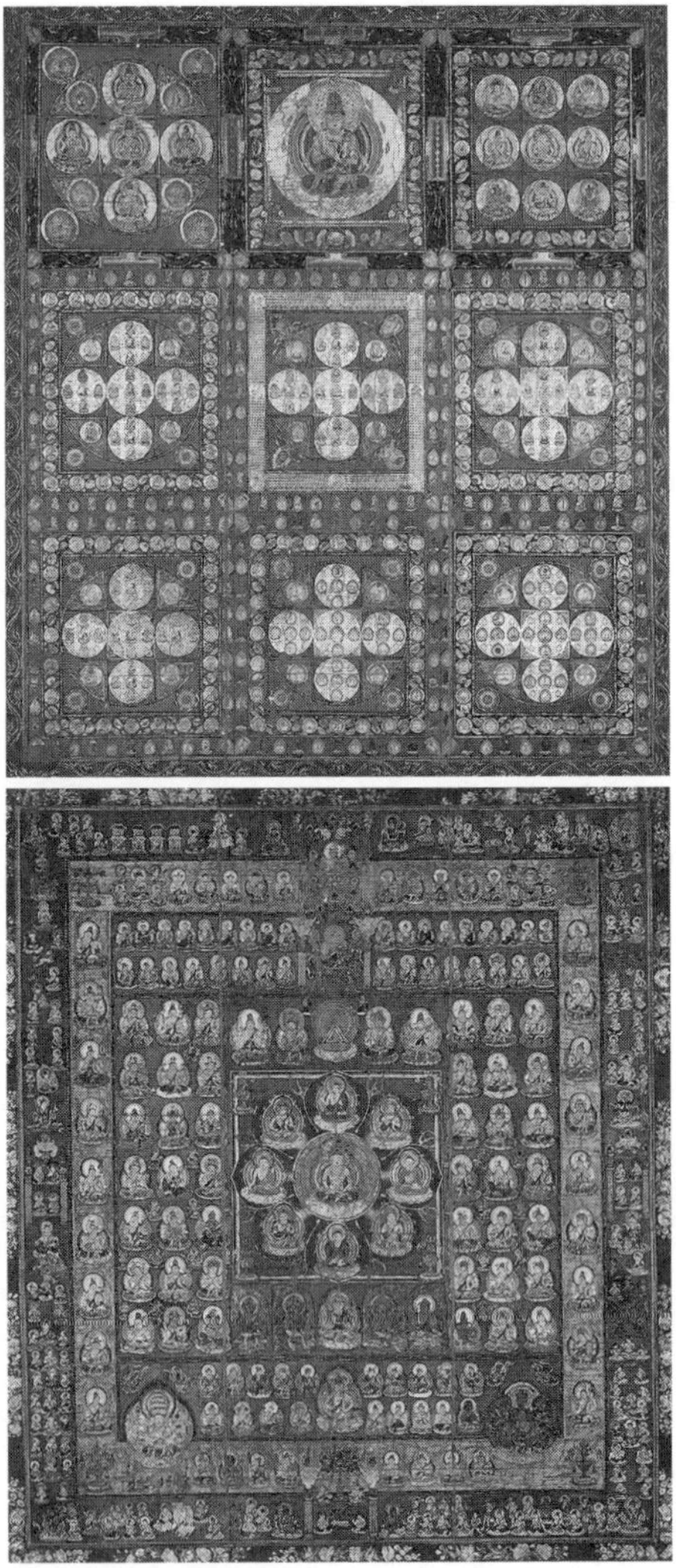

両界曼荼羅図　金剛界曼荼羅（上）・胎蔵界曼荼羅（下）　平安時代　東寺

複合言語としての日本語

小林康夫

Text・・・空海『声字実相義』

初めに、叙意《じょい》とは、夫《そ》れ如来の説法は、必ず文字《もんじ》に藉《よ》る。文字の所在は、六塵《ろくじん》その体《たい》なり。六塵の本《ほん》は、法仏《ほうぶつ》の三密《さんみつ》、即《すなわ》ち是《これ》なり。平等の三密は、法界《ほっかい》に遍じて常恒《じょうごう》なり。五智《ごち》・四身《ししん》は、十界《じっかい》に具《ぐ》して欠けたること無し。悟れる者をば大覚《だいかく》と号《ごう》し、迷える者をば衆生《しゅじょう》と名づく。衆生癡暗《ちあん》にして自ら覚《さと》るに由《よし》無し。如来加持《かじ》してその帰趣《きしゅ》を示し給《たも》う。帰趣の本は、名教《みょうきょう》に非《あら》ざれば立《りつ》せず。名教の興《おこ》りは、声字《しょうじ》に非ざれば成《じょう》ぜず。声字分明《ふんみょう》にして実相顕《じっそうあら》わる。所謂《いわゆる》、声字実相とは、即ち是れ法仏平等の三密、衆生本有《ほんぬ》の曼荼《まんだ》なり。故《かるがゆえ》に、大日《だいにち》如来、この声字実相の義を説いて、かの衆生長眠《じょうめん》の耳を驚かし給う。

現代語訳（北尾隆心による）

そもそも、如来がその教えを説かれるときは、かならず文字を借りて行なわれる。文字の在りかは、色《しき》・声《しょう》・香《こう》・味《み》・触《そく》・法《ほう》の六種の認識対象〔六塵〕がその本質である。六種の認識対象の根源とは、さとりの当体である如来そのもの〔法身《ほっしん》如来〕の身体・言葉・心という三種の行為形態〔三密〕のことである。平等である三種の行為形態は、このすべてのさとりの空間領域に行きわたっており、永遠である。さとりの当体である如来の五種の智慧《ちえ》〔五智〕と四種の存在〔四身〕は、上は仏界より下は地獄界のはてにいたるまで具《そな》わっていて、どこにも欠けているところはない。

この真理をさとられた御方を、「覚者《かくしゃ》（仏陀《ぶっだ》）」と呼び、迷っている者を、「衆生」というのである。衆生は、無知蒙昧《もうまい》であり、自分でさとることができない。如来は衆生を憐《あわ》れんで、声字の力を借りて彼らに帰るべき所をお示しになった。帰るべきところの根本は、すぐれた教え〔名教〕でなければ示しえない。すぐれた教えは、文字によらなければ成り立たない。声字が明らかであってこそ、ものごとの真実のすがたがあらわれうるのである。

ここでいうところの「声字実相」というのは、つまりはさとりの当体である如来の平等の身体・言語・心の三種の行為形態であり、また衆生が本来もっているところの曼荼羅《まんだら》である。それゆえ、大日如来は、この「声字実相」の理《ことわり》をお説きになって、久しく眠っているかれら衆生の耳を覚醒なさるのである。

［テクストについて］

空海（761〜835）のテクスト。『即身成仏義《そくしんじょうぶつぎ》』、『吽字義《うんじぎ》』とともに3部書を構成する。空海の「思想」の根本をなす最重要テクストのひとつ。ここでは、宮坂宥勝監修『空海コレクション2』（ちくま学芸文庫、2004年）から引用。細かな語義解説等は同書を参照のこと。

日本のプラトン

空海は文字通り限りなく広大です。その甚深無量の大宇宙の一断片をここでとりあげて読んでみてもその世界には届かないかもしれない。だが、同時に、このことはまさに空海の教えにも通じると思いますが、どれほど些少な、無限小の部分のうちにも、宇宙の全体が流れこんでいるのでもある。わたしは、そういう認識のあり方こそが曼荼羅の思想の一端だと考えていますが、そうした曼荼羅の確固たる世界観を8世紀の日本に打ち立てたのが、空海。驚くべき、圧倒的な存在です。わたしは、これまでよく外国の哲学研究者から、日本の文化伝統のなかで「プラトン」は誰か、と訊かれることがありましたが、いつも「群を抜いて空海、かれに尽きる」と答えていました。

だが、そう言いながら、わたし自身は空海を研究するわけでもなく、いまも空海がそこに生きているとされる高野山奥の院の廟《びょう》に詣でたのは、東大を定年退職した年（2015年）の夏、中島隆博さんに誘われ頼まれて、ハワイ大学と東京大学の哲学研修の一講師として、高野山蓮華定院《こうやさんれんげじょういん》で空海の言語哲学を英語で論じたときでした。その講義のために、空海の諸テクストを数日間集中的に読んだ。その経験しかないのです。

だが、言い訳になるかもしれませんが、本書の狙いは、あくまでもいま、この時点において世界の大きなマクロ・パースペクティヴのなかで、日本の文化がはらむ特異な普遍性や次元（表現が矛盾していますが、これでいいのです）をくり出して、それを開いてみせることです。空海のテクストへの学術的なアプローチは多くある専門書におまかせして、むしろ空海という歴史的な存在、また日本文化という個別的な文脈から空海のテクストを解き放ち、その「字」の「義《ぎ》」を「世界」の方へと投げ返してみる、そのための手がかりを得ることが問題なのです。空海についての知識・情報を求めるのではなく、そのテクスト、その「字」にわたしの貧しい知性がどう反応するか、微かな「揺れ」のようなものを導き出そうというわけです。

深遠な言語の哲学

まず、はじめに問題になる場をはっきりさせておきましょう。言語です。だが、すぐに言い直して、ことばです、と言ってみましょうか。では、「言語」と「ことば」とどう違いますか？　同じですか？　いっそ「言《こと》」とでも言いましょうか。でも、これはすでに、われわれのふ、つ、う、の現代日本語にとっては余白の表現です。

このように、言語について語ることは（も）なかなか難しい。だが、とりあえず「言語」という言い方をしておくと、ここでまず空海のこのテクストをとりあげたのは、なによりも日本の文化は、その基底となる「言語」のあり方がきわめて特殊で、それゆえ根本的に重要であり、しかも日本文化の歴史の最初期に、驚くべきことに、すでに、きわめて深遠な「言語の哲学」（と仮に呼んでおきましょう）が打ち立てられているからです。

ちなみに、トマス・カスリスらが編纂《へんさん》した *Japanese Philosophy: A Sourcebook*（２０１１年）も、

Preludeと名づけられた聖徳太子の『十七条の憲法』に先立たれてはいるが、実質的には、空海のテクストからはじまる。そこには、「弁顕密二教論」、「即身成仏義」とならんでこの「声字実相義」の抜粋が収められています。あるいは、本書編集のパートナーである中島隆博さんが最近出版した本『思想としての言語』（岩波現代全書、2017年）も、――カスリスさんからのインスピレーションがあったことを「はじめに」で告白していますが――冒頭の章は「空海の言語思想」で、最初の引用部分はまさに「声字実相義」の同じ箇所です。（だから、ほんとうは中島さんの論をそのままここに掲げてもいいのですが、それを少しずらすこと、わずかにしろ「差異」を演じることが可能かどうかを問うてみることが、ある意味では、中島さんとわたしが了解する学問共同体のモラルであり、同時に「友情」でもあるということで、わたしがこのテクストを引き受けてみたわけです）。

人は誰でも〈ことば〉する

このテクストは、題名が示す通りに、「声」と「字」と「実相」のあいだの関係、それぞれの意味（「義」）を論じている。いや、論じるというより、断定的に規定している。論理（ロゴス）を追って進んでいく、という態度ではなく、一挙に、「これはこうである」と真理が開示されるというスタイル。哲学というよりは、やはり覚者による確信に満ちた断言です。それは、もちろん、真言《しんごん》密教と呼ばれる神秘をベースにする教えを開く宗教者としての空海の全身全霊の経験によって裏打ちされているのですが、われわれの読解をここでは、そちらの道に方向づけるのではなく、まずはテクストが内包する構造を引き出すほうに向けましょう。

　このテクストが究極的に言わんとすることは、たったひとつ、最初に「叙意」として示されている通り、「如来の説法は、必ず文字に藉る」です。言い換えれば、「如来は法を説いている、その〈ことば〉がわれわれの〈世界〉である」でしょう。世界は、そのまま如来の説法なのだ。これだけです。つまり、これは、言語論ではなく、世界論なのです。

　だが、われわれは如来が誰か知りません。とりあえず、テクストでは、「大日如来」と名づけられてはいるが、見たことも会ったこともない。「名」はあるが、「実」がない。この空白に「実」を（「実相」というより）「実装」するのが「信」というものなのでしょうが、ここではわれわれはその道を行かない。となると、わたしが指摘できるのは、これが、じつは、「人（わたし）が〈ことば〉する」ことの、鏡像のような反転形であるということです。

　人は誰でも〈ことば〉する。そのように、この世界とは、絶対者が〈ことば〉することによってある、というわけです。これは、キリスト教的な「創造」ではなく、「説法」です。創造者ではなく、説法者。そのアスペクトの違いは重要ですが、しかし構造は似通っています。物理的には途方もない無限の差がありながら、そこでは、人間と世界とが、鏡のように、向かいあっていると言ったらいいでしょうか。わたし流の言い方になりますが、これこそが、密教の秘密にほかなりません。だが、注意しなければならないのは、若かりし空海が虚空蔵求聞持法《こくぞうぐもんじほう》の修行中に経験したあの有名な「谷響きを惜しまず、明星来影す」という経験、すなわち大地が限りなく響き震動し、「明星」がみずからにとびこんでくる、そのように世界が直接、語りかけてくるという経験があってはじめて、世界と私のあいだにほんとうの「向かいあい」の関係が生まれるということ。それこそ空海の出発点でありました。

身口意――からだ・ことば・こころ

では、人はどのように存在しているのか。これは仏教の伝統的な考え方からすれば、「身口意《しんくい》」ということになる。「からだ・ことば・こころ」と言っておきましょうか。この3つの次元における「業《ごう》」（カルマですね）が、地上的人間存在の核であるということになって、これを「三業《さんごう》」、「三毒」と言う。この「身口意」の三元図式を、空海は、そのまま世界の「説法者」である大日如来に反転的に適用する。だから、いまわれわれが読もうとしている声字実相義の冒頭でもすぐに「身密《しんみつ》」、「口密《くみつ》」、「意密《いみつ》」の「三密」が言及されるわけです。つまり、「声字実相」とは、世界を〈ことば〉する大日如来の「身・口・意」にほかならない、という関係構造がそこにはある。

（からだ）	（ことば）	（こころ）
身	口	意
声	字	実相

では、さきほど、わたしはとりあえず「言語」という言葉を使ったので、この「線」にそって、この三元図式を「翻訳」したらどうなるか。現代の西欧哲学の用語を借りるとすると、おそらく

現象　言語　X

となる。われわれの世界は、現象世界です。すべては現象です。そして、言語。ここまでは問題ない。では、「実相」をどう「翻訳」するべきか。

「実相」は、（大乗）仏教の認識論の核心を衝く言葉です。人間の知覚認識には「現象」でしかないものが、仏陀あるいは大日如来には、「現象」とは別様に、別の「相」において「ある」というわけで、法華経《ほっけきょう》（方便品《ほうべんほん》）などでは「諸法実相」などと言われている。仏教の究極の目的は、この「真実の姿」を「悟る」ことになっているわけだから、この言葉を、いまのわたしが理解できる言葉、――たとえば「意味」、「本質」、「真理」、「実在」、「実体」、「イデア」などへと――安易に「翻訳」してすませてはならない、ということになります。

ついでですが、では*Japanese Philosophy: A Sourcebook* ではどうしているのでしょう？　調べてみると、

voice　word　reality

となっています（コメントは省きますので、考えてみてください）。

声字分明にして実相顕わる

となると、われわれとしては、「実相」をどう「翻訳」するか、というよりも、空海は、このテクストを通じて、仏教の核心的テーゼであるこの「実相」なるものを、それでもいささか理解するための糸口として、あたらしいアプローチとして「言語」をもってこようとしているのだ、と考えたほうがよいということになります。すなわち、「声字分明《ふんみょう》にして実相顕わる」です。しかし、この「顕わる」は「現象」として「現れる」のではないことには注意しておくべきでしょう。そこにこそ、空海にとっての「論理」（ロゴス）の意味があったとわたしは思いますが。

さて、空海は、引用箇所に続くところで、この3元図式をさらに回転させます。声字実相義というタイトルの説明部分ですが、そちらもちらと覗《のぞ》いてみましょうか。

初めに、釈名とは、内外の風気、纔《わずか》に発すれば、必ず響くを名づけて声《しょう》というなり。響《ひびき》は、必ず声に由る。声は、即ち響の本《もと》なり。声発《おこ》って虚しからず、必ず物の名を表するを号して字と曰《い》うなり。名は必ず体《たい》を招く、之を実相と名づく。声・字・実相の三種、区《まちまち》に別れたるを義と名づく。

（人の）体内にある気息と、口外にある空気が少しでもぶつかりあえば、必ず響く（音響）ことを名づけて、「声」という。すなわち、響きは、かならず声によっており、声は、響の本体である。声がおこると、無意味ではありえず、かならず物事の名義名跡をあらわすことを「字」と呼ぶ。名は、かならず実体を示し、このことを「実相」と名づける。「声」・「字」・「実相」の三種が、それぞれに区別されているのを「義」と名づける。

すなわち、

響　　名　　体

となります。こうなると、当然ながら、われわれは、あの「谷響きを惜しまず、明星来影す」を思い出さないわけにはいきません。このとき空海は、虚空蔵菩薩の真言（名）を百万遍唱える修行をしていた。かれの「声」が「名」を唱えると、世界が「惜しみなく響きわたり」、「明星」の光が〈からだ〉にとびこんでくるのでした。

つまり、このテクストにおいては、〈ことば〉とはなによりも「名」、「名」としての「字」であって、けっして「文」や「話」ではないのです。「名」には、かならずそれが指し示す「物」が「ある」、あるいは「想定される」。虚空蔵菩薩の「名（真言）」を「声」として「響」かせると、世界もまた「響」

きわたり、その「体」が「顕われる」ということになるでしょうか。

梵語によって理解する

では、この3つの次元の関係はどうなっているのか？　これを問わないわけにはいかないでしょう。じつは、この問いへの答えこそが、空海のこのテクストの眼目であったわけで、引用部分に続く箇所で、かれは、この「声字実相」を、ひとつの複合語と見なして、そこになんと、梵語《ぼんご》（サンスクリット）の複合語の文法をあてはめる、ということをする。つまり、複合語の解釈法である「六離《ろくり》合釈《がっしゃく》」と呼ばれる関係規則に従って解釈するわけです。そして、それを通じて、このテクストのほんとうの狙いである、いわゆる顕教と密教との違いを論理化し、密教的世界観を打ち立てようとするのです。

この部分のテクストは、引用しませんが、ごく簡単に言えば、複合語の各要素の関係が「離」れているのか、「合」っているのかを6つにわけた規則のなかで、所有複合や格限定複合は顕密に共通するが、並列複合による解釈は顕教の「浅い理解」にすぎず、同格限定、不変化複合こそが密教がもたらす深い世界理解である（数詞限定複合は、数が問題なので対象外となる）と主張するわけです。

つまり、先ほど、わたしが論じたような、「実相」は、声字から隔絶していて（翻訳不能であり）、その真理には人間はそのまま参入できないという解釈は、顕教的な「浅い」解釈ということになる（わたしの「限界」？ですね）。「声」、「字」、「実相」は、「同格」であるか、もしくはきわめて「近接」

している（隣近釈《りんごんしゃく》）と理解しなければならない。「声字即実相」と、そのまま空海は言っているわけではないが、しかしそれこそ、まさに「即身成仏」の論理、つまり「身口意・即・仏」の論理につながっていくことは、わたしにもわかります。そして、また、これが、梵語の最終の文字である「吽《うん》」の1「字」に世界の全体が収斂《しゅうれん》していくのを論じる、3部作最後の「吽字義」のテクストへとつながっていくだろうこともよく理解できます。

和・漢・梵

だが、それにしても、なんという飛躍、いや、なんという驚くべき独創でしょう。梵語の複合語の文法規則に従って、世界と私との神秘的な関係を一挙に理解しようというのですから。

ここでは空海をはじめから神格化せずに、むしろ自身が経験した神秘的な経験を真正の世界経験として論理化しようとする沸騰状態の「若い激しい知性」として考えているのですが、かれにとっては、梵語というものがどれほど深く大きな「宇宙」であったか、と思わざるをえません。それは、空海にとっては、いくつもある人間の言語のひとつではなく、ほとんど「宇宙」そのものの言語、少なくとも「世界」という「言語」にもっとも近い言語であった。梵語がなければ、梵語によるあの「真言」の経験がなければ、空海の論理は成立しなかったのではないかと思ったりもします。つまり、この背後には、もうひとつの3元図式があって、それこそ、

和　漢　梵

（日本語）（中国語）（サンスクリット語）

であったのではないか。日本語の向うに漢字による中国語の経典《きょうてん》があり、その向うに、原典である梵語の経典があるという3層構造。しかも、その梵語は、漢字のように日本語というフレームのなかでは「読めない」、未知なる「文字」の言語としてあったのではなく、逆に、ただただ「名」として、「声」に出して唱えられるものとしてもあったという逆転。つまり、求聞持法の文脈をまた発動させれば、「ノウボウ　アキャシャキャラバヤ　オンアリキャ　マリボリソワカ」という「声」がそのまま、虚空蔵菩薩の「名」であり「字」ということになる（しかし、それなら、「虚空蔵菩薩」という漢字の「名」はどうなるのか。その不完全な「声字」なのでしょうか）。いずれにしても、「声字実相」とは「複合語」としての「真言」そのものを指していると考えなければならない。そして、「真言」とは、「私・世界・仏（如来）」という非対称の鏡像関係を示す根源的な「複合語」の「名」であり、「字」にほかならないわけです。

複合語――「即」の論理

さて、こうして空海のテクストの根底に、「複合語の論理」とでも呼ぶべきオペレーションが働いていることに、わたしは注目したわけですが、これを、世界というマクロ・パースペクティヴのなかに日本文化を位置づけるひとつの「引き金」とすることができないでしょうか。
複合語は、「名」が指示する「体」がそれぞれどのような関係にあるのかを具体的に提示することなく、関係をいわば捨象して、一挙に、「名」を併置してしまいます。そして、その全体が「一」なる「word」であるようにまとめてしまう。あるいは、逆に、「一」とみなされているものを、いくつかに分けて併置し、それをまた一挙に統合するというオペレーションでもある。空海は、両方向にわたって、このオペレーションの天才です。かれのテクストはこの論理的オペレーションによって貫かれている。

ついでですが、「声字実相義」に続く「吽字義」においても、「吽」という「字」について、それは、「阿《あ》」・「訶《か》」・「汙《う》」・「麼《ま》」の4「字」から成り立っていると論じるのが眼目になっています。しかし、それは、この4「字」が「吽」の単なる要素だというのではない。すでに見てきたところからもわかるように、「複合語の論理」は、「部分と全体」、「要素と全体」のような関係にも適用はできるが、それを超えて、まったく次元が異なるもののあいだの関係にまで適用されることにこそ、真の働きがある。ここでは詳しく展開することはできませんが、究極的にはそれは、「即」の論理とでも呼ぶことができる超論理へと向かっていきます。そもそも次元が異なるのだから、「同」とか「近」、「隣」とか言えない。けれども、次元の異なりを超えて「即」が起こる、ということになる。その「即」こそ、「即身成仏」の「即」であり、かの「色即是空《しきそくぜくう》」（般若心経《はんにゃしんぎょう》）の「即是」であり、さらにはそれは、現代に近いところでは、鈴木大拙《だいせつ》の「即非の論理」にもつながっていくように思われます。

漢字による複合語

命題は、一般的には、述語によって関係を提示する。ところが、複合語はその関係を明示することなく、「名」と「名」を結びつける。そこに一般的な述語関係、あるいは3人称的な述語関係を超える超論理、「即」にして「密」なる関係を導入する契機があるのではないか、そして、さらに加えて、そのような超論理が、歴史的に、なんらかの仕方で日本の文化を貫いているのではないか、という方向へと、わたしは、少し踏み出そうとしているわけですが、こうなると、やはりこのようなことが可能になったのは、あくまでも漢字によってではなかったか、という問題を考えてみないわけにはいかない。

すなわち、簡潔に言うなら、「声字実相」はたしかに複合語として機能するが、「からだことばこころ」は機能するだろうか、ということ。どうも具合が悪いのではないでしょうか。それは、音の連なりになってしまって、「名」の複合にはならない。ということは、複合語とは、なによりも漢字としての「字」において成立しているということです。しかも、漢字は、誰もが知っているように、じつはそのひとつひとつがまた、「音」を示す部分と「意味」を示す部分から構成された「複合字」でもあるわけで、まさに「声字」そのものではないでしょうか。「表語字」という言い方もされています。その漢字の「複合性」を、空海は、さらに梵語で裏打ちをしているわけです。

実際、さきほど *Jananese Philosophy: A Sourcebook* で「声字実相義」がどう訳されているかを紹介しましたが、そこでは、「字」は letter ではなく、word と訳されていました。それも当然、letter は語の構成要素だが、複合語の構成要素にはなりません。つまり、これは、字＝word であるような表意文字の言語を前提としないわけにはいかないということです。それに対して、表音文字の世界は、まさに「声」の世界であるでしょう。日本語にとっては、それは、「仮名」の世界、すなわち、「仮」の「名」の世界です（ここで仏教のもうひとつの3元図式である「仮《け》・空《くう》・中《ちゅう》」へとかかわることもできるでしょう）。

複合言語——表意文字と表音文字

と、ここまで来たところで、あらためてわれわれの日本語が、世界にも稀《まれ》な、どれほど特殊な書記法、つまり——ここはフランス現代哲学をバックグランドにするわたしの思考のあり方に免じてゆるしてほしいのですが、あえてフランス語を使いますが——エクリチュール écriture に依拠しているかを再認識していただきたいと思います。ふだん、ほとんど意識しないが、われわれは、表音文字と表意文字とを複合した不思議な言語をつかっている。書記という観点から見て、日本語は「複合言語」です。それは、ある意味では、まさに「声字」としてある言語なのです。実際、いま、わたしが書きつつある文章にしても、平仮名／片仮名／漢字／さらにはアルファベットまで並んでいるではありませんか。これほど異質なものが混淆《こんこう》するハイブリッドなエクリチュールですが、わわれわれはそれに馴《な》れきっている。この「複合言語性」こそ、われわれの日本文化の根底的な「無意識」です。ここに日本文化の強みもあれば、また弱みもある、とわたしには思えるのです。

しかし、これは途方もなく大きな問題で、とてもこの場で展開することなどできません。でも、空海のテクストに引っ張られてここまで来てしまった以上は、若干の方向性だけでも指摘しておきたいと思います。

漢字と仮名の二重性

漢字と仮名の二重性は、日本文化にとっては本質的な問題です。たとえばそれは、『古今集』の「序」が、

やまと歌は　人の心を種として　よろづの言の葉とぞなれりける

とはじまる「仮名序」（紀貫之《きのつらゆき》）と、

夫和歌者、託其根於心地、発其華於詞林者也

それ、和歌は、その根を心地に託《つ》け、その花を詞林《しりん》に発くものなり

とはじまる「真名序《まなじょ》」（紀淑望《きのよしもち》）の二重になっているところに端的に現れています。そして、「真名序」のほうは、すぐに中国の古典『詩経《しきょう》』の理論を借りて、和歌の「義」を「風《ふう》・賦《ふ》・比《ひ》・興《きょう》・雅《が》・頌《しょう》」の6つに分類している。もちろん、「仮名序」も同じく六種の分類をするのですが、それは「そへ歌」、「かぞへ歌」、「なずらへ歌」、「たとへ歌」、「ただこと歌」、「いはひ歌」となって、それぞれ実例が挙げられています。

いずれにせよ、ここでは、和歌を日本文化の正統性（英語で言えば、legitimacy ですね）の基体として建立するために、中国の論理を借りながら、それを日本に固有の歴史性のなかに基礎づけ直すという試みがなされています。「字」の理論を借りて、「歌」という「声」の文化の正統化をはかっているのです。なお、先に挙げた中島隆博さんの『思想としての言語』でも、「声字実相義」に続いてとりあげられているのは『古今集』序でした。そこでは、中島さんは、この「序」が、「特殊としての和歌は、ある歴史的起源において技術の力で始まったと説明」しているという論を展開しています。その論では、「序」においてこの「技術の力」の起源が、素戔嗚尊《すさのおのみこと》という「名」で言われているということになるのですが、詳細は『思想としての言語』をお読みいただくとして、わたしのほうは、日本文化の正統性の建立が、一方では中国からの「字」を「藉《か》り」、それを「仮名」へ翻訳する作業、他方では、神話的な起源の「名」に最終根拠を求める作業という二重性において行われていることに焦点をあてたい。というのも、このパターンは、現代にいたるまで綿々と踏襲されているからです。

すなわち、「外」から「字」として入ってくる真理あるいはロゴス。しかし、「内」なる「人の心」は、それに侵されることなく、「声」として、つまり「歌」として、みずからの神話的な歴史的正統性を保持し続けるという二重性。

言うまでもなく、近代以降は、「漢字」に変わって西欧の「アルファベット文字」が入ってくるわけですが、「漢字」という外国語をそのまま日本語へと「藉りて」きた長い歴史をもつわれわれは、素早くそれに対応し、漢字を使って多くの新語をつくり出しました。たとえば、現在、われわれが使っている多くの哲学的な概念——まさにこの「哲学」や「概念」という語をはじめとして、「芸術」、「理性」、「科学」、「技術」、「意識」、「知識」など多くの哲学・科学関係の概念——は、周知のように、西周《にしあまね》らによって訳語として採用された「字」であり、しかも「複合語」であるわけです。「漢字」ベースの「声字」の「藉借」（と、いま即興でわたしがつくった複合語です）という伝統的な「複合語」のアプリケーションがそのまま新しい「外」からの「論理」に対応したと言ってもいいかもしれません。しかし、つけ加えておくなら、西周自身は、１８７４年には、「かな漢字」の「声字」表記を捨てて「洋字ヲ以テ国語ヲ書スルノ論」を書いている。そのことは、かれが、「字」の重要性を徹底して考え抜いていたということを証しています。

この明治期における言語革命は、ある意味では、人類史上でも希有《けう》な「文化革命」だったかもしれません。そこでは「外」の文化を取り入れるすばらしい応用力が発揮されたわけです。しかし、同時に、そうして導入された無数の「イデア」（と呼んでおきましょう）が、いつまでも「字」にとどまっていて、日本の「声」にはなかなか内化されない、という問題もないわけではない。「理性」、「意識」、「技術」……、これらは「複合語」です。しかし、すでに述べたように、「複合語」はそれらの要素間の関係を捨象して結合させ、並列させてしまいます。実際、誰も「意識」において「意」と「識」がどういう関係にあるのかは問わない。いや、「意識」はもともとは仏教用語で、六識《ろくしき》のひとつであったわけですが、その梵語の mano-vijñāna の場所に、そのまま欧米語の consciousness（英）や conscience（仏）を代入したということになります。「声字」が、別の「実相」（?）をもつようになったということでしょうか。だが、こうなると今度は、英語の conscience、あるいは仏語はそのままですが、conscience がもっているもっとも重要な「良心」という意味はそこではまったく欠落してしまうことになる。だから、わたし自身は、この問題について少し考えてみたエッセイでは、「意識＝良心」などという表現を使ったりもしました（『存在のカタストロフィー』未來社、2012年）。だが、これもまた、まさに「複合語」ではないでしょうか。ただ、わたしは「＝」を入れることで「隣近釈」であることを明示しているのかもしれないのです。

絵文字が加わった超文字文化

間違わないでいただきたいのですが、わたしはここで、こういった「声字実相」的オペレーションを狭い意味で批判しているわけではありません。はっきり言っておきたいと思いますが、この「声」と「字」の二重性は、無文字文化と文字文化の二層性に対応する普遍的な構造性を備えています。ただ、その問題の歴史的な顕現のあり様は各文化によって大きく異なる。「声」と「字」とがどのように文化の「無意識」を規定しているのか、をそれぞれの文化に応じて理解しようとすることが大切なことなのです。そして、その視点から、空海を起点として、日本文化のマクロ・パースペクティヴを見通してみたかったのです。

しかも、いまの人類は、コンピューター技術の爆発的な展開によって、文字文化のもう一歩先、未曾有《みぞう》の超文字文化へと進んで行こうとしています。LINEでは、「字」ではなく、アイコンが用いられたりすることにも端的に現れていますが、この新しい文化は、「文字」のステータスそのものを大きく革命することになることはまちがいないでしょう。われわれの固有の「声字」の歴史を、いまこそ、振り返って考えてみなければならないときなのだと思います。

最後に、空海の「声」に耳を寄せてみましょうか。かれが２４歳のときに書いた最初の著作『三《さん》教指帰《ごうしいき》』の末尾に、空海自身の分身である山岳修行者の仮名乞児《かめいこつじ》が十韻の詩をよんでいるのですが、「三教」、「道観」、「金仙《こんせん》一乗の法」、「自他利済」、「三界《さんがい》の縛《ばく》」などの「法」の言葉が並ぶなかに、二韻だけ、まるで「歌」のような静かな「声」あるいは「音《こえ》」が聞えてくるような気がします。わたしの勝手な思いにすぎませんが、これを、若き空海の「仮名」の「歌」として聞き取っておきたいと思ったのです。

春の花は枝の下に落《お》つ　秋の露は葉の前に沈む
逝水《せいすい》住《とど》まることよくせず　廻風《かいふう》いくばくか音《こえ》を吐く

［読書案内］

●空海については、

宮坂宥勝監修『空海コレクション2』ちくま学芸文庫、2004年

宮坂宥勝『空海——生涯と思想』ちくま学芸文庫、2003年

梅原猛『空海の思想について』講談社学術文庫、1980年

3番目の本は、本文百頁少しの読みやすい本でお薦めですが、そこでは空海が引用している『毘盧遮那念誦法要《びるしゃなねんじゅほうよう》』に入っている、龍猛《りゅうみょう》が南インドの真理の塔に入るという物語を説明したあとで、「ここにシンボリックに語られる真理の開示体験がある。あなたは、このことがわかるであろうか。それが少しでもわからなかったら、私は、あなたは宗教はもちろん学問についても、芸術についても、深く理解することが出来ない人であると思う」という恐ろしい言葉がさらっと書かれています。

●本文でも少し触れましたが、われわれふたりの著書から関連するものを挙げれば、

中島隆博『思想としての言語』岩波現代全書、2017年

小林康夫『存在のカタストロフィー』未來社、2012年

●ここでは、日本の「声」と「文字」が問題になったわけですが、「歌」については、「古今集」

をはじめとしてたくさんの文献がありますが、「文字」については

石川九楊『日本の文字』ちくま新書、２０１３年

本文でこの本を紹介できなかったのは残念でした。「日本語は3種類の書法からなる」という
ことを徹底して解明した論考。多くの発見があるはずです。必読書に挙げたいと思います。

[対談 1-1]

空海から出発する

小林　中島さんが『思想としての言語』（岩波現代全書、２０１７年）のなかですでに空海を論じているにもかかわらず、あえてわたしも空海を論じてみました。２０１５年の夏に中島さんに東大―ハワイ大学のサマー・インスティテュートに招かれて、なんと高野山の蓮華定院《れんげじょういん》で日米の学生たちを前にして空海を講じることになりました。高野山も生まれてはじめてでしたし、空海という巨大な存在にはじめてまじめに立ち向かわなければならないことになった。でも、わたしはいつもそうなのですが、空海の専門家を前にして、「３日でわかった空海」、わたしが短い時間に理解したと思った空海思想の「鍵」を語ったのでした。その延長線上で、今回、『声字実相義』を中心に、空海という広大な世界を開けるための小さな「鍵」を差し出してみたわけです。

中島　サマー・インスティテュートは、いま思い返してもすばらしい瞬間でした。小林さんに空海、そのなかでももっとも重要な『声字実相義』という言語論を語っていただいて、わたし自身が鍵を受け取った思いでした。それもあって、『思想としての言語』を空海から書き始めることができたのです。そして、わたしも同様に、他の議論のどれよりも、空海の言語論に挑戦してみたわけです。

小林　そうなんですよね、中島さんも、『思想としての言語』の初めのところで「カスリスさんからのインスピレーションもあった」と断って「冒頭の章は、空海の言語思想です」と言って、まさに同じところを引用していますよね。だから、ある意味では、中島さんの論への応答というか、専門という守備範囲を超えて対話すること、それこそがほんとうの知的な友情なんだよね、と示したいということもあります。と同時に、わたしは空海の研究者ではまったくないけれども、だからこそ、読者の方々とある意味同じ位置にいるので、そこから出発して、わたしがいま、虚心坦懐《たんかい》に空海のテキストとぶつかったときに、わたしの精神になにが起こるかを語ってみたいなあ、と思うわけです。空海を説明するのではなく、わたしが空海に切り込もうとするならどういう角度か、みたいなことを示したかった。これは、わたし自身にとっても冒険なんですけどね。

中島　空海を読むというのは、単に記述的に説明すればよいというのではまったくなく、空海に入り込む、さらに言えば、空海をともに生きることですからね。

小林　そうなんです。わたしはここで真言密教を説明しようとしているわけではなくて、文化のもっとも重要な「背骨」である「ことば」を、空海の「知」が、どのように生きたのか、について一言言ってみたいだけなんです。それは、究極的には、如来の「説法」という事態です。つまり、「如来は法を説いている。それがそのまま世界である、というのが、空海の教えの究極です」と。そこでは、われわれが言葉をしゃべるという根本事態が、世界という現象の全体性のほうに反転されるという構造になっている。「世界—ことば—私」ですね、その「ことば」を空海は、まさに日本語、中国語、梵語というまったく異質な言語を通して把握したというわけですね。まとめてしまえば、この3つの言語に、「声—字—実相」を対応させてみた、ということかな。仕掛けをばらすと単純ですけど、でもそう簡単でもない。というのは、こうした3つの項のあいだの関係をどう考えるか、というメタのレベルの問題があるからです。2元、3元、4元と関係図式はつくれる。だが、それらの相互関係をどう考えるか、ここが重要なわけですが、空海は、それをサンスクリットの複合語の原理で処理した。それが決定的です。空海研究者にはあたりまえのことなのかもしれないけれど、これを発見して少し興奮しましたね。『声字実相義』がわかった、という気がした。

「即」は実践的論理である

中島　複合語というのは、英語ではコンパウンドと言いますが、サンスクリット語には非常に使用例が多いものです。異なる概念を並べて1つの新しい概念をつくるわけですが、仏典を理解するための肝になるものです。空海はそれに注目したのですね。

小林　『声字実相義』のなかで、サンスクリット文法の複合語の説明がえんえんと出てくるところは、現代のわれわれからすると、別におもしろくもない。注釈者もあまりそこのことは書いていないように思うのですが、こここそが、空海にとっての論理の「鍵」だったんだなあ、と思ったわけですね。なにしろその複合語のつくり方で、顕教と密教の世界理解がわかれるわけですから。簡単に言えば、「実相は本質的に翻訳不能であり、それを簡単に言葉で埋めてはいけない」という真理隔絶の立場は、あくまでも顕教的な、大乗仏教的な浅い解にすぎない、と。それに対して、空海の密教的立場では、「声」、「字」、「実相」は同格か、あるいはきわめて近接している「隣近釈《りんごんしゃく》」と理解しなければならないというわけです。「声字は即実相である」と言っているわけではないけれども、それこそ、「即身成仏」という論理とまったく同じです。つまり、直接に「身口意、即、仏」の論理につながっていくわけですね。しかも、3部作の最後の『吽字義《うんじぎ》』でも「吽《うん》」という1字のなかに、4つぐらいの言葉が一緒になっていますと言っているので、結局、空海はこの3部作の全部を、いわば複合語の論理に依拠して書いているんですね。すごい飛躍。なんという過激。わたしは、ここでは、空海をとても偉い弘法大師としてではなく、若いときの求聞持法《ぐもんじほう》の経験から出発して、こういう世界との向かいあい方を必死に理論化しようとしている知性として考えたいんですね。

中島　その若い知性は複合語を手掛かりに、「真言《しんごん》」、すなわち真なる言語とはなにか、言語と世界の目も眩《くら》むような関係とはなにかを考え抜こうとしたということですね。

小林　そうなんですよね。サンスクリットは、空海にとっては、人間の言語の1つじゃなくて、宇宙そのものの言語、あるいは世界という言語、つまり「真言」だったんです。真言の世界だったということです。世界は、「名」であり、「声」であり、「響き」なんです。でも、その「名」であり、「真言」であるものが、また複合語でもあるわけです。そこがすごい。複合語というのは、名が指示している対象、体・ものが、それぞれどういう関係にあるのかを具体的に提示しないまま、いわば関係を捨象して一挙に名を並置して1つの名をつくってしまう。それを、逆にしてみれば、1だと思われているものを、「吽」字みたいに4つに分けてしまえる。ここでは、空海はこうした複合語の論理的オペレーションの天才だという仮説を出しているのですが、結局、これは、部分と全体とかではなく、実相と声のようにまったく異質の次元のもの、けっして同じ平面に乗らないようなものが、複合語として「一」となるということに、空海の最終の論理があったんじゃないかということを思ったわけですね。それが最終的には、即の論理という問題につながっていく。複合語と即の論理が裏表でつながっていて、それは「即身成仏」の即だし、「色即是空」の即だし、それから、鈴木大拙《だいせつ》の「即非の論理」にまでいく。「即」というのは、単に関係として「イコール」ですと言っているのではなくて、それを実践しろということでしょ。真言を唱えてはじめて、「声字」と「実相」が「即」となるわけです。「色即是空」だって同じでしょ。「即」は実践的論理なんですよね。そのように「即」という実践論理は、空海から鈴木大拙までつながっているんじゃないかと。複合語から出発してそこまで行けないかというのが、一応ここでわたしが提出しているパースペクティヴです。

ヨーロッパの哲学は全部、命題ベースで、命題は述語が関係を記述しているのですが、複合語は関係を明示することなく、名と名を直接、結びつけてしまう。そこには、述語関係を捨てちゃった超論理みたいなものがある。そのように「即にして密なる」関係、「生きてある」関係を空海は打ち立てようとしたんじゃないか、と。ついでに言えば、だからこそ、のちに、西欧哲学の影響を受けた日本の哲学者が「述語」に注目して、「述語論理」の哲学みたいなものをもってくるという方向になるのでは、とも思いましたが、そこまでは論じることができませんでした。

マルチリンガルな言語経験

中島　ここで大事なのは、空海がマルチリンガルな言語経験を生きたということかと思います。サンスクリット語に加えて、当時の中国語や、古典中国語、そして日本語を同時に生きていたわけです。それらは、言語の基本的なあり方をかなり異《こと》にするものですが、言語の複数性そして世界の複数性を生きるということが、空海には問われていたのだと思います。その場合、日本語というのはどう考えればよいのでしょうか。いまわれわれが想定するような日本語は、当時はないわけです。空海は、サンスクリット語、中国語を通して、日本語を発明しながら、複合語の論理を考えるというアクロバティックなことをしなければならなかったのですね。

小林　そうなんです。結局は、日本語という言語の特異性というところに行く。つまり、すでに前にも少し話をしていますが、日本語は、仮名と漢字が入り交じった、まさに、複合語ではなく、複合言語。言語そのものが複合している。しかも仮名も2種類あって、片仮名は漢字の音から来ているから「音」ですが、平仮名はそうではない。「音」の表記だけではないものがある。そして漢字。これ外国語の文字ですよね、それを「借りて」きてそのまま使っている。日本語は複合言語、つまり複合語のように「関係」の記述を切り離して、異なったものをくっつけて平気なわけです。それは、西欧的な論理からすると、とんでもない飛躍でもあるし、それゆえわれわれはどこか根底では西欧的な論理を受け容れられないかもしれないみたいなことを考えたわけですね。そうしたいまにまでつながる根本問題の根源がこの空海の『声字実相義』に透けて見えるような気がするというのが、わたしの論点です。

でも、その最後は、空海の若いときの詩、しかも四六駢儷《しろくべんれい》体で書いたきわめて中国的な詩のなかに、突然、和語が出てくるところに、なんというか、泣けるというかな、全然、観念的ではなく、まさにかれの日本的「こころ」が表出されているんですよね。「春の花は枝の下に落つ　秋の露は葉の前に沈む」

中島　「逝水《せいすい》住《とど》まることよくせず……」

小林　「廻風《かいふう》いくばくか音《こえ》を吐く」と、「音」を「こえ」と読ませているんです。いいですよねえ。中国語の漢字で埋め尽くした詩のなかで、最後のここに、日本の「こころ」が流れていく、みたいなね。

中島　これは『三教指帰《さんごうしいき》』のなかの詩ですが、儒教・道教・仏教の優劣を比較し、仏教こそが優れているとしたものです。大学寮を出て山林で修行していったなかで、仏教に入っていくのだというマニフェストですよね。小林さんが、そのなかに、和語を見出され、複合語の論理に注目されたのはポイントですね。

　しかし、複合語の論理を日本語に適用したときに、やはり困難があるかなとも思います。たとえば、おっしゃっていたような「からだことばこころ」というのは、日本語では複合語になりません。

小林　だから、日本語は複合語にならないところで漢字を使う。漢字は本質的に複合的ですから。その間に分裂があるということを言いたいわけです。われわれは中国から、西欧から、抽象概念を次々ともってきては、複合語をつくって頭に入れているんだけれども、ほんとうに自分の「声」にしているかということを問いたいわけです。

中島　そうですよね。複合語の論理が日本語にもずっと一貫していると無理に論じるのではなく、日本語は複合語の論理に対してどういう対し方をしているか、その構えを考える必要がありますね。

小林　そうそう。われわれは多くのものを得たけれども、多くのものを失ってもいるんじゃないかということ。たとえば、ドイツ語のSein《ザイン》という言葉。これは、「有」とか「存在」とか、そう訳されてますけど、それでいいのか。beとかbeingとかと同じく、まったく基本中の基本の語彙なわけですが、それが「存在」となったときに、まあ、ほんとうに日本語の「声」としてそれが響いているのか、ということかな。「字」ではわかっているつもりでも、「声」としてはどうなんでしょう、と問いたいということです。難しいですよね。わたしは、空海がどのくらい中国語、サンスクリット語ができたのか、よく知らないのですが、若いときに徹底した精度で外国語を自分のものにした大天才が、自分の経験をそこに結びつけて、その外国語の論理を、世界を理解する「知」と「実践」の哲学的論理へと仕立てあげたように思ったりもします。

中島　これはわたしのすごく個人的な経験なんですけれども、大学院のときに、龍樹《りゅうじゅ》の中論《ちゅうろん》の授業に出ていました。わたしはサンスクリット語を何年間か勉強したものですから、全然身についてはいないにせよ、まず原文を読んでみようと思って参加したんです。ものすごく驚いたのは、中論は分詞構文ばかりで、文章が次々とつながっていくように見えたんです。分詞構文を訳すのは簡単ではありません。前後にどう係るのかがよくわからないんです。複合語は概念の連結ですが、分詞構文はより大きな複合語の論理のように思うわけです。

空海もサンスクリット語のテキストを読むときに、このことに気づいたと思うんです。複合語の論理は、より広範囲に用いられている、と。そうすると、真の言語を考えるときに、広い意味での複合語の論理を考えざるをえなかったのかなと思います。

漢字の問題

中島　中国語のほうに話を向けてみたいと思います。小学校ぐらいで漢字の成り立ちに関して勉強するかと思います。形声《けいせい》、仮借、象形とか、あれは6つあるんです。でも、実を言うと、この6分類はカテゴリー的におかしいんです。それくらい漢字はうまく分類できない、とても不思議なつくりをしているんです。それはなぜかというと、漢字には多様な起源があって、それが組みあわさったものだからだろうと思います。

小林　あの組みあわせの感覚は不思議ですよね。表意文字ですけど、象形文字じゃないので。つまりさまざまな「鍵」が寄せ集まって1字ができている。音を示したり、カテゴリーを示したり、多機能ですよね。漢字1つがまさに複合であり、「声字」なわけですね。だから、声字実相というのはある意味では、漢字の本質なわけです。しかし、それをそのままもってきつつ、なおかつ漢字から崩した仮名と組みあわせて使っているわれわれの日本語も変だよねということです。変だけれども、ここに弱点もあれば強さもあるというわけですね。

中島　漢字に関しては、もう1つ、形音義という大事な議論があります。漢字は形、音、そして意味という3つの要素から成り立っています。

ところが、この形音義は、すべての漢字にうまく適用できるわけではありません。どうしてもズレが出てきます。このズレの感覚、隙間があるという感覚が中国の漢字の伝統のなかにはあります。空海はこの議論を知っていると思うのですが、形音義というふうにはいかない。

小林　「声字実相」は、ある意味で「音形義」と順序を変えたわけだ。

中島　そうなんでしょうね。難しいと思うのは、義という意味です。言語にとって意味とはなにかという問いはずっと問われてきました。その場合に、「実」だ、つまり実相だという答えも、昔から中国にはありました。空海はその答えを選択した可能性もあります。

とはいえ、空海には日本語とサンスクリット語の問題もありましたから、単純に中国語だけで議論している枠組みとは違うわけです。

小林　これを書いてみて、やはり空海は、「谷響きを惜しまず／明星来影す《らいえい》」というあの求聞持法の経験がなかったら、ここへ行けなかったなあと思いました。つまり、最初に、サンスクリットによる真言の実体験を経てますからね。この経験はまさに空海だけのインティマシーの極限的経験です。これがあって、それがインテグリティーを裏打ちしてるんですね。これがなかったら机上の空論です。それが複合語の盲点かもしれません。日本語は複合語の論理で漢字を「うつし」、さらにどんな外国の異文化も簡単に「うつす」ことができたわけですが、同時に、それはどこか表面的で、日本語のほんとうの「声」になっていないような気もする。

なんでもいいのですが、たとえば「正義」。「正」と「義」の複合語ですね。だが、これはほんとうにわれわれの日本語のなかに根づいているのだろうか。justice という語を just というありきたりの副詞形容詞との連関のなかで感覚している西欧的な概念に対して、われわれの日本語の「正義」はどのくらい日本語の「声」に根づいているのか、そういうことを考えてしまうのです。いいとか悪いの問題ではないんですよ。ただ21世紀という現時点まで来て、ようやくそういう根本的な問題も考えられるようになったのではないか、と思うんですね。そして、それは、まさにインテグリティーの問題と深く関係していますね。

中島　おもしろいのは、インテグリティーが可能になるためには、インティマシーに深く立たなければならないということですよね。これは、近代的なインテグリティーの理解とは異な

インテグリティーが可能になるためには、インティマシーに深く立たなければならない（中島）

る理路を示してくれるかもしれません。

　インテグリティーの語源は、ラテン語のインテグリタースだろうと言われています。それはインテゲールから来ているもので、インとテゲールですから、「触れることができないもの」という意味が浮かび上がってきます。たとえば整数はインテゲールです。整数は分割できないので、完全かつ不可侵であるというわけです。これがインテグリティーの語源的な意味だと言われるのですが、その意味の方向性が、近代では個人と結びついていきます。しかし、こちらの方向性はひょっとしたら、非常に特殊な考え方である可能性もありますよね。

小林　非常に特殊だと思います。奇妙なことに、もっともインティマシー的である密教は、空海に即して言うなら、唯一、世界のインテグリティーに到達する道を示したとも言えないことはないので。

中島　そうなんです。

小林　だって、両界曼荼羅、あれこそが完全に、インティマシーとインテグリティーを含みこんだメタ・インテグラルな図式ですものね。それが曼荼羅というものなので。インテグリティー曼荼羅とインティマシー曼荼羅と2つ曼荼羅があって、これが結びつく真んなかのところに空海がいるという、そういう図式なので。

中島　そうなんですよね。

先人とともに哲学する

中島隆博

Text・・・トマス・カスリス『日本哲学小史』

まずは歌からはじめよう。なんらかの感受性をもって歌を読んだことのある人であれば、すでに言葉に固有の力を知っている。歌の言葉が表現するのは、歌人、読者、主題が相互に応答しあう領域における調和である。歌を書いたことのある人であれば、もしくは学問的な実践としてではなく、真心をもって心ある歌を書いたことのある人であれば、歌人が書くのは、感情、出来事、物ではなく、むしろ世界のすべてのコンテクストであることを知っている。その際、歌人は言葉を通じてそのものを表現しているのだ。歌はなにかについてのものではない。それは、歌人、言葉、物を含むすべてのコンテクストの自己表現であり、ひそかな暗示である。

こうした経験が想定できるとすれば、そうした驚くべきときがいかにして到来するのかを問うことができるだろう。距離を取った知識や経験主義を前提にすると、いかにして歌が可能かは十分には説明できない。歌がある以上、世界がわたしたちの外にずっとあるということは不可能だからだ。世界は、外的で、価値中立的で、感情を欠いた見方から見られるべきものではない。合理主義もまったく役に立たない。歌がある以上、世界は単に数学的・論理的に区別される法則の集合ではないからだ。世界は、心のない考えで測られるべきではない。経験主義も合理主義も、外的な関係から世界を見ることを主張する。それらはどちらも、知を第3のものに変えてしまう。つまり、2つの独立したリアリティーである世界と自己を関係のなかに置くという、関係づける性質とするのだ。

それとは対照的に、歌は内的な関係性にあるリアリティーを明らかにする。世界とわたしたちは分離できない。分離してしまえば、少なくとも、なにかを失う。世界なしに、わたしたちはわたしたちではないし、わたしたちなしに、世界は世界ではない。前半の命題は十分に明らかである。世界なしに、わたしたちは存在することもできない。しかし、後半の命題は、なぜ真なのだろうか。

感じることのできる種《しゅ》として、人間は自然の自己表現において重要な役割を果たしている。ここで強調されているのは、感じることであって、合理性ではないことに注意しよう。合理性は人間性を定義する特徴ではない。わたしたちの人間性を定義するものは、感受性・情動・反応といった、触わり、触わられる能力なのだ。あらゆる動物は、それぞれのやり方で感じて反応しているが、人間だけが「もののあわれ」を詩的で共同的なやり方で感じることができる。鷲《わし》は森や滝の上を高く飛ぶことができるが、人間だけはわざわざ恐れを感じるためだけにその森に入って、アンセル・アダムズ［米国の写真家］のように、その恐れを写真に表現して他の人と共有することもある。蜂は桜の花から花へと飛ぶことができるが、人間だけが花びらの儚《はかな》い美しさを感じて、詩に表現したり、ただ涙したりできる。わたしたちのいない世界は、同じものではないのだろう。わたしたちなしでは、世界はその一部を失ってしまうかもしれない。それは、世界が展開してきた意味にとって内的な何かなのだ。わたしたちなしでは、世界はもはや創造的で詩的に表現的ではなくなるかもしれない。世界はその舌を失うだけではなく、その

心をも失うのだろう。（トマス・カスリス『日本哲学小史』、394〜395頁）

［テクストについて］

トマス・カスリス『日本哲学小史』（ハワイ大学出版会、2018年）の中での本居宣長論。この本の書誌詳細は読書案内に記したが、英語の原題は *Engaging Japanese Philosophy: A Short History* すなわち『日本哲学に関与する——小史』である。

ともに哲学する

ここに引用した1節は、トマス・カスリスが本居宣長に語らしめた、想像的かつ創造的な哲学的フレーズです。なぜカスリスはこのような表現を宣長に対して行ったのでしょうか。その理由は次のように述べられています。「親鸞に対して行ったように、宣長にもより親密な仕方で関与してみよう。想像的かつ創造的に宣長をその世界からしばらく引き離し、わたしたちのもとを訪ねてくれるように招待するのだ。想像してみよう。宣長の論敵は、18世紀日本の漢心《からごころ》ではなく、今日の世界にかくも広がっている、距離を取った知識を強調する近代的なあり方だ、と。宣長は、ほぼ疑いなく、その両者とも、経験主義、論理、指示的言語、そして合理性を強調する点で似通っていると思うだろうから、こうした調節をすることは難しいことではない。宣長がもしわたしたちに直接語

りかけてくれるとすれば、なんと言うのだろうか。おそらく次のようなことを言うのではないだろうか。」（同、394頁）

それを受けての宣長の言葉が、冒頭の引用箇所です。カスリスは宣長を、単なる哲学的議論の対象や素材と考えていません。むしろ、そのように距離を取って哲学的なテクストを論じるような知のあり方を退けます。必要なことは、哲学的なテクストに関与して、ともに哲学をするということなのです。

そのために、ここでは宣長を今日の哲学の議論に召喚して、もし宣長が今日「漢心」批判をするとすれば、どうなるのかを想像的かつ創造的に描いていきます。そして、宣長は、「漢心」への批判によって、距離を取った知識全般（経験主義や合理主義を含む）を問い直した、というわけです。

そうしますと、ここでカスリスは二重の哲学的判断を取っていることがわかります。ひとつは、哲学とは関与的な読解であるという判断であり、もうひとつは、宣長を含む日本哲学それ自体は、関与的な読解を主としているという判断です。これこそが、『日本哲学小史』すなわち『日本哲学に関与する』という本を支える核心的な哲学の態度なのです。

インティマシーあるいはインテグリティー

カスリスは世界に対する2つの関与の仕方を区別しています。すなわち、インティマシーとインテグリティーです。インティマシーはこう定義されます。

ラテン語で intimus は「内奥のもの」と「親友」のどちらも意味する。動詞 intimāre は「知られるようにする」という意味である。これをあわせると、インティマシーの語源的意味は「親友に内奥のものを知らせること」といったことだと言えるだろう。このように、インティマシーには不可分であること、同じものに属していること、わかちあい、といったことが含まれる。（トマス・カスリス『インティマシーあるいはインテグリティー』、33頁）

それに対して、インテグリティーはこう定義されています。

ラテン語の integritās が関連するのは integer で、これは不可分な全体を意味する。英語でも整数を integer と呼ぶが、それは分割されていない〔分数ではない〕からである。ラテン語の integer についてはおそらく in と tegere あるいは in と tangere の組み合わせ、つまり否定辞と動詞「触れる」の組み合わせに関連している。インテグリティーがあるものは手つかずであり、堕落しておらず、純粋である。インテグリティーを備えた人は裏切らない。船体のインテグリティーがあれば、つまり船体が無傷なら、船は沈まない。要するに、インテグリティーの語源的意味が示唆するのは「完全かつ不可分、不可侵である」ということなのである。（同、35頁）

このような語源的意味を踏まえて理解されたインティマシーとインテグリティーの基本的特徴は、以下のように分節化されます。

インティマシー
一、インティマシーは客観的だが、公的というよりは私的である。
二、インティミットな関係においては、自己と他者とは互いを明確に区別しないようなあり方で一体をなしている。
三、インティミットな知識には感情的な次元が存在する。
四、インティマシーは心理的であるとともに身体的でもある。
五、インティマシーの根拠はふつう自覚的、反省的、ないし自己啓発的なものではない。(同、34頁)

インテグリティー
一、公共的な立証可能性としての客観性
二、内的関係より上位におかれた外的関係
三、全く感情を含まないものとしての知識
四、身体的なものと区別されるものとしての知的・心理的なもの

五、それ自体の根拠を反映し意識するものとしての知識（同、35頁）

この2つは、世界への指向性の2つの型ですので、ある文化がどちらかひとつの指向性だけを有しているわけではなく、いずれかが前景化されたり後景化されたりという特徴を有しているにすぎません。その上で、カスリスは、日本文化はインティマシーが前景化されていると考えています。

とはいえ、すぐさま注意しておきたいのですが、カスリスはこの2つの指向性を区別して満足しているわけではありません。カスリスが問うているのは、2つの指向性の関係を考えるにはどうしたらよいか、ということだからです。「何とかしてこの2つの指向性を、文化衝突における双方の側が容認でき、利用できるようなやり方で、融合させなくてはならない」（同、232頁）。

ここで2つの選択肢が示されます。ひとつは、「あらゆる関係を、インティマシーの関係とインテグリティーの関係の二種類に分けること」（同上）です。ところが、ひとりの人のなかでも、両方の指向性を必要としている以上、この解決策はうまくいきません。「いつどちらの指向性でうごくべきかを、どうやって知ることができるのか」（同上）と問われてしまうからです。

もうひとつは、両者の間を行きつ戻りつするという選択肢です。しかし、これにはより深い問題があると、カスリスは批判します。

たとえばもし私が普遍的人権という理念（インテグリティーの指向性から生まれる思想）を受け入

れるとして、私がそれをもつこともたないことのあいだで行きつ戻りつするとしたら、そうした権利はどうなるのか。つまり、もし私が普遍的人権を認める指向性と認めない指向性のあいだを行ったり来たりすれば、普遍的権利という観念そのものが損なわれるのである。（同、233頁）

つまり、両者の間を行きつ戻りつすることは、インティマシーの側に結局はつくことになり、インテグリティーを損なうというのです。

行きつ戻りつするバイ指向性

では、カスリスはいかなる解決策を提示するのでしょうか。それは、バイリンガルならぬ、バイ指向性になることです。

ここでまとめると、個人としても集団としても最善の選択肢は、われわれ自身を文化的に両指向的（bi-orientational）に――バイリンガルとなる場合と同様に――するということである。つまり、われわれ自身を両方の指向性に適応させれば、その両方ともが多少なりとも、われわれにとって第二の天性になるかもしれない。そうなれば、われわれは両者のあいだをスムーズに、相手とする人びとに応じて、移動することができるだろう。インティマシーとインテグリティーの違いは大きいため、両者のバランスを完璧にとるのは不可能かもしれない——言語の場合のように、一方が自分の「ネイティブな」文化的指向性で、他方が自分の「第二の」指向性だ、ということになるかもしれない。それでもなお、分析の仕方とコミュニケーションのとり方をうまく調整できれば、われわれは実りある、実際的かつ効果的な関係を、さまざまな他者と結ぶことが今以上に可能になるだろう。だが、断念しなければならないこともある、すなわち、現実の正当な解釈は一つしかないという考えである。この種の独断論は排除されねばならない。（同、240頁）

これは、先ほど退けた2番目の選択肢に結局は重なるものです。しかし、カスリスは、「自己反省性という新たな次元を付け加えた」（同、236頁）と主張しています。つまり、単純な行きつ戻りつではなく、行きつ戻りつすることとそれ自体を反省することで、バイ指向性を実現しようというのです。そして、これこそが、『日本哲学小史』において、関与するengagingという行為遂行的な読解をもたらしたものなのです。

カスリスは次著である『日本哲学小史』についてこう述べていました。

これまでずっと示唆してきたとおり、わたしの考えでは、日本哲学は歴史的にインティマシーが支配的な傾向にある。これは普遍的主張ではなく、一般化にすぎず、むろん例外がある。たしかに日本の歴史を通じて、この支配的指向性がインテグリティーの指向性のほうに近い思想による異議申し立てを受けた例が見られる——十九世紀後半における西洋近代哲学の衝撃はそのうちの最近の例にすぎない。問題はこの伝統のなかの「主流の」哲学者たちが、さまざまな時代において二つの指向性が接触し合ったときに、この両者を認識する状況にどのように反応したかということである。この現象を考えるにあたっては、インティマシー支配型の文化ないし下位文化のうち少なくとも一つが、どのようにインティマシー／インテグリティーの区別をし明らかに分析したかということについて、歴史的な事例研究を行う必要がある。この研究を次著のトピックとしたい。（同、２４３〜２４４頁）

問題なのは、日本哲学をどう論じるかです。つまり、インティマシー指向の哲学として論じるのではなく、インティマシーとインテグリティーの区別とその関係にどう立ち向かったのかを通じて論じることなのです。そして、それこそが、日本哲学を、距離を取って論じること（たとえばインティマシーの知識として）から解放して、哲学的に遇するための必要条件なのです。カスリスはこのように日本哲学を哲学的に語る条件を明らかにした上で、『日本哲学小史』を書きあげたわけです。

本居宣長と荻生徂徠——言語とリアリティーの関係

さて、そろそろ宣長に戻りましょう。カスリスは、宣長の哲学の核心を言語に見ていました。言語は、日本哲学全般にとっても、その中心的な哲学素にほかなりません。では、宣長の言語哲学の特徴はどこにあるのでしょうか。それには荻生徂徠と対照することが重要だ、とカスリスは考えます。「徂徠と宣長の違いは、単に中国の文化形式を好むか日本の文化形式を好むかという問題ではない。2人の思想家の真の論点は、言語とリアリティーがいかに関係しているかにある」（トマス・カスリス『日本哲学小史』、378頁）。

では、徂徠はいかにして「言語とリアリティー」の関係を考えたのでしょうか。

徂徠はできるだけ、それぞれの語がひとつの指示対象に合致することを求めた。この点で、彼は、初期のルートヴィッヒ・ヴィトゲンシュタインやルドルフ・カルナップあるいはアルフレッド・エイヤーといった20世紀の西洋の論理実証主義者に匹敵するところまで危険なほど近づいている。「危険なほど」近づいたと言うのは、論理実証主義がもたらす帰結を徂徠は受け入れることができないからである。（同上）

徂徠が受け入れることができない帰結とは、論理実証主義が、道徳的な言明を一切受け入れない「哲学的非道徳性」（同、379頁）に至るということです。そのなかで、徂徠を論理実証主義の帰結から救うのは、古の「聖王」だと、カスリスは言います。

> 理想的な君主であることによって、聖王は君主がいかに振る舞うかを示した。その上で、「君主」という語をわたしたちに与えたのである。このユニークで反復できない出来事のために、「君主」という語は記述的にも、規範的にもなった。つまり、それは君主がなにであるのかと同時に、君主がなにであるべきなのかを示しているのだ。したがって、「善き君主」は、ほとんど同語反復か、「結婚していない未婚男性」のように冗語である。（同上）

要するに、徂徠は、言語はその指示対象をかならず有するという主張（論理実証主義のように）と同時に、規範性をも有する主張を同時に満たしているというのです。

では、宣長はどうでしょうか。

> 理想的な哲学言語に関する宣長の見方は、根本的に異なっている。徂徠がそれを、そうであるように語りたいとすれば、宣長はそれを、それが生じるように語りたいのだ。徂徠は、話し手を、人間的な出来事から距離を取ったところに置き、全体像を見て、リアリティーに対して記述的に言葉を並べるようにする。この点では少なくとも、徂徠の理想的な哲学者は、距離を取った、外的に関係する観察者のようである。その観点からすると、侍はなすことにおいて完成した人であって、全体を、全体としてなにが最善であるかを見ることができる人である。それが、他の階級の人びとに対して、侍が固有の能力や徳において区別される点である。

それと対照的に、宣長の話し手は、創造的な出来事のただなかにいる。そこでは、言葉、物、そして話者の間の内的な関係は反響的なものだ。事実、宣長においては、聴衆もまた出来事の一部であり、彼らが継承している「あや」にかかわるものが、その言語表現に、形式、型、そしてデザインを与えている。歌は「生きた言葉」のうちに書かれる。それは、「こころ」から出てくるもので、花のように開かれるものなのだ。（同、380頁）

指示と表現

カスリスはこの2人の対照のために、より具体的な例を挙げています。それが「雨が降っている」という命題です。この命題は、論理実証主義者であれば、英語で「It is raining」といおうが、ドイツ語で「Es regnet」といおうが、論理的には同値となり、それ以上でも以下でもありません。ところが、宣長的な考えを取れば、結婚式の日に娘が母親に「雨が降っている」という場合と、日照りが続いているなかで久しぶりに雨を見た農民が「雨が降っている」という場合では、まったく意味が違うということになります（同、383頁）。

つまり、徂徠が言語とリアリティーの関係を、インテグリティーの指向性に基づいて、指示として見るのに対し（referentialist）、宣長はそれを、インティマシーの指向性に基づいて、表現としてみる（expressionist）と解釈しているのです（同上）。

とはいえ、徂徠と宣長の関係は、それほどきれいに2つにわかれるわけではありません。インティマシーとインテグリティーのバイ指向性を目指すカスリスにとって、問うべきはその行きつ戻りつする構造だからです。たとえば、徂徠については、「しかし、別の観点からすると、徂徠もまた関与を強調していた。たとえば、古典をどう読むかを論じた際に、徂徠はそれが自分の「からだ」の一部分になるまで没入しなければならないと述べていた」（同、380頁）と指摘しています。宣長に関してはあまり明示的ではありません。それでも、宣長が『古事記』を読解することが、徂徠による中国古典という「古」の読解が切り開いた道の上にあるとすれば、『古事記』にこだわること自体は、インテグリティーに傾いたものになります。また、これはカスリスも明示的に指摘していますが、宣長のインティミットな読解には、自民族中心主義の危険が潜んでいます。

宣長にとって、精神性は歌の言語の創造的な力を知る能力にある。それは、歌の言語に参加することが大事だということであって、外側からそれを鑑賞することによってではない。歌の形式は、歌の社会歴史的なコンテクストが変化すると、変容するものである。平安の宮廷の「和歌」は今日の都会のストリートのヒップホップであることだろう。ラッパーはストリートで人生について語っているのではない。それは人生そのもののほとばしりなのだ。この点で、歌は、人が創造に関与する精神的な出来事であるだけではない。それはまた、ある特定の時間と場所における聴衆たちのコミュニティーの表現でもある。歌人の目的は、「もののあわれ」を開くことである。「もののあわれ」は現在のコンテクストにおける生の情動性であって、けっして遥か昔の時間と場所におけるそれではない。
宣長にとって、歌の目的は、宗教の目的と同様に、われわれをコミュニティーにつなぐことである。それは、形式的な契約、法律、そして議論されて指定された行為規範に排他的に基づくものではない。われわれの根本的な人間らしさ、すなわち応答しあうことを表現しさえすれば、おのずと調和したコミュニティーをつくることができるだろう。われわれはインティマシーの世界を有しており、そこではお互いに、自分自身の人としての最奥の部分を、親密に伝えあう。こうしたコミュニティーにおいて、芸術的な表現によって、われわれは調和のようなもののなかで、互いに知りあい、互いに生きる。われわれは神々の国に生き、神々の言葉を話し、神々の暗示を反響する。わたしが思うに、少なくともこれが、宣長がどのように物事を見たのか、そして、今日の状況においてわれわれにどのようなアドバイスを送るかということである。

とはいえ、こうした宣長の考え方にどれだけ惹かれるとしても、彼の自民族中心主義に驚かずに読解をすることは不可能である。ロマン主義は時に、地理学的、民族的、政治的な境界を越えるような人間性を、普遍的に褒め称えることもあるが、別の時には、特定の土壌に深く根ざして、特定の場所、人びと、そして個別的な言語の特殊性を褒め称えることがある。宣長は時に前者の印を見せることもあるが、大部分は、自民族中心主義の傾向を有したロマン主義者なのだ。(同、396頁)

宣長のインティマシーへの指向性が、他方で狭隘《きょうあい》な自民族中心主義に陥る危険をカスリスは忘れてはいません。カスリスはそのゆえんを十分には説明していませんが、宣長が十分にはバイ指向性でなかったことに、そのゆえんのひとつがあるかもしれません。つまり、宣長自身が、徂徠が切り開いた（インテグラルな）思考空間において、「和歌」そして『古事記』を召喚したはずなのに、それを意識的か無意識的にか忘却し、インティマシーに基づく思考空間のみに注意を向けるようにしたためではないかと思うのです。

バイ指向性を体現した空海

では、日本哲学において、バイ指向性をもっともよく体現したのは誰なのでしょうか。それは、カスリスがおそらくもっとも力を入れて研究した空海であったと思います。

カスリスが空海を論じるその導入部分もまた印象的です。

夜も更けたころ、ひとりの若い男が海辺の洞窟で瞑想《めいそう》していた。海に背を向けて座っている。波が海岸にぶつかり、その音が洞窟の壁にこだましていた。その男は音に包まれている。お香のかおりが、かび臭い空気に満ちる。洞窟は四国の荒涼とした土地にある。そこは日本の洗練された学問と文化の中心から遙かに離れた島だ。

その男は目を閉じて、足を蓮華座《れんげざ》に組み、虚空蔵菩薩《こくうぞうぼさつ》の姿を観じている。その胸は満月のイメージで光り輝き、真言《しんごん》の言葉がほとばしっている。ただの駆け出しではない。その男の座ること、堅固であり不動であって、まるで懐胎した石の子宮のようである。乾いた唇が動く。洞窟には、真言の低い音と海の響きが一緒になって共鳴している。男の指は数珠《じゅず》を打ち、真言を唱えた数を数えている。100日間、1日1万回、100万回唱えるまでだ。

1回終わると、男は少しの間休み、再びはじめる。足を伸ばし、洞窟から海を見る。まだ昇っていない太陽からの光が、雲ひとつない青い空に輝いている。波はやむことなく押し寄せる。光にあわせて、その男の目が動く。目の前の地平線を見渡しているようだ。空と海を分かつ不分明な地平線である。後に、法名《ほうみょう》をつけるときに、そこから空海としたのである。その男は、弘法大師という、宮廷に与えられた諡号《しごう》でも知られている。(同、101頁)

これは空海が室戸岬の御厨人窟《みくろど》で修行をしていたときに、虚空蔵菩薩の化身である明星が口から入り悟りを開いたとされるエピソードをもとにしたものです。しかし、カスリスがこのような詩的で関与的な表現を通じて考えようとしたことはなんであったのでしょうか。それは、大学寮で学んでいた空海がそこを飛び出し、山野での修行をしなければならなかったこととの意味にかかわります。「空海はすべてを知りたかった」(同、102頁)。この一言に、カスリスの空海理解の全量が込められていると思います。すべてを知るためには、大学寮での学びでは不十分であり、どうしても山野に向かわなければならなかったのです。それを言い換えるならば、空海は2つの知を必要としたということです。それが、顕教 exoteric と密教 esoteric という2つの知ということなのです。

空海の思いとは、ある人をいかにして知るのかとなにか似たような仕方で、リアリティーを知ることであった。それを、その人について知ること（その人について読んだり聞いたりすることから派生するもの）と混同してはならない。真にその人を知ることには、なにかわかちあうインティマシーが含まれている。他人を知るとは、その人の世界の内側にいるということ、その人と触れあい重なりあうということである。こうして、他人があなた自身の生の一部となるのだ。他者を対象化するよりもむしろ、他者となにかをわかちあうことなのだ。

対象を知ることにおいてさえ、離れた形式での知と関与する形式の知の違いがありうる。たとえば、熟練した職人はその道具や材料について知っているだけではない。それらとともに働くことで、インティミットに知っているのだ。自分の仕事の範例となる師に就いて、技術をつくり上げるのだ。こうしたプロセスを経て、木彫り職人は、それぞれの木やノミの特徴を理解するようになる。関与し、体感する知に基づいて、木とともに働くことで、木やノミそして職人の手や心が調和した全体となり、関与というひとつの動作となる。

同様に、空海が大学を離れて、知ることの探求に向かったとき、空海はこの世界にインティミットな仕方で関与したかったのである。それは、距離を取った観客としてではなかった。地質学者ではなく、陶芸家が土のことを知るように、リアリティーのすべてを知りたかったのだ。

中国から帰国するまでには、空海は2つの種類の知の違いを直《じか》に経験した。そしてそれを、顕教と密教のコントラストによって説明したのである。(同、108~109頁)

真言密教を開いた空海が、2つの知のうち、密教的な知を重視したのは当然と言えば当然でしょう。しかし、バイリンガルもしくはトライリンガルであった空海にとって、顕教的な知は捨て去られるべきものではなく、かえって密教的な知によって基礎づけ直されるべきものでありました。この限りで、空海はバイ指向性を体現した哲学者であったわけです。

距離を取った知は距離を取った知それ自身に基礎づけることはできない。だからこそ、空海は、顕教は、思考の源泉としては哲学的には不十分であると考えたのだ。完全なる相互嵌入《かんにゅう》の形而上学を正当化するには、知るものと知られるものとが相互に嵌入しあうような仕方で、確証されなければならない。この理解のモデルは関与に基づいていて、身心全体を含む知の形式である。空海によると、密教だけがそれを提供できる。顕教的な知から密教的な知への移行は、純粋な理論から実践としての理論への移行である。結論はこうだ。自らを確証しうる唯一の思考は、関与する身心のモデルに基づいたものであって、距離を取った知性の働きではない。(同、136頁)

「距離を取った知は距離を取った知それ自身に基礎づけることはできない」という命題は、カントのアンチノミーや、ラッセルのパラドクス、そしてゲーデルの不完全性定理を念頭に置いて語られています（同、１３４頁）。ただし、カントたちは、空海のようにインティマシーの指向には向かいませんでしたが。

日本哲学は空海のリフ

さて、カスリスはこうした空海の日本哲学に及ぼした影響を次のように述べています。

> １９２９年にアルフレッド・ノース・ホワイトヘッドは『過程と実在』を書き、「ヨーロッパの哲学伝統のもっとも安全な全体的特徴は、それがプラトンへの注釈のシリーズであるということだ」と述べた。空海の考えがたえず響いていることからすると、日本の伝統においても同じことを言いたくなってしまう。しかし、それは真ではないだろう。空海は多くの注釈に現れることがないからだ。仏教学者や一握りの哲学者という、わずかな偶然をのぞくと、空海の理論や著作の詳細についてほとんどの日本人は知らない。それでも、誰もが空海の名を知っている。空海がなにを語ったのかを知らずとも、空海の才能を否定する人は誰もいない。おそらく、空海のもっとも驚嘆に値することは、日本の思想文化の中心的なステージから徐々に消えたことである。どこに空海は行ったのか。

空海は密教に消えていったのだ。密教は関与する知の心身理論であり、後述するように、何世紀にもわたって仏教を支配していったものだ。しかも、ホワイトヘッドのいう注釈というメタファーは、主たるテクストから切り離されたバラバラの引用であって、空海とその真言にとっての住み処《か》ではない。

その代わりに、空海の哲学的なパフォーマンスはリフ［繰り返される音楽のフレーズ］であるのだと思う。それは古典的なリフであって、ジャズであれロックであれ、どのミュージシャンも知っているものだ。しかし、その起源は歴史のなかに失われた。そのリフはむやみに反復されているのではなく、もっとも高い賞賛のトリビュートにおいて反復されるのだ。それはつねに再演され、新しいツイストや文脈において刷新されている。空海のリフは印刷物の頁の下にある小さな静的な参照物ではなく、創造性のつねに新しい表現への招待である。かくして、次のようにあえて申し上げたい。日本の哲学伝統のもっとも安全な全体的特徴は、それが空海へのリフのシリーズであるということだ。（同、137頁）

注釈が書かれ続けてきたプラトンと、リフが繰り返されてきた空海。この2人が対照されているのはけっして偶然ではありません。カスリスにとって、重要であったことのひとつが、西洋哲学のほうをも、近代的な距離を取った知から解放することでもあったからです。その際、ギリシャこそが関与する知としての哲学、空海が見ようとした関与する身心の知の哲学の場所でもあったからです。

精神のふるさと

カスリスはこの書を結ぶにあたってこう述べています。

擱筆《かくひつ》にあたって思うことがある。大学2年生のときのわたしの亡霊が影のなかで待ちながら、西洋と日本の比較哲学をキャリアにしたわたしに、再び次の問いを投げかけている。「いったいなにか変わったのだろうか？」最初に日本哲学に関与したとき、わたしはみずからを訓練してきた西洋の伝統の外部になにか新しいものを探し出そうと考えていた。そして、わたしはそれを見つけたのだが、いささか奇妙なやり方でであった。日本哲学に深く関与すればするほど、日本についてはより少なく、哲学についてより多くという具合になっていったのだ。日本哲学を通じて、わたしは哲学者として繰り返し賦活《ふかつ》されてきた。それは、本来的に目指してきた、道としての哲学に繰り返し関与することのように思えたのだ。日本に行ってわたしが見出したのは、プラトンの体現された対話、アリストテレスの実践的な知恵、トマス・アキナスの「ことば」、そしてディヴィッド・ヒュームの無主体的自己とパラレルなものであった。つまり、こうした西洋の考えを新たに理解することになったのである。

わたしの師のひとりである、玉城康四郎《たまきこうしろう》はかつてこう語っていた。哲学の旅のあと、わたしたちはときに、「精神のふるさと」に戻らなければならない。しかし、心配するな、それは立ち去ったもとの同じ場所ではない、と。わたしが比較のコンテクストにおいて日本哲学を研究してきたキャリアを通して、「いったいなにか変わったのだろうか?」なにも変わっていない。しかし、大事なことは、違うものがなにかではなく、同じものがどう変わったかなのだ。わたしはぐるりと回って、出発点に戻った。しかし、日本哲学を経めぐったあとでは、出発したときと同じものはもはやなにもない。おそらくわたしが日本哲学に関与した記録によって、他の人はその「精神のふるさと」に戻る道を見つける勇気を得ることだろう。

西田幾多郎の和歌で結ぼう。それは、かれが毎日歩いた「哲学の道」にある岩に彫られたものだ。

人は人吾《われ》はわれ也とにかくに吾行く道を吾は行《ゆく》なり

（同、590～591頁）

日本哲学への関与を通じて、カスリスは西洋哲学の「精神のふるさと」にようやく戻ることができました。さて、それを読んだわたしたちはどうなのでしょうか。カスリスはこう言っています。「かれら［戦後の日本の哲学者］は精神的にも文化的にも植民地化されている」（同、579頁）。無論、それは西洋の哲学による、制度的な植民地化です。

はたして、わたしたちが哲学における脱植民地化を果たすには、いかなる道があるのでしょうか。少なくとも、カスリスが示したような関与的な読解を、日本哲学に対して行うことは不可欠でしょう。カスリスはかつてこうも述べていました。「古典とはその最終章がつねに読者によって書かれるものである」(Thomas Kasulis, "Reading D. T. Suzuki Today," in *The Eastern Buddhist*, Vol. XXXVIII Nos. 1 & 2, Kyoto: The Eastern Buddhist Society, 2007, p. 56)。カスリスという読者のあとに続いて、日本哲学の古典を読むこと。これは実に喜ばしい歓待であるはずです。

〔読書案内〕

●まずは、日本語で読むことのできるトマス・カスリスの著作のうち、本文の内容にかかわる点で、次のものはぜひ読んでいただければと思っています。

トマス・カスリス『インティマシーあるいはインテグリティー──哲学と文化的差異』衣笠正晃訳・高田康成解説、法政大学出版局、2016年

この本は、カスリスの方法論的なマニフェストとも言うべきものです。哲学というインテグリティーの指向性に傾きがちな思考を、インティマシーの指向性を多く有する日本哲学への関与を通じて鍛え直した著者が、バイ指向性という方法論を洗練していくプロセスがここに記されています。そして、読者は、そのプロセス自体が哲学するという営みそのものであることを、了解するのです。

●次は、英語での労作を2作挙げておきたいと思います。

Eds. James W. Heisig, Thomas P. Kasulis, and John C. Maraldo, *Japanese Philosophy: A Sourcebook*［日本哲学資料集］, Honolulu: University of Hawaii Press, 2011.

Thomas P. Kasulis, *Engaging Japanese Philosophy: A Short History*［日本哲学小史］, Honolulu: University of Hawaii Press, 2018.

表紙を一瞥《いちべつ》するだけで、この2冊が姉妹本であることがわかります。『日本哲学資料集』は、カスリスとジェイムズ・ハイジックそしてジョン・マラルドという3名の日本哲学研究者による、情熱と人生を賭けた日本哲学の探究です。それは単に資料を寄せ集めたものではなく、哲学的な観点から吟味され精選された資料とそれに付した解説からなるもので、今後日本哲学を研究する上では必読書となっています。

『日本哲学小史』はカスリスの単著で、『日本哲学資料集』をもとにして書かれており、この本のなかには『日本哲学資料集』への周到なレファレンスが組み込まれています。この『日本哲学小史』は、カスリスの道としての哲学の歩みを具現化したもので、哲学者として生きることの意味をわたしたちに考えさせてくれるものです。7人の侍ならぬ7人の哲学者が主にとりあげられていますが、それ以外の章では、他の哲学者たちの議論や、哲学史の流れがわかるように、ていねいな論述がなされており、全体を通読すると、日本哲学が有していたさまざまな哲学的可能性が理解できるようになっています。

[対談 1-2]

インティマシーからインテグリティーへ

中島　カスリスさんは、日本哲学を考えるときに、リフという言葉をよく使います。リフというのは、音楽の反復するフレーズのことです。日本哲学は多様なものではあるけれども、じつは空海のリフを反復しているのではないか、というわけです。小林さんが空海をとりあげてくださったので、このエッセイではカスリスさんの空海に対するアプローチの仕方だけでも示そうと思いました。

『日本哲学小史』という本の最後のほうでカスリスさんが言っているのは、日本の戦後の哲学には見るべきものがあまりないということです。なぜならば、それはアメリカの哲学の制度に精神的にも文化的にも植民地化されているからだという言い方をしているんです。この本はもちろん英語の読者に対して書いた本なのですが、しかし同時に日本の読者に対しても向けられている。読者を考えると、この本の読み方に一挙に緊張感が高まります。

小林　具体的な例としては、どういうことで「植民地化」と言っているのですか？

中島　日本での大学の哲学のあり方です。カスリスさんに言わせると、現象学や分析哲学はローカルな哲学です。ところが日本の大学での哲学はそればかりやっているように見えてならない。そのために、日本の哲学は日本哲学の遺産に対して関与的な読解をすることが少なくなっている。せっかく豊かな遺産があるのに、それを生かさない制度になっているのが残念だというのです。

小林　それもカスリス流に言えば、空海の影響かもしれないね。だってもともと空海だってサンスクリットでやっているから、結局パターンとしてはいまと同じじゃないですか。つまり哲学というのはインテグリティーの思考であって、インティマシーの思考は体にいくわけです。とすれば、カスリスさんはあくまでもインテグリティーのほうから見て、哲学の思考が植民地化されていると言ってはいるけれども、日本は古来ずっといろんなものを全部受け入れ続けてきて、それを自分たちの体に落としているのだから、これは究極のインティマシー原理をわれわれはいまでも生きているとも言えるんじゃないかという切り返しを、ちょっとしてみたい気もするけれども。

中島　『インティマシーあるいはインテグリティー』という本は、これは本人も書いていますけれども、結局いろいろ言いながらも、インテグリティーの立場に立った上での議論なんですよね。ところが、『日本哲学小史』はどうもインテグリティーの延長線上に立とうとしていないようなんです。

小林　インティマシーに踏み込んでいるのね。

中島　はい。インティマシーに立つという、ある種の宣言をしているように思えるんです。インティマシーに深く立った場合、どうやってインテグリティーを問い直すのかをやってみた感じですね。現象学と分析哲学への批判は、このような文脈でのカスリス流の批判だったように思います。

小林　中島さんのテクストを読ませていただいて、外国の哲学者がこういうふうに日本の古い時代の哲学的テクストに関与してくれる、engage してくれる、ここにとても感動します。わたしもカスリスさんとは何度も話しているし、オハイオに中島さんと一緒に訪ねて行ったこともあるのでよく知っていることもありますけれども、いままでこういうふうに日本のテクスト、日本の哲学、日本の言葉にアプローチしてきてくれた人というのはそうはいないのではないか。そういう意味では新しい時代に入ったなと思います。

まさにこの本そのものが、日本の文化は日本のもので、それに距離を置いて、detached な形で珍しいものとして消化する・研究するという、「文化人類学的な」方法論、つまり「観察者として観察しますよ」というスタンスを、自分のポジションとしてはひっくり返してみたわけですよね。あえて一見するとインティマシーに見える方法を取ってみましょうという、すごく大きなチャレンジをしてくれた。

かれにそういうことを言うと、「いや、日本の文化のあり方がそういうものであることをわたしは学んだんです」と、言ってくれるんじゃないかと思うんです。つまり日本で学んだことを、detached した仕方で観察者として外部のものを受け止めるんじゃなくて、自分がそこに、しかも自分のアイデンティティーは保ちつつ入っていくという、そういうアプローチの仕方をしてくれている。カスリスさんが言っていることがどうかということよりも、こういう哲学が生まれてきている、これはプラクシス（実践）なわけですよね。

中島　そうですね。

小林　これ自体が行為の書です。もちろん解説書としてのすばらしい役目も機能もちゃんと果たす本です。でも同時に、この本は自分にとっての一種の実践なんだよ、日本哲学を実践しているんだよ、というものでしょう。「本居宣長はこういう人だよ」と説明するんじゃなくて、「わたしが本居宣長を生きてみましょう」という仕方でアプローチするという、近代的な学問のあり方からするとかなり冒険的なことをやっているのではないか。そこに、ともかく新しい時代が来ているなという感じをもちます。

わたし自身はバック・グラウンドがフランス現代哲学なので、ジャック・デリダがやっているようなディコンストラクション（脱構築）的な読み方をするところがある。ディコンストラクションというのは、単に外から解剖するんじゃなくて、ある意味じゃ engage しながらその全体を批判的にリコンストラクト（再構築）するという、そういう方向のものだったと思います。このやり方がカスリスさんとそんなに異なるものだという感じはしない。それでも、今回ここでカスリスさんが書かれたものは、かなり驚くべきものだと思うんです。

これ自体が行為の書です（小林）

その意味でまずはじめに中島さんに聞いてみたいと思うのは、かれが宣長に engage して書いているものには宣長が使った言葉はありません。最後に「もののあわれ」という言葉だけがキーワードとして出てくるけれども、ほかにはどこにも、翻訳もないわけですよね。多分宣長は「世界」という言葉など使っていないと思いますし。中島さん自身は、宣長を知っている人として、これを読んだときに、これはほんとうに宣長の世界だなと思うんですか。

本居宣長がいま語るとしたら

中島　最初は、かなり不思議なわけです。われわれが見知っている宣長ではどうもない。「宣長が18世紀じゃなくていまの時代に生きていたら、どのように語るんだろうか」ということをカスリスさんは実験してみたわけです。

小林　本居宣長のテクストの、「ここの部分をこう翻訳しました」ということはありうると思うし、本居宣長をディコンストラクトして、テクストそのものを揺らしていくという形で演奏し直すということも可能です。ところが、これは演奏でもない。「カスリスが本居宣長に語らしめた想像的かつ創造的な哲学的フレーズだ」というふうに中島さんは書いてらっしゃいますけれども。これはなんなんですかね。

中島　この宣長のところは前後に長いんです。その前のところでは、いま、小林さんがおっしゃったように、脱構築的な演奏のし直しを、テクストに沿ってかなりやっています。

ところがこの部分になると急に変調して、「今日、宣長の哲学に関与する」という不思議な小見出しではじまり直します。なにかを「決意をしてやってみた」という感じですよね。これはそのあとの、宣長の自民族中心主義に関する論ともじつはつながっていない。そういう意味では、カスリスさんなりのある種のインプロヴィゼーション（即興）ですよね。ちゃんとリフをていねいに追って宣長を演奏しているんだけれども、急にそこで、自分でインプロヴィゼーションをしてしまった。そうせざるをえないほど取り憑かれたのかもしれませんけれども。

小林　多分、わたしが想像するに、中島さんがその何百ページを完読して、もっとも感動したのはこの部分じゃないでしょうか。

中島　そうなんです。

小林　こういうかかわり方をかれがせざるをえない、やむにやまれないものをもって踏み出してしまっているという、そこに中島さんが感動したんじゃないですか。

中島　感動しました。ほんとうにびっくりしたんです。

急にそこで、インプロヴィゼーションをしてしまった（中島）

小林　そうですよね。

中島　なにか急にトーンが変わるんです。よくご存じのようにカスリスさんは冗談も大好きですが、知的な学者ですから、こういうことをするとはあまり思えないじゃないですか。そのかれが踏み出して宣長をして語らしめるというのには……、びっくりしたんです。やっぱり感動したんですよ。

歌からはじめよう

小林　もう少し具体的なところに入ると、たとえば最初の、「まずは歌からはじめよう」というのは、これは poetry ですかね。

中島　はい。

小林　簡単に言えば「人間は世界において歌人である」と言っているわけですよね。

中島　そうです。

小林　人間というのは歌人なんだ、それが本居宣長のポジションなんだと。これをインティマシーと言おう、と。一言で言えばこういうことですよね。かれが宣長から学んだことは、かれにとっての宣長の哲学は、根源的には、「人間は世界において歌人である」ということに尽きるんだと言い切っている。

歌からはじまる。ここに、カスリスさんにとっての宣長の衝撃が究極そこにいくというのをわたしは感じ取ることができました。ここに、かれのインティマシーとインテグリティーの概念図式が、単なる二項対立の整理の物差しじゃなくて、これを一種のプラクシスというか、実践の方法論にしているんだということがわかってきた。「さすがカスリスさん、やるね」という感じがしました。

こうなってくると、逆にこれはインティマシーというポジションを取った人に対するこちら側の限界みたいなものがあって、この最初の冒頭の引用に対して、「これは違うんですよ」と言えないんですよね。つまり、「ここ間違ってんじゃない?」とか、「いや、宣長はこんなこと言っていませんよ」とかということが意味を失うわけです。かれはある意味では、シャーマン的に本居宣長に取り憑いちゃったか、宣長に取り憑かれちゃったかして語っているわけです。カスリスさんという人間の、哲学者としての立ち位置が、すでに「哲学者」、知識人としての知の人じゃなくなっているわけですよね。ほとんどシャーマン的です。それは想像力、イマジネーションということなんだけれども、それで語っている。かれが思う、かれが想像する宣長が、かれを通していま語っているという、そういう構図ですよね。最終的に、かれのインティマシーという考え方がそこまでいくというのが、わたしには非常におもしろかった。

このインティマシーのあり方は、中島さんがあとで言っている空海のあり方に非常に似ているわけですよね。言い方を変えれば、室戸岬の洞窟にこもって、カスリスさんが「も

オハイオにいるから、これができるんです（小林）

ののあわれ」と百万遍唱えるとこういうものが降りてくるという、そういう世界に近いわけです。

中島　そうです。

小林　だからそれだけ異様なわけですよ。かれは非常に明晰《めいせき》な学者なんで、きちんと説明もしていると思うけれども、突然こうしたことが出てくる。ここにインテグリティーとインティマシーが交互に現れてくる、かれのこの本の醍醐味《だいごみ》があるんだなと思いました。

インティマシーからインテグリティーへ

中島　われわれはインティマシーの傾向が強いとみずから思いなしてもいますが、カスリスさんのように「じゃあこれが書けますか」と言われたら、ちょっと躊躇《ちゅうちょ》しませんか。いかに小林さんでも、いきなりこれを書けますでしょうか。

小林　こういうふうには書かないとは思いますけれども、逆に言えば、これが可能なのは、かれがdetachedだからだと思います。オハイオにいるから、これができるんです。日本にいたらこれはできないんです。という意味で、インティマシーとインテグリティーはつねに裏表の関係にある。

中島　なるほど。そうすると、カスリスさんがバイ指向性が自分の哲学的なテーマだと言っているのは、けっして哲学的な冗談で言っているわけじゃなくて、それをプラクシスとして生きるとどうなるかを、やってみせなきゃいけないわけですよね。それをこの本の全編を通じて実践してみた。だから宣長に対しても、非常にインティマシー的に語る部分もありますが、インテグラルに語る部分も当然あるわけです。その2つを行きつ戻りつするなかで、たえず自分のポジショニングを反省している目というものがかれにはある。それは外さないんですよ。それがかれの非常におもしろいポジショナリティーなのかなという気がしました。

小林　結局このインティマシー、インテグリティーというのを、中島さんも翻訳していないわけですよね。片仮名を使って「インテグリティー」と書いているのですけれども、翻訳することが難しい、日本語に翻訳できない言葉なんですよね。もちろん完全性とか無罪性とか、いろんな言い方ができる、辞書を見れば書いてありますけれども、インティマシーのほうが、どちらかというと内密性とか親密性とか、あらゆる意味において「in」、つまり「内」という感じがしますけれども、インテグリティーは単に内に対立する「外」じゃなくて、外のもっと向こうなんです。

これが非常に難しいんですよ。内と外だったら、われわれでも誰でも内外の関係ははっきり感覚できるじゃないですか。だけれどもインテグリティーは外じゃないんです。そこにわからなさがあるんです。わたしに言わせれば、ほんとうはインティマシーとインテグリティーの「間」があるんですよ。かれはここを、インティマシーとインテグリティーをもってきて、同じinなんだけれども、インテグリティーのほうはinは否定字として使っていて、インティマシーのほうは内密性、内側という意味で使っているわけです。同じinなんだけれども、このinがダブルミーニングなんですね。

だけれどもわたしの感覚では、当然循環するにしても、問題を明確にしなくちゃいけないのは、単に内に対した外ではなく、単にdetachedじゃないんです。かれはこれをen-gagementとdetachmentの、それで自分のプラクシスを説明しているように見えるけれども、ほんとうはインテグリティーというのは、わたし流の言い方をすると、そうした関係性すら超えているようなものなんです。そこがすごく難しいというか、カスリスさんと議論をしてみたいなと思うことですね。

たとえばインテグリティーというのは、荻生徂徠に引っ掛けて、意味が指示対象にぴったりあっているような理解をしがちです。コップといったらコップがここにあるでしょ、しかしそれはわたしと関係はない。このように、わたしなしでも存在しているものとして世界のなかにあるものをインテグリティーと言っているように一見すると見える。けれども、わたしの感覚は違うんです。インテグリティーというのは、「これ」じゃなくて「向こう側」なんですよ。だからそれは、わたしの書いたエッセイで言えば、インテグリティーというのは実相なんです。インティマシーというのは声なんです。声があって、字があって、実相があるんですけれども、インテグリティーというのはある意味じゃ実相的なものです。その意味では、空海という人は完全なインテグリティーの思想家であるわけです。

中島　インティマシーから入ってインテグリティーまでいけた人なんです。

小林　それはすさまじいことですね。

まさに。空海という人は、インテグラルなことでは誰も及びもつかないわけです。だからわたしにとってはインテグリティーのもっとも明解なイメージはなにかといったら金剛界曼荼羅ですね。金剛界曼荼羅がインテグリティー的「世界はこれだ」を示すものです。わたしがいままで知っているなかでもっともインテグラルなものは、あの金剛界曼荼羅だと思います。でもその金剛界曼荼羅に到達するために空海は求聞持法という、自分の声で真言を唱えるという、声のプラクシスを通していくわけです。この点で、空海という人は、まさにインティマシーとインテグリティーをあわせて包み込んだ人であるようにわたしは感じているのです。

カスリスさんはここでは、インテグリティーをインティマシーのほうにちょっともっていきすぎているんじゃないか。イメージが必要なんです。曼荼羅が出てくるのはどうしてかといったら、もう言葉じゃ行けない世界だということです。そのときはもはや意味はなくなっていて、あるのは声だけ。意味がない言葉。曼荼羅というのはそういうものでしょう。曼荼羅というのは、声はあるんだけれども意味はないんです。でも意味はないけれども実相だけはある。それが曼荼羅というものの恐ろしい世界で、その意味で、人間の日常的言語構造を完全に解体しちゃうんです。こうした曼荼羅の説明が、その本にもありそうですね。

中島　あります。「心のインティマシー」というところで、2つの曼荼羅を説明していて。胎蔵界曼荼羅が法身《ほっしん》説法、金剛界曼荼羅のほうが即身成仏だと言っていますね。

小林　そこではインテグリティーとは言わないですか。

中島　言わないです。

小林　わたしは金剛界曼荼羅はインテグリティーで、胎蔵界曼荼羅がインティマシーのようなものだと思います。曼荼羅は基本的にインテグリティーのものなんですよ。なぜならすべてのものがわたしによらずに配置が全部完璧に決まっているわけです。しかも世界が無数にあるわけです。世界のなかに世界が入れ込んでいるわけじゃないですか。これがインテグリティーの最終局面であって、けっして世界とわたしのなかで、わたしが消えちゃったというだけではないとわたしは思うんですけれども。

中島　いまのお話に触発されて言うと、カスリスさんの空海の記述を見ていて、わたしが少しだけ不満だったのは、インティマシーに空海を寄せすぎたというところです。

小林　寄せすぎですよね。

中島　わたしにとっては空海というのは、配置の思想家なんですよ。同じところに配置しちゃいけないものを配置するという、考えられないとんでもないことをやっているわけです。インティマシーとインテグリティーについても、この2つはほんとうは同じ平面に配置しちゃいけない、いや配置できないものですね。それを配置しちゃったのが空海ですから、ものすごく危険な人だと思うんですよね。その危険がカスリスさんの議論ではやや消えているかなと。たとえば、かれは密教がインティマシーで、顕教がインテグリティーだと理解しているんですけれども、そうなのだろうかと思うんです。

小林　それは、わたしは違うと思うね。

中島　その上で、「顕教の基礎づけは顕教自身ではできないから、密教が必要であった」というふうにおっしゃるんです。でも空海はそういう基礎づけの問題を考えていたわけではないんじゃないか。基礎づけようとするファウンデーショナリズムではなくて、配置の問題を問うた人だと思うんですよね。配置はしっかりした基礎を必要とはしません。空海は配置が生み出す関係性について思考したので、両界曼荼羅を設定することができた。ファウンデーショナリズムからはこれは生まれません。それは、インティマシーとインテグリティーという、全然違うものがどう関係しあうのかを、本気で考えたのだと思います。カスリスさんの言葉を使えば、バイ指向性を実践しちゃった人なんです。その意味では空海をあまりインティマシーに引き寄せて読まないほうがいいのかなという気がします。

小林　そうわたしも思いました。

易のインテグリティー

中島　それにしても、インテグリティーを理解することは難しくないですか。

小林　インテグリティーはすごく難しいですね。わたしはさっき、金剛界曼荼羅がインテグリティーの極致と言いましたけれども、ああいうものですよね。完璧に配置が決まっていて、すべてが全部位置づけられていて、しかしそれが単に2次元的ではない。

あれはすべて多重次元の入れ子構造をしています。まさにそういうものとして全体性があるという感覚こそが、インテグリティーの究極だと思うんですけれども。

中島　わたしは中国の哲学を少しかじったものですから、インティマシーとインテグリティーの議論が中国哲学にどう効いてくるんだろうかと考えるときがあるんです。いま、小林さんがおっしゃったことで、すぐ連想するのは易の世界です。それはなにかというと、実に単純なんです。陰と陽の2つがあり、その2の6乗で全体です。2の6乗ですから64の配置で世界全体を説明することができるという確信。いったいそれはなんなんでしょう。多くの中国の学者たちが、一生をかけて易の研究をし続けてきました。不思議な情熱じゃないでしょうか。そこに世界の秘密がすべてであるという確信があるわけですよね。あれはインテグリティーだと思うんです。

小林　まさにそう思いますね。

中島　ところが、このインテグリティーはけっしてきれいには解けないんです。易学は体系として閉じることがありませんし、整合性という点ではうまくいかないんです。

小林　それはまさにインテグリティーとインティマシーを問題にするときに、問題にする主体とインテグリティーの関係、そして主体とインティマシーとの関係が違うわけですよ。違うものを一緒にして論じて、AかBかとやった瞬間にまったく違うわけですよ。

中島　まったく駄目です。

小林　インテグリティーとインティマシーは、そういう意味では、非常に危うい議論なんだけれども、でもカスリスさんは、それをさらっと出してくれたことによってわれわれの不意を突くわけじゃないですか。この軸で切れるものがあるなと、われわれに思わせるわけですよ。それはかれの日本における留学体験で、日本人の社会を構成している非常に親密な、法が君臨するんじゃなくて人間関係がその場その場で立ち上がっていくことで社会が構成

64の配置で世界全体を説明することができるという確信。いったいそれはなんなんでしょう（中島）

されている、このインティミットな社会は、自分が住んでいる法がすべてを決める社会といかに違うかというところで、根本的に日本でこのインティマシーの発想を得るわけじゃないですか。それはまったく正しいんだけれども、でも同時に、こっち側にインティマシーがあってこっちにインテグリティーがあって、この2つが「A と not A の関係ですよ」とやると、どこかで足を滑らせるところがある。

なぜならば、いま、中島さんが出した易の例がすごくおもしろいと思うけれども、易のインテグリティーというのは、誰かが易を実践しなくちゃ意味がないんです。64の卦《け》をいくら読んですべての象《しょう》を覚えてもそれだけでは足りない。そのインテグリティーは、いま、中島さんが、「さあ、どうするか」といって問いを抱えて、筮竹《ぜいちく》を引いて占った瞬間に、まさにそのいちばんインティメットな瞬間にそのインテグリティーが応答するわけです。

中島　まったくそういうことです。

小林　それこそが構造なわけで、バイ指向性じゃないんですよ。だからバイとやっちゃうとそれは同じ平面上に乗っかっていて、こっちにも見える、こっちも複眼視でいきましょうねという感じがするんだけれども、本来的にはこのインテグリティーというのは、空海もそう言うと思うけれども、いま、一瞬のこのインティマシーのもっともインティミットなところにインテグリティーが接続するんですよ。そうじゃなくちゃインテグリティーの意味がないんです。それがわれわれが知っているインティマシーとインテグリティーの根本的関係なんです。カスリスさんはこの二元論で、ちょっと走ったかなという感じはします（笑）。

中島　それはありますね。中国哲学も、いま、小林さんがうまくおっしゃったように、なにかすごくインティミットな瞬間、その切っ先にとてつもないインテグラルなものがパッと現れる、この繰り返しだと思います。

あるいはその逆もあって、ものすごくインテグラルな思考をしているなかに、そこに隙間が見えてきて、インティマシーが一挙に走り出すようなことがしょっちゅうあるわけです。ところが、その事態をどう記述したらよいのかはわからないわけです。

小林　それは当然のことだけれども、こっちにはタブロー（表）しかない、そういうときのアプローチは論理じゃないんです。だから金剛界曼荼羅じゃないけれども、タブロー化しかできないんです。易経みたいに、つまり64のパターンが書いてあるだけで、それが出てくるだけなんです。けっして論理じゃないんですよ。中島さんが言う「配置」とか、タブローとか図式というのは、ばんと出るんです。それが曼荼羅じゃないですか。曼荼羅であり、易の卦であり、それを通して「世界はこのようにできている」と考えるのが、根本的に、東洋的と言っていいかどうかわからないけれども、東の思想なんです。日本もこの東の思想の端っこにいるわけです。

西の思想はそうじゃなくて、もう1回、主体をきちんと立てて、これを論理でつなごうとします。哲学というのは論理です、ロゴスですよ。ロゴスでつながなくちゃいけない。

ロゴスから外れたところ、脱臼したところにインテグリティーが忽然と現れる（小林）

けれども東の思想はそれを、そのロゴスから外れたところ、脱臼したところにインテグリティーが忽然《こつぜん》と現れるという、そういう思想でしょう。ここには論理がない。論理で追っかけちゃったら絶対につかまえられない。だから論理的に考えたらばかばかしいように見えるんです。筮竹をふって偶数奇数でやって並べてみて、「わかった」「応答が来た」ということになるなんて、と。

カントの図式論と想像力

中島　いま、うかがっていて、ふっと思い出したのが、カントの図式論です。あれをどうお考えになりますか。

小林　カントは基本的に図式論なんだけれども、その図式的なものは、なによりも人間の能力の図式ですよね。そしてそれはぎりぎりなところまでくると、最終的には想像力でしょう。イマジネーションです。論理じゃなくてイマジネーションにいったときは、図式しか出てこないんです。論理は命題、命題論理なんですね。ところがイマジネーションが働いたとき、論理じゃないんです。

中島　図式なんですよ。

小林　すべてこれは図式。そして図式は、どこかでインテグラルなものなんですね。だって時間がないから。時間がなくて、時間とか論理的な展開がないわけです。ここ、これだけです。そこがすごく、きっとどこかで共通しているものがあると思いますけれども。

中島　そういう気がしますよね。カスリスさんのなかでは、カントは論敵のひとりなわけです。でもその論敵であるカントのなかにさえ、想像力の議論に結びつく図式論というものがある。それはいま、正確におっしゃったように、やはりインテグラルなものだと思うんです。あれをインティマシーと理解しては誤解だと思うわけですよ。ですので、それは東のインテグラルな思想というのを明らかにするのに役に立つような気もしますね。

小林　そうですね。だからわれわれはなんとなく、すごくインティマシー・ベースの文化だよねと、言っているけど、日本も結局哲学的なところにいく。たとえば世阿弥などを通じて、われわれはインティミットな体にすべてを集約します。ひとつのインティミットな体のなかに、インテグラルでもありうる、3人称的なコンセプトを全部落とし込んで、インティミットな体をつくり上げていく。そこに文化の中心があるように見えますが、そのなかにも、ある種のインテグリティーがベースにある。世界を世界として考える以上は、どうしてもそれは避けがたいと思いますけれども。

中島　身体といった場合も、中国哲学から見ると、やはり配置の問題なわけです。ある種の風水的な配置のなかで、ある特定の傾向性をもった物質が身体なわけです。だからこそ、身体は、全然孤立した単独の身体ではないわけで、それ自体が最初からあるコンテクスト、風水とか風土という配置の上で形成されたものだ。こういう意識ですよね。わたしは、この思考にはすごくインテグリティーを感じるんです。

小林　そうだと思います。五行思想とか、そういうのは全部そうでしょう？　ひとつの円盤ですよね。円盤があって、円盤がぐるぐる回っているわけじゃないですか。この円盤を曼荼羅と言ってもいいし、すべてが、天という円盤が回り続けているなかのどこかにいるだけだよねという、すごいインテグラルな感覚がありますよね。ただそれを、そういうものとして思想化しないわけですよね。なぜならこれはイマジネーションの世界だから。イマジネーションといっても単に自分が想像するという意味じゃなくて、基本的に、「世界そのものが完璧にイマジネーション的なものとしてある、わたしもそのなかにいる」ということなんですけど。

われわれの金剛界曼荼羅をつくり直す

中島　そうすると、西洋近代のある種の距離を取った知が、逆に、われわれのこの生の身体性というのを明らかにしたということもありますかね。想像力のなかで身体を考えていったアプローチに対して、いったん距離を取ることによって、かえってある種の生身の肉のようなものをつかむという可能性を示したということはありますか。

小林　その生身の肉というのはどういうことですか。

中島　つまりなにかに配置されているんじゃなくて、想像力から切り離されたような、生身の肉のようなものです。

小林　その問いに答えるのかどうかはわからないけれども、「観察する」という非常に西洋的な近代のまなざしは、天体がどのように動くかを観察したわけですよね。そうしたら世界が、哲学によるんじゃなくて、つまりイマジネーションによるんじゃなくて、観察によって、こう惑星は動くと言えるようになった。全部を説明するのはこの方程式しかないことが明らかになったわけです。いまや、宇宙全体が138億年前にビッグバンでできてこうなったことが、理論的に完璧に説明できるまでになりました。

世界のインテグリティーは、まさにいま、完成されつつあるわけです。「世界にはたった4つの力しかないんですよ。弱い力、強い力、重力と電磁気です、力はほかにないんだから」、自然科学はこう言うわけじゃないですか。「全部、実証可能ですよ」、と。これはいままでわたしたちが議論している、東の思想的な図式のインテグラルな思想を全部打ち壊すわけですよ。

中島　そうですよね。

小林　「世界は、まったく違うよ」、「これで計算通り、全部コンピューターで計算できるんだからね」と。いまでは、方程式も解けるし、月がどう動くかもうわかっている。人間と完全に離れて、つまり「君の思惑に一切関係なく、宇宙、世界はこのようにありますよ」と言っているわけです。インティマシーは、もはやないですよね。だけれども、まったく同じ時期に量子力学が出てきて、観測者が観測結果に影響するかもしれないという、ある意味じゃインティマシー理論が登場するわけです。これはインティマシー理論そのものですから、インテグラルなはずだったのに、観測者が観測結果に影響する？（笑）

中島　（笑）。

小林　いままでのインテグラル理論が崩壊するわけです。そういう意味では、このインティマシーとインティグラリティーの問題は、まさに自然科学の最先端で問われていることなんです。

自然科学のような完全に距離を取った知識のなかにも、いまやインテグリティー的なものもあればインティマシー的なものがあって、その2つが結びついているというすごい状況なんですよ。

中島　そうですよね。そういうなかで、単純に、じゃあ東の昔のインテグラルな思考、たとえば身体性を回復しようと言ってもしょうがない。

小林　しょうがないです。もっと先にいかないと駄目ですね。いま、もう1回金剛界曼荼羅に戻ればいいかというとそうではなくて、自然科学から出発して、われわれの金剛界曼荼羅をもう1回つくり直さなくちゃいけないというところまできている。

中島　そういうことですよね。

小林　複数世界論というのがもうすでに数学者たちのなかで出てきています。複数世界論は、ある意味では金剛界曼荼羅と同じなんですよ。

中島　そうです。ますますこのインティマシーとインテグリティーの関係は、繊細に問われなきゃいけない。

小林　繊細に問わなくちゃいけない。だからわたしが言いたいのは、簡単に一直線で結べないことの2つの問題提起は、すごく今日的で、ものすごく重要だということです。インティマシーとかインテグリティーというのは、別にそれ自体に意味の重さがないじゃないですか。「神」とか「愛」とか「正義」とかとは違います。そういう意味で非常に広いパースペクティヴを開いてくれているんじゃないかなと。だけれども、それをカスリスさんが自分で実践するとなると、やっぱり日本哲学に対する「愛」がかれをあまりにもインティマシー過剰にしているんじゃないかというふうに思うわけですよね。

理由＝理性がない世界をどう生きるのか

中島　カスリスさんはこの本の最後の最後で、「精神のふるさと」という言葉を挙げながら、関連して西洋の哲学者を何名か挙げています。たとえばトマス・アキナスが挙げられますが、トマスはほぼ異端だった危ない人でした。ディヴィッド・ヒュームも挙げられていますが、ヒュームはいまだに問題を投げかけ続けています。カントが独断の眠りをヒュームによって覚めることができたと言いましたが、ほんとうかなと思います。ヒュームはカントよりもはるかに過激だったのではないか。ほかにも、プラトン、アリストテレスの名前も挙がっていますが、カスリスさんが心を動かされる西洋の哲学者たちは、相当際どい人たちなんじゃないかと思います。

しかし、その際どさを考え抜かないと、小林さんが考えられている、インティマシーから抜けてインテグリティーにいけるのかということが見えてはきません。たとえばヒュームは、宗教戦争で散々破壊し尽くしたあとに、規範をどうするかという問いをもう1回打ち出していくのですが、その際に理性には訴えられなかったんです。そうではなくて感情というものから考えていかなければならないという議論をするわけです。これはかなり難しい道行ですし、簡単にはうまくいかない。しかも、カンタン・メイヤスーが言うように、いわゆるヒューム問題というのがあって、この世界を成り立たしめている法則がまったく変わってしまったって構わないわけです。世界のありようはこうじゃなきゃいけないという理由がないわけですよ。世界には理由=理性がない。理由=理性がない世界をどう生きるのか。そんなことを考えた人だと思います。

カスリスさんは多分「そこまで来い」と、われわれを招いてくれています。大日如来の如き風貌で、そんな恐ろしいことを呼びかけています。別の言い方をすれば、カスリスさんは、その水準で日本哲学を読んでいるわけです。そして、それに匹敵する知的な密度のある思想家たちが日本にはいたということですよね。だからこそ、「その水準で読みなさい」という声が響くわけです。それはほんとうにそのとおりで、われわれはその水準で読んでいないかもしれません。それこそあまり思慮をしていない、距離を取った読み方を簡単にしてしまいます。空海に対してなにか伝記的で歴史的な事実を並べてみるようなことはやるんですけれども、空海を通じて、空海とともに哲学してはいない。そこを批判されているんだろうなと思いますよね。

小林　そうですね。いや、法則がどれほど変わっても「法則がある」ということが理由＝理性ではないかとわたしは思いますけど、いずれにしても、いまわれわれは理性そのものの超克を考えなければならないのは確かだと思います。

世界には理由＝理性がない。理由＝理性がない世界をどう生きるのか（中島）

［第2部］

〈からだ〉を解き放つ

「檜垣 蘭拍子」 二十六世宗家 観世清和 前島吉裕撮影 観世能楽堂提供

小林康夫

受け継がれる芸

Text・・・世阿弥『花鏡』

一、老後の初心を忘るべからずとは、命には終りあり、能には果てあるべからず。その時分〳〵の、一體《いったい》〳〵を習いわたりて、また老後の風體《ふうたい》に似合《にあう》事を習ふは、老後の初心なり。老後の初心なれば、前能《ぜんのう》を後心《ごしん》とす。五十有餘《ゆうよ》よりは、せぬならでは、手立てなしと云《いへ》り。せぬならでは手立てなきほどの大事《だいじ》を、老後にせん事、初心にてはなしや。さるほどに、一期《いちご》、初心を忘れずしてすぐれば、あがるくらいを入舞《いりまひ》にして、つゐに能さがらず。しかれば、能の奥をみせずして、生涯をくらすを、当流の奥義《おうぎ》、子孫庭訓《ていきん》の秘伝とす。この心底を伝ふると、初心の重代相伝《じゅうだいそうでん》の芸安《げいあん》とす。初心を忘るれば、初心子孫に伝わるべからず。初心を忘れずして、初心を重代すべし。

現代語訳（能勢朝次による）

「老後の初心を忘るべからず」という口伝について説こう。先《ま》ず人間の生命には終局があるが、能においては終局というものは絶対にない。すなわち、どこまでも進歩し深まって尽くる所なきものは能である。若年時代から、その年齢々々に相応《そうおう》した能を、一體一體と習いつづけて、また老後に到って、老後の年齢に似合わしい風を習うということが、「老後の初心」なのである。「老後の初心」であるから、従来習いおさめた所の能（従来の時々の初心のすべてを含んだもの）を以て、現時の心（是非弁別の戒心）とするのである。『花伝書』にも、「五十歳以上の年齢からは、せぬ以外には方法がない」と言っている。すなわち芸能を控え目にして、少な少なとして、伎《わざ》にわたる芸はほとんどせず、心力《しんりょく》と音曲《おんぎょく》のみで演じてゆくほかには、手立てはないといわれるほどの重大事を、老後に到ってはじめてやるということは、これこそ「老後の初心」でなくて何であろう。

以上述べたような次第で、もし自己の一生涯を通じて、つねに初心ということを忘れることなくしてやってゆけば、芸はただただ向上進歩するのみで、その最上の位を、もっとも華々しい最後として命を終るわけであるから、けっして能が退歩するなどということはない。この故に、「能の奥を見せずして生涯をくらす」（生涯にわたって、芸能向上の行き止まりを他人に見られないでしまう）ことをもって、わが流儀の奥義とし、子孫教育上の秘伝とするのであるこの心底を伝えるのを「初心の重代相伝の芸案」とするのである。もし初心を忘れることがあれば、自己の初心は子孫に伝わることはできない。故に、初心を忘れずして、これを子々孫々に伝えるようにしなければならない。

［テクストについて］

『風姿花伝《ふうしかでん》』に続く、世阿弥（1363?～1443?）の芸道論のひとつ。ここでは、昭和15年（1940年）刊行の能勢朝次『世阿弥十六部集評釈』（上下、岩波書店）をもとに、旧仮名、旧字、などを適宜、あらためさせてもらいました。

文化を受け入れる「器」

第1部で、わたしは空海の『声字実相義』をとりあげて、「ことば」の問題を論じました。もちろん、そこでも、

からだ（身）　ことば（口）　こころ（意）

の3元図式の全体が問題になっていたのですが、中心軸は「ことば」にありました。となれば、今度は、同じ図式のなかでポイントをずらして、「からだ」を中心軸にして、日本文化のマクロ・パースペクティヴ的アプローチができないか、そう考えるのは必然の流れでしょう。

しかも、「からだ」は、「世界」という視点に立って見るならば、日本文化の独自性がもっとも強く立ち現れてくる次元であることはまちがいない。柔道ひとつを取ってみても、これほど世界化した日本文化はないかもしれないと言うべきでしょうし、柔道ほどの世界的展開にまではいたっていないとしても、剣道、合気道、空手、なども世界各地で広く行われている。また、国内にとどまっているように思えても、相撲も弓道も日本文化を代表するものとして世界で広く認知されています。

それに、茶道《さどう》や華道などを加えてもいいでしょう。そうした儀礼的な「美」の「道」の根底にも、西欧をはじめとする世界のほかの文化にはなかった、独特な「からだ」の使い方、あるいは「あり

方」があることは、直観的に理解できるはずです。すなわち、現代では、「スポーツ」あるいは「芸術」というカテゴリーに分類されてしまいますが、それらに共通する「からだ」をベースにした、さらに正確に言えば「からだ」と「こころ」とが一体となっているような「道」の文化とでも呼ぶべきものが、日本には、あるということになる。そして、われわれは、概念やイデーといった「ことば」よりは、むしろこうした「からだ」の「かたち」において、世界に向けて文化を発信しつづけているのかもしれません。

あまりにも大雑把《おおざっぱ》な括《くく》り方ですが、それでもこのように日本における「からだ」の独自性ということを考えてみると、われわれは誰でも、たちどころに、このような文化の基には、一方では神道的な儀礼性、他方では仏教の禅の修行があることは見てとれるし、——「神仏習合」と言ってもいいかもしれませんが——この2つの伝統の交錯がさまざまなジャンルの「道」を生み出すのが、おおよそ時代的には、中世の末期であったことも理解できるはずです。これについて、さまざまな人名や文献資料などを挙げることもできますが、ここではそうした文化論の詳細には踏み込みません。

むしろ大雑把な括り方をさらに継続しつつ、わたしが提出したいイメージは、ユーラシア大陸の端に位置し、広大な太平洋に面した日本列島は、西から押し寄せてくるさまざまな外来文化をすべて受けとめ、受け入れる終着の「器」であったということ。そして、この「器」のなかで、——さらにその無数の襞《ひだ》のような「谷間」のなかで——さまざまな「文化」が言わば「発酵」して「文化変容」を起こし、そこからきわめて独特な「からだ」が生まれてきたということです。海を渡って運ばれてきた「ことば」が「器」のなかで、納豆や醤油《しょうゆ》、味噌《みそ》、漬物、鰹節《かつおぶし》などのように「発酵」し、――もはやこの先の大海は渡れないので――「からだ」へと変容する、というわけです。

ならば手前味噌に走るというわけでもありませんが、わたしはかつて、こうした「日本」という「器」を、――ジャック・デリダのヨーロッパ文化論である *L'autre cap*（「他の岬」、英訳は *The Other Heading*）の cap に対置して――cup と翻訳したことがありました（「A Cup of Humanity」『こころのアポリア』羽鳥書店、2013年）。しかも、この cup は、日本の近代化の黎明《れいめい》の時代に、岡倉天心が日本文化を世界に向けて発信するために直接に英語で書いた *The Book of Tea*（1906年）のなかで、「茶の湯」の茶碗を「The Cup of Humanity」（わたしはそれを「人情の茶碗」ではなく「人類のカップ」とあえて訳すのですが）と言っていることに依拠していました。じつは、今回、当初わたしは、この岡倉天心のテクストを論じることも考えていたのですが、世界というマクロ・パースペクティヴのなかに日本文化を位置づけようとした岡倉天心もまた中心軸として呼び出し、参照しないわけにはいかなかった、中世末期に完成したと言える、日本の「からだ」にかかわるテクストを直接に論じるほうがよいと判断し直したのでした。というわけで、ここでわたしが選んだ世阿弥のテクストに入るべきところですが、もうひとつ、やはり大雑把なことをつけ加えておきたい。

というのも、あたりまえのことですが、テクストである以上、すでにそれは「ことば」であり、「からだ」ではないということ。「からだ」について書かれたものは、多くの場合、きわめて具体的な「技《わざ》」に走るか、あるいは、逆に、「心構え」のような精神論に走るか、どうしても2つに分離してしまう。そのようなものがあるとしてですが、日本的な「からだ」を、一言の「ことば」でまとめて言うのはなかなか難しい。でも、「からだ」を論じて、具体的な「からだ」がイメージされないという落し穴にはまらないために、あえて世界のほうから日本の「からだ」がどのようにイメージされ、受けとめられているかを、わたし自身のささやかな経験から出発して述べておきましょう。

ドイツ人外交官の『HARA——人間という大地の中心』

2、3年前のことか、パリの書店でいつものように、おもしろそうな本を物色しているときに、『HARA』という書名が眼に飛び込んできた。なんだ、これは、と思って手にとると、新しい本ではなくて、初版が1974年に出た第3版、しかも翻訳。原著はドイツ語で、1956年の出版。著者は、カールフリート・グラフ・デュルクハイム、原タイトルは *HARA: die erdmitte des Menschen* ですから、『HARA——人間という大地の中心』と言ったらいいでしょうか（邦訳『肚——人間の重心』麗澤大学出版会、2003年）。つまり、「肚」なのです。この著者、わたしは知らなかったのだが、もともとはヒットラー政権のもとで、日本の文化の精神的基盤を研究するミッションを帯びて日本に派遣された外交官であり、日本で臨済禅や弓道を学んでいる。1942年には日本語で『新しいドイツ、ドイツ精神』などという本も出版しているらしい。終戦とともに進駐軍に逮捕され16ヶ月も投獄されてドイツに帰ったのは1947年。そこから、かれは、日本で体得した日本の「からだ」をベースにしたある種のスピリチュアルな心理療法センターを設立することになる。いや、いまの段階で、わたしが興味があるのは、デュルクハイム本人のことではなくて、そのようにかれが日本から持ち帰った「からだ」が「肚」という一語に集約されたということなのです。実際、この本の最後には、日本人が書いたテクストの抜粋が「付録」としてついているのですが、それを見ると、岡田式正座法の岡田虎二郎の言葉、白隠《はくいん》禅師の「夜船閑話《やせんかんわ》」（1757年）、一刀流の秘伝書と言われている「猫の妙術」（1727年）など広範なテクストがとりあげられています。しかも、デュルクハイムは、この本のなかでは、それを日本固有の文化としてとらえているのではなく、この本にはグラビア頁があって、そこでは、弓をつがえる弓道家の梅路見鸞《うめじけんらん》や安谷白雲《やすたにはくうん》禅師の座禅姿の写真とともに、古代エジプトの闘士たちの図像からはじまり、フランス・トゥールーズの大聖堂のキリスト像、パリのギメ美術館蔵の仏陀像、法隆寺の菩薩《ぼさつ》像などもあわせて収められている。つまり、「肚」はまさに世界的なマクロ・パースペクティヴのもとで論じられているのです。

たとえば、「普遍的人間的意味における肚」という章で、かれは次のように言っています（仏語からの重訳ですが）――「人間は、こうした〈自然に行われる概念化〉のさまざまなカテゴリーの背後に立てこもることによって、生のほんとうの意味を見失ってしまいます。生のほんとうの意味がわかるのは、ただ〈存在 l'être〉に対してみずからを開いている者だけです。しかし、われわれの個別の本質的な存在を通してわれわれがその一部となっている、聖なる〈存在〉の一体性 unité は、たとえわれわれの客観化する意識によって、われわれのもっとも奥深い無意識のうちに押し込められているとしても、つねに各人のうちに保持されているのです。〈存在〉は、飽くことなく、われわれのうちに染み通ってこようとするのであり、そうすることでわれわれの再生ないし保護を行う。さらには、個人的生というひとつの形、そして〈存在〉の現存（プレザンス）を証言する全体的な存在状態を、獲得するようにとわれわれを駆り立てるのです。このように人間が〈存在〉へとみずからを開き、〈存在〉に合致して生きるのを可能にするものこそ、〈肚 Hara〉なのです。」

こうして、デュルクハイムは、われわれ個人の小文字の「存在」と宇宙的とも言うべき大文字の〈存在〉とのあいだをつなぐものこそが「肚」だ、と言う。この大文字の〈存在〉という言い方が難しいかもしれないけれど、これは、たとえばモーリス・メルロ＝ポンティの現象学的存在論などで鍵となっている言葉です。ここでその詳細に入る余裕はないが、つまり20世紀の後半に西欧の哲学の認識論が到達した地点が、ここでは日本文化の実践《プラクシス》のエッセンスである「肚」によって裏打ちされているということになります。そのように、「肚」はすでに世界化している。知らぬは日本人だけ、という事態だとあえて強調しておいたほうがいいかもしれません。

フランス人ヴォイス・トレーナーの「肚」

実際、わたしは、この本とともにそのとき書店で購入した別の本、今度は1994年に初版が出版された、フランス人のヴォイス・トレーナーというより、「声」のセラピストの本ですが、そこでもこの Hara という言葉に出会います。なにしろ、その本のタイトルは、そのものずばり『〈存在〉の歌 Le chant de l'Être』なのですから。著者のセルジュ・ウィルファールは、もともとオペラ歌手だったようですが、たとえば次のように言っています――「声の作業においても同様に、大地へと下りて行き、〈石〉をみつけ、適切な方法でそれを磨かなければならない。みずからの身体のもっとも深いところに降りていかなければならないのだ。新生児が行っているような腹による呼吸をたゆまず実践することを通じて、ひとは、自分の存在が生理的にどのようなものであるのかを知り、また、ヨーガがそうであるように、自分の身体の中心、つまり賢者たちの〈石〉があるところに辿《たど》り着くことができるのだ。東洋の伝統に従えば、人間の中心は、臍《へそ》のあたりにあり、かれらはそれを「肚」と呼んでいる。それは、生命の力のある種の核のようなものであり、そこには、性的なエネルギーと関係するいわゆる第1と第2のチャクラが集束している。そしてそここそが、まさに、中央の横隔膜のコントロールのもとで、呼吸の息の流れが生まれてくるところなのだ。息をこの場所に集中することで、ひとは、武道家たちが用いる宇宙的な「気」と結びついた根源的な音とはじめてコンタクトすることができるようになるのだ。」

引用した箇所は、この本の最後の章「声によるイニシエーション（秘儀参入）」からですから、少しエゾテリック（秘教的）な記述になっていますが、著者が「肚」をどのような次元で把握しているかはよくわかります。この本によれば、ウィルファールは、声のレッスンを求めてかれのところにやって来る人たちには、まずデュルクハイムの『HARA』か、かのオイゲン・ヘリングの名著『弓と禅』（原書1948年）のどちらかの本の偶然に開いた頁を音読させることで、最初の「診断」を行うのだそうです。いずれにしても、かれの声のレッスンは「肚」の認識からはじまり、またそこに帰着する。

こうして、わずかな例からだけですが、われわれ日本人が前意識的になんとなく了解している「日本のからだ」の原理が、現代の西欧で、実践的な地平において主題化され、中心化されていることがわかります。

もうひとつの〈からだ〉の可能性

だが、それでは、もしこの「肚」が日本的、あるいは東洋的であるのなら、逆に、そうでない「からだ」、たとえば西欧的な「からだ」とはどのようなものなのか。この問題はわたしにはお手上げです。なにしろ、これまでの人生で、身体的な実践などほとんどしてこなかったのですから。世界の「からだ」についてのマクロ・パースペクティヴなどもちようがない。

でも、それでも、「肚」に集約されるのではない、もうひとつの「からだ」の可能性くらいは挙げて、ある種の対比を導入しておくのが、論者としての義務でしょう。と、自分を追い込んだとして、わたしはどう応えるか。

わたしの頭に浮かぶ言葉は、「太陽神経叢《そう》 solar plexus / plexus solaire」です。つまり、鳩尾《みぞおち》のあたりにある自律神経の叢。というのも、西欧でダンスについて書かれた本を読んでいるとしばしばこの言葉に遭遇するからです。わたしの勝手なまとめですが、「肚」が「存在」の中心であるとするならば、「太陽神経叢」は「運動」の中心、「自由」の中心であるように思われる。たとえば、とりわけ両大戦間のパリでイザドラ・ダンカンの流れを汲む「自由なダンサー」として名高かった、プラハ生れのフランソワ・マルコフスキー（1889〜1982）について、弟子のひとりオデット・アラールが書いた『マルコフスキー、ダンサーにして哲学者』（仏語1989年）には、かれのダンスの教えについて、次のように書かれています――「太陽神経叢のレベルで内的に考えられ、デッサンされ、そして音楽の音の切迫に対して宙づりの状態、すなわちそのあらゆる波動のなかにすぐさま溶け込むためにその音に先立つことによって、運動は、〈ほとんど知覚できるかできないかのきっかけ déclic〉によって動きだす。わずかなきっかけだけで、垂直性のバランスがわずかに傾き、重い力の中心とからだの体重の全体が運動状態になる。そのようにしてはじまった運動を両肩が追い、腰の安定したポジションに対して直角に、まるで舵《かじ》のように回転する。腰は、並行に逸れるのだが、けっして回転はしないのだ。」

このあとにも、腕について、あるいは視線についてと、細かな記述が続くのですが、もっとも重要なのが、足で、これは踵《かかと》をあげた、いわゆる「ドゥミ・ポワント」が標準化されています。すなわち、クラシック・バレエのあのアクロバティックな「ポワント」（トゥシューズをはいて足指だけで垂直に立つ）の姿勢ではなく、また、――誰でもすぐに思い浮かべるはずですが――日本の能に特有のあの踵をけっして床から離さない「スリ足」ともちがう、その中間形態です。いや、むしろ運動という観点からは、この「ドゥミ・ポワント」のほうが自然なのかもしれません。能の「スリ足」は、「運動」を「存在」のほうへと思い切りひっぱっているということかもしれません。

ここでわれわれは、人間の「からだ」の使い方の基本に3つのパターンを透かし見ることができるように思います。

クラシック・バレエ　飛翔（跳ぶ）　ポワント　胸
西欧的ダンス　運動（踊る）　ドゥミ＝ポワント　太陽神経叢
能　存在（歩く／座る）　スリ足　肚

またもや大雑把すぎる図式ですが、人間の「からだ」は根源的に、天地の垂直性に依拠しており、そこでは「天」に向かって飛翔するベクトルと大地に向かって下降していくベクトルがせめぎあっている。そして、人間の各文化は、それぞれ独自の仕方で、「からだ」の特異点を中心化し、そこから「からだ」を再組織することで文化を形成している。このような世界的なパースペクティヴにおいて、日本の文化は、「からだの中心」をもっとも低い、ほとんど「座っている」（「腰かける」ではなく！）位置にもってくることで、きわめて特異な文化をつくりあげた、という見通しが得られます。もちろん、そこにこそ、「禅」の強い影響があるわけです。

となると、――通りすがりに指摘しておくだけですが――われわれは、たとえばクラシック・バレエを見る「眼」で能を見てはならない、ということがわかります。見る対象によって、われわれの眼差しの「アプリケーション」を代えなければならない。なぜなら「見る」ことは、「共感する」

ことだからです。どんな舞台もそうですが、舞台を「見る」ということは、そこに現前している「からだ」を貫き、「からだ」に働いている（現実の！　そして虚構の！）「力」に「共感する」ことです。それなくして、舞台の経験はない。

観世寿夫の「カマエ」と「ハコビ」

では、具体的に、能舞台で「舞う」能役者の「からだ」はどうなっているのか。能役者・観世寿夫《かんぜひさお》が能における「からだ」の基本である「カマエ」と「ハコビ」について説いているテクストを、少し長いですが、読んでみましょう。

能の舞台はご承知のように、三間《さんげん》四方《しほう》の吹き抜けの舞台であるが、その上に立ったとき、その立った人間の前後左右上下といったあらゆる方向から目に見えない力で無限に引っぱられていて、その力の均衡の中に立つ――。これがカマエである。逆にいえば、前後左右上下に無限に気迫を発して立つ、ということである。これをことばだけで説明することは至難であるが、からだ全体の力を解放し、腰なら腰というただ一点に意識と緊張を集め、すべての動きや発声のもとになる呼吸を調整して、舞台上のあらゆる行動における存在感といったものを把握することである、とでもいえばよいだろうか。つまり目に見えない糸によって四方から引っぱられているその中心点にいるということであるから、一方の糸を切り離せばバランスが崩れて倒れてしまうことになる。このバランスをぐいと持ちこたえる強さが、立っているというだけの姿になければならないのである。からだの中でこの姿勢と筋肉の使い方と呼吸法とをまず最初に会得《えとく》したなら、そうした初心者は、真冬のさなかの寒い稽古場でも、カマエだけで寒さを忘れる力感が自分のからだに漲《みなぎ》るのを感じるはずである。

こうしてバランスを崩すことなく、舞台に一本の線を画くように歩く、すなわち人間の肉体が歩いているということを忘れさせるほど、歩く姿が一本の線になれるようにからだを運ぶ、これがハコビの基本である。

能の舞はよく歩行舞踊といわれるが、能の動作の基本はじつにこのハコビなのである。なにもせずにただ黙って舞台をひと回り回るだけで、そのハコビのリズム感によって何らかの訴えかけを持たねばならなかったし、また一足前に出るだけで喜びを、一足下がるだけで悲しみを現わさねばならなかったりという具合に、ハコビというものは、その遅速や強弱によってあらゆる演技表現の根幹をなしている。能の歩き方といえばすぐ、スリ足、という印象は一般的なようだが、これも、ただ足を摺って歩くということではなく、からだが上下左右にふれ動くことなく、持続する流れとなって舞台に美しい線の組み合わせを画けるように歩くことが目的である。歩くということをそこまで抽象し得たときに、はじめて前述のような表現が可能になるのであって、これには当然、カマエと同様に、またカマエと相俟って呼吸の調整が重要である。能の演技は呼吸の強さとその整え方による息のつめ開きによってまずつくられるといえるかと

思う。（観世寿夫『観世寿夫著作集2　仮面の演技』平凡社、1981年）

まさに舞台に立つ能役者の立場から語ってくれている簡潔で要を得たすばらしいテクスト。わたしごときがつけ加えることなどなにもありません。ただ、「一点に意識と緊張を集め」というその「一点」こそ、ここでは「腰」と言われているけれど、きっとまた「肚」というものでもあるのだろう、と勝手に我田引水しておくだけです。

物真似と天女舞からの「幽玄」

さあ、少し回り道をしながら、ようやく最初に掲げた世阿弥のテクストのほうに向かうことができるようになりました。

これまでのわたしの議論のハコビからは、当然ですが、このように「肚」に代表される「日本のからだ」は、能において、もっとも美しく完成しているわけですから、その創始者のひとりである世阿弥の論書のうちに、能の「からだ」の基本であるこのカマエについての「奥義《おうぎ》」が書かれたものがあれば、それを読みこむことで、「日本のからだ」の本質に迫ることができないか。なにしろ世阿弥は、膨大な量の伝書を残している。16部、いや、現在では21部ものテクストが知られているのですから、なかにカマエのエッセンスについての「秘伝」があってもいい、と、思うのですが、じつは、ない。

世阿弥には、「二曲三体絵図」という人体の図入りの「伝書」があるのだが、それは「老体」、「女体」、「軍体」という「物真似の人体」の3つのカテゴリーに分けて、最初の2つはそれぞれ「体」と「舞」と2つを並べて、それぞれを演じる「ココロ」を説いたもの。たとえば、――文章があまりにもすてきなので――ひとつだけ例を挙げると、「老舞」については、「此《この》風ことに大事也《なり》。体は閑全《かんぜん》にて、遊風をなす所、老木に花の開《さか》んが如し。閑心を舞風《ぶふう》に連続すべし」とあるだけです。

じつは、世阿弥は、物真似芸を中心とする大和猿楽《やまとさるがく》の伝統から出ている。それに対して、当時もう一方には、近江猿楽があって、そちらは、天女舞と呼ばれる躍動感のある舞が中心であり、とりわけ犬王《いぬおう》と呼ばれる名手の存在があったことで、当時の芸能のパトロンであった足利将軍の贔屓《ひいき》も得ていた。ということは、世阿弥とは、物真似の伝統から出発して、そこに別系統の天女舞の優雅な舞を接《つ》ぎ木し、そうすることで「幽玄」の美を完成させた人物ということになる。つまり、世阿弥のところで、2つの「からだ」がぶつかっていたとも言えるので、それを総合して、「能」の「からだ」をあらたに生み出そうと生涯、努力したのが、世阿弥だったということになるわけです。

その世阿弥の「初心」が世代ごとに受け継がれて、現今の能のカマエの源流のようなものが文献としてはっきり現れるのが、もうひとつの花伝書、つまり安土桃山時代、天正年間の後半の成立と言われる、作者不詳の『八帖花伝書《はちじょうかでんしょ》』です。そこでも人形の図が出てきますが、「胴作りせざる人形」と「胴作りの人形」が図示され、後者には、「此胴作りにては、身形よく、拍子《ひょうし》踏みよく、腰据り、足もと定《さだまり》、尤《もっと》も候」と書かれており、人形には「腰据へてよし。拍子踏む時、腰ふらめかず。身形《みなり》定り、また腕・首折れ候はぬやうに」と添え書きされている。この「胴作り」こそ、現今のカマエの直接的な起源として考えることができるようなのです。

老木に咲く「花」

「からだ」もまた、一朝一夕につくりあげられるのではなく、長い時間をかけて、変化し、進化＝深化し、変容していく。ひとつの「からだ」があるのではなく、「生命」がそうであるように、「からだ」も移り変わっていく。それが、「文化」としての「からだ」にほかならない。しかも、それは、ひとりの人間の「からだ」にとっても同じことなのです。

『花鏡《かきょう》』の最後の奥段《おくのだん》で、世阿弥は、わが能の流派には、「万能一徳《まんのういっとく》」の3か条の金言があると言って、それを書き残します。つまり、これこそ、もっとも大事な秘密の「口伝」だと言うわけです。

その3か条とは

是非とも初心忘るべからず
時々の初心忘るべからず
老後の初心忘るべからず

です。

すなわち、「若年《じゃくねん》の初心」、「年盛《としざか》りのころの初心」、そして「老後の初心」です。「からだ」は、若いときから盛りのときを経て老後へと変化していく。「老後」になれば、もはや花々しく技を披露するわけにもいかず、すでに『風姿花伝』に言われているように「五十歳以上の年齢からは、せぬ以外には方法がない」という「からだ」になっている。だが、それでもなお、いや、そのときこそ、「初心」を忘れてはならない。では、この忘れてはならない「初心」とはなにか？「せぬならでは手立てなきほどの大事を、老後にせん事、初心にてはなしや」――老いてもはやなにもできない「からだ」、それは、まだなにも知らなかったときの「からだ」と同じく、できない不可能事の前に立たされている「からだ」です。癖として、習慣として、技として身につけたものをつかっては対処できない、にもかかわらず、いま、ここで、なお演じようとする「からだ」です。そして、そのとき、――「芸」というもののなんという不思議！――「老木」に「花」が咲くことがある。そこに、能というものの、いや、「からだ」というものの不思議な奥深さが現れ出るのだ、と世阿弥は言うのです。

わたしは、大袈裟《おおげさ》に言えば、これこそ世阿弥という人間の「こころ」の核心であり、確信であったと思います。そして、ここで重要なことは、それを世阿弥はただひとりで考え出したわけではないということ。というのも、世阿弥の伝書の第一である『風姿花伝』の「第一、年来稽古の條々《じょうじょう》」に、その核心＝確信がどのように起こったのか、書かれているからです。そこでも同じく、「五十有余」歳をすぎてからの「稽古」について述べながら、世阿弥は次のように書いていました。

この頃よりは、大方、せぬならでは、手だてあるまじ。麒麟《きりん》も老《おい》ては土馬《どば》に劣ると申事《もうしごと》あり。さりながら、真に得たらん能者ならば、物数《ものかず》はみなみな失《う》せて、善悪見所は少なしとも、花はのこるべし。亡父にて候し者は、五十二と申し五月十九日に死去せしが、その月の四日の日、駿河の國浅間の御前にて、法楽仕《つかまつ》り、その日の猿楽、殊《こと》に花やかにて、見物の上下、一同に褒美せしなり。凡《およ》その頃、物数をば、はや今の初心にゆづりて、安き所を少な少なと、色ひてせしかども、花はいやましに見えし也。これまことに得たりし花なるがゆえに、能も枝葉も少なく老木になるまで、花は散らで残りしなり。これ、目のあたり、老骨に残りし花の證據《しょうこ》なり。

［現代語訳］

此の頃からは、先《ま》づ大体、「せぬ」という方針をとる以外に手段もないようである。諺《ことわざ》に「麒麟も老ては駑馬《どば》に劣る」という語があるが、正に其《その》通りだ。しかし、真に得法《とくほう》した名人ならば、今まで花をさかせた曲は皆演じ難くなり、善いにつけ悪いにつけ、見どころは少なくなってしまっても、花という妙趣だけは残るものである。我が亡父は、五十二歳の五月十九日に死去せられたが、その月の四日に、駿河国浅間神社の御前で法楽能を演じ、しかもその日の猿楽は殊に花やかで、見物人上下こぞって賞讃したことであった。その頃は、花を咲かせるやうな能はもうすべて初心の者にゆづり、自身は安い所を色香《いろか》も控へ目控へ目にと演じられたのだが、その美事《みごと》さは又一段と立派なものであった。これは、真に悟得せられた花であったから、能は枝葉も少く老木になるまでも、花は散らないで残ったのである。これ事実老骨に花が残った証拠である。

父・観阿弥の死の2週間ばかり前の演能。その老骨老木に、たしかに妙なる「花」が咲いたのを世阿弥は見届け、その「花」をいただき、その「花」をこそ、自分もまた、後代に「伝え」ようとするのです。世阿弥の教えのすべては、この観阿弥と世阿弥とのあいだの無言の「花」の伝達のうちに懐胎されていたのだ、とわたしは言ってしまいたい。「初心者」という意味ではない、ほんとうの、おそろしいような「初心」の教え、父の「からだ」を通しての「遺言」が、駿河国浅間神社で、父子の「あいだ」に下りてきたのです。そのように、「からだ」もまた、果てしなく相続されて行くのです。

「いのちには終わりあり、からだには果てあるべからず」と言ってもいいのかもしれません。

［読書案内］

● 最初に自分の著作を挙げさせてもらいますが、
小林康夫『こころのアポリア——幸福と死のあいだで』羽鳥書店、2013年本論でも触れましたが、このなかの拙論「A Cup of Humanity」、もともとは、2006年にミラノのプラダ財団で行われた『20世紀の思想を巡る日欧対話』での講演ですが、cap と cup の「ダジャレ」のような反転に日本文化の原点を見ようとした、わたし自身にとっては、日本文化を考察する原点になった論考でした。

●日本文化は発酵の文化だということについては、

松岡正剛＋ドミニク・チェン『謎床——思考が発酵する編集術』晶文社、2017年

を挙げておきましょう。きわめて刺激的な対談です。

●本文でも触れていますが、やはり岡倉天心の『The Book of Tea』は読んでおくべき本だと思います。「アジアはひとつ」という命題をあの時代に掲げた天心の「西欧」への「態度」のうちに現代にも通じるさまざまな問題が透けて見えます。できれば、原書の英文で読んでいただきたい。

岡倉天心『茶の本』(英文収録)、桶谷秀昭訳、講談社学術文庫、1994年

●世阿弥や能についての参考文献は挙げようと思えばいくらでもありますが、本文で引用したもの以上に拡大しようとは思いません。ここではあくまでも「日本」の「からだ」が問題なのです。では、その方向に限るとすると、どんな本が浮かんでくるか。わたし自身の素直な反応は、やはり学者の本ではなく、あくまでも「からだ」の実践をしている人、それを極めた人の本を挙げなくてはならないとなって、野口晴哉《はるちか》の名前が浮かんできました。「整体」という「からだ」の「道」、いや、「からだ」こそが「道」であるという「道」を究めた人の最初の入門書。

野口晴哉『風邪の効用』ちくま文庫、2003年

あるいは、もう1冊、わたし自身は一度だけあるパーティの席でお目にかかったことがありますが、身体技法の実践的研究家とも言うべき武術家・甲野善紀《こうのよしのり》の

甲野善紀・田中聡『身体から革命を起こす』新潮文庫、２００５年

●もうひとつ、全然分野の違う本を挙げておきます。「からだ」は何からつくられているか。皮《ひ》肉骨《にくこつ》でしょうか、臓器でしょうか、でも究極的には、細胞ではないでしょうか。そこにおいて、人間の「からだ」は全生物に共通する「カラダ」の地平に溶け込みます。

団まりな『細胞の意思』ＮＨＫブックス、２００８年

理論生物学者がていねいな記述を通して、細胞が「意思」をもつことを説明しています。遺伝子という情報が受け継がれるのではなく、細胞という「カラダ」が受け継がれるのだというその最後の語りは感動的です。しかも、その細胞たちが「からだ」の「軸」を決めるためにどれほど涙ぐましい！努力を重ねているのか。そう、「体軸」こそ、われわれの「からだ」の根本原理なのですから。

[対談 2-1]

世界で注目される肚

小林　わたしのテクストでは、日本の「からだ」ということを考えてみようとしたわけですね。世界から見たときに、日本の伝統文化のなかでもっとも強く訴えかけたのは、思想ではなく、「からだ」ではなかったかということです。日本の文化には、たとえばヨーロッパ的な身体とはまったく違う、しかしプリミティヴ（原始的）というのではなくてソフィスティケイト（洗練）された繊細な「からだ」がある。もちろん、もう完全に世界的になっている柔道や空手とか、あるいはフランスのシラク大統領がそうでしたが、相撲に魅惑される外国人もたくさんいるし、能や歌舞伎に対する関心も強いし、禅もある意味では「からだ」の文化でもあるわけで、さらには茶道を実践している外国人も、わたしの友人に限っても多くいます。ところが、この「からだ」の文化を、日本人は意外と自分自身では掘り下げていなかったりする。われわれ日本人には盲点になっているけれど、世界には広く受容され浸透しているとも言えるこうした「からだ」の文化の原点をちょっと考えてみたいというのが最初の発想でした。

中島　知らぬは日本人だけと。

小林　そう、知らぬは日本人だけ。でも「からだ」というものはそういうものですよね。意識の手前にあるわけですから。それを前景化するために絞り込もうとして、その「からだ」は一言で言えば、「肚《はら》」ということになるのではないか、と思ったわけです。それは、最近、パリの書店でデュルクハイムの『HARA』という本をみつけてびっくりしたからなんですね。そうか、日本語の「はら」がこんなふうに受けとめられているんだ、それをタイトルにした本まであるんだ、と不意を突かれたような気がした。われわれだったら、「丹田《たんでん》」と言ったり、中国流では「気海」と言ったりするのかもしれません。いずれにしてもそうした日本的身体のことを考えてみたかったんですね。ここではそれを世阿弥のテクストをもってくることでやろうとしたのですが、じつは、世阿弥のテクストには「はら」という言葉が出てこないのですね。しかし、ここでオイゲン・ヘリゲルの有名な『弓と禅』（原書1948年、邦訳、角川ソフィア文庫、2015年）というようなテクストをもってくるのではなく、あくまでも日本の伝統のなかで、そして望むらくは、空海からのバトンを受け継ぐという意味では、日本の中世・近世のテクストを、となったらやっぱり世阿弥だなあ、となったわけです。

中島　テクストに「はら」が字義通りに存在するかどうかよりも、世阿弥を通じて能役者の身体そして日本的身体が浮かび上がってくることがすばらしいですね。それはどのようなものであったとお考えでしょうか。

小林　実際、世阿弥時代の能役者の身体はいまとはずいぶん違っていたみたいで、どうやら室町時代末期、天正年間の『八帖《はちじょう》花伝書』に出てくる「胴作り」という言葉が、この「はら」につながっていく「からだ」が最初に表現される場合のようなのです。要するにほんとうは武術と密接な関係があるわけですね。織田信長もそうですけれど、武術をやっている人

いのちには終わりあり、からだには果てあるべからず（小林）

はお能の舞いを簡単にできる。腰が座って、「はら」ができているから。でも、最終的に、わたしの関心は、そういう流れを辿ることではなくて、世阿弥におけるその「からだ」を伝えていくという「こころ」というか、「からだ」が「こころ」になるというか、その「初心」の伝承に向かいたかったのです。

その方向でテクストを書きながら感動したのは『花伝書』のなかに、世阿弥の父であった観阿弥が死ぬ直前に駿河《するが》の国、浅間神社の前で踊った能がまったく老木に花が咲いたようなものであったというその記述。それこそ、世阿弥が「からだ」を伝えていかなければならないと思うにいたった原点、その「こころ」、「初心」なのではなかったか、と妙に、感動して納得したんです。その感動を受けて、最後に「命には終わりあり、能には果てあるべからず」という世阿弥の言葉を変形して「いのちには終わりあり、からだには果てあるべからず」などという駄洒落を遊ばせてもらったというわけです。

中島　この最後のところは見事です。

初心というのは伝承されるべきなにか。あるいは伝承そのものですね。

小林　そうです。「初心」とは、道に入ろうとするときの「初心」、この道を学ぼう、この道に入ろうとするその瞬間、師と弟子のあいだにすべてがある。まだなにもできないんだけれど花が咲くべき種があるというか。これがないと道は成立しないでしょう。そうやって、師から弟子へと続いていく。

中島　まさにその伝承なんですよね。それは土地を失った神仏習合の問題とも深くかかわっていて、どう伝えるかというのはある種の宗教性にとっては核心じゃないですか。

小林　核心です。だって言葉を超えたものだからね。

神仏のダブル・トラック

中島　そうなんですよね。宗教性に向かっていくときに日本は神と仏という2つのトラックを重ねるという恐ろしいことをしたわけです。どちらが本地でどちらが垂迹《すいじゃく》かには転倒もあるようですが、重ねあわせたところに妙味があります。そして、世阿弥が天女舞と大和猿楽とを重ねあわせるというのも、それに匹敵するぐらいの恐ろしいことだったんじゃないかなとうかがっていました。小林さんの解釈をうかがいながら考えていくと、世阿弥には複数の伝承に開かれていくようなところがあって、非常におもしろい。体と心というのもやっぱり2つでひとつみたいな、そういうところがあるじゃないですか。

小林　そう。裏表なんですよね。

中島　神仏習合もそうですけれど、裏表にするという、そういう芸当が日本はあったわけですね。世阿弥はおそらくそのひとつの極致だったのでしょうね。

小林　神仏習合の神というのは神道ですけれど、神道はなにかというと、簡単に言えば「土地」なんですよね。土地におわす神。それに対してどう儀礼を捧げるか。儀礼を通して土地の神と安全な関係を保つという、これが神道にみなぎっている原初的な考えだと思います。ここに水が流れて、わき水がわいて、水の神がおわす。この山があり、ここに山の神がおわす。山を神としてこの「山＝神」と自分とがよい関係になるように、結界をつくって儀礼を奉じる。そうして人間ではない存在と人間という存在の間に調停を行うわけですね。白い砂を敷き、しめ縄を張り、結界をつくり、自分には見えないけれどここに厳としてある自然の力に対して、畏怖《いふ》し、敬うことで自分を安全な場所に保つ。それにはどうしても儀礼が必要で、年に一度ハレの日にお祭りをするというような。

　ところが仏教のほうは、基本的には、具体的な「土地」、つまり自然のほうに行くのではなく、むしろ人間の「心」へと向かう。人間の心の奥底が、――これは空海的ですけれど――全世界につながっているという方向。自分の心をそこにまでもっていかなければならない。すなわち、自分自身が修行をしなければならない。儀礼ではなく、修行。単に身を清めてお払いをすればいいわけじゃなくて、自分自身を向上させなければならない。その意味で非常に主観的、いや、超主観的ですね。

神仏習合というのは、こういう2つの異なった道がぐるぐると回転扉みたいに回るわけです。ここにおわす神は山の神だけれど、同時に向こう側には大日如来がおわすので、だからわたしがここで儀礼をすることが同時にわたしの心の修行になります、という論理ができていくわけです。神仏習合は、社会を一挙に飛び越えて全宇宙と自分との関係をどう構築するかに関する見事なハイブリッド操作ですよ。一方には具体性や現場性があって、他方には抽象的なけっして見たこともない観音や如来が出てくるという。表裏一体なんです。

中島　神道はゲニウス・ロキ（地霊）に対する儀礼を捧げるものだと思うんですよね。これはまさにエッセイのなかでお書きになっている、「いま、ここ」という問題にものすごくかかわっている。というのは仏教というのはゲニウス・ロキを超えないといけないという話じゃないですか。「いま、ここ」じゃないものへのある種の感受性をどう養うのかが問われている。いまじゃないある種の無限のようなもの、ここじゃないまさに世界そのものみたいなもの、そこまで行くわけですよね。それが表裏一体になっているということが日本の文化の基本にあるとすれば、世阿弥の心と体の問題も多分それとオーヴァーラップしていて、小林さんがおっしゃるような「からだ」の問題はまさに「いま、ここ」のこの「からだ」でもあると同時に、でもそれは伝承のなかの「からだ」でもある。それが表裏一体に折り重なっているということですよね。「初心」も同じで、まさに「いま、ここ」での初心なんだけれども、でもそれは同時に「いま、ここ」じゃない心とつながらなきゃいけない。そういうことですよね。

小林　だから初心は若いときの「初心」と「時々の初心」と「老後の初心」と、つまりどの瞬間にも初心あり。そうじゃなければ「初心」とは言わないぞ、という恐ろしいといえば恐ろしいですよね。

中島　そういう神仏習合に象徴されるような日本的な文化のあり方が、今日では相当失われているということですね。「からだ」は典型的です。

小林　誰も正座はできなくなり、3分と正座がもたない日本人、これじゃ欧米人と同じです、みたいな。「はら」はまさに正座というポジションにおいて養われてきたわけですからね。

川端康成の温泉の女たち

中島　たまたまこの前（2018年4月）、芥川賞作家たちや研究者たちと伊豆半島の湯ヶ島《ゆがしま》に行ってきました。湯ヶ島で執筆していた川端康成の作品を検討してみようというわけです。そこでは2本の作品を手掛かりにしたのですが、そのひとつが戦前の川端が書いた「温泉宿」という作品です。これは、実に奇妙な作品でした。それは現代詩のようなすごく実験的な作風なんです。もともと川端は新感覚派でしたからそういうのはお手の物ではあるのですが、奇妙なんですよ。なにが一番奇妙かというと女性の肉体の描き方、これがほんとうに不思議でした。いろんな女たちがさまざまな名前をもって出てくるんですけれど、それぞれを区別することがなんとも難しい。しかも、それぞれがものすごくエロティークで肉感的なんです。それはいまの時代でわれわれが感じるものとは全然違うタイプの肉体です。それを川端は温泉に集う女たちに見るわけです。しかし、こうした肉体はひょっとするともう決定的に失われているんじゃないのか。そう思いながら読んでいました。

小林　なにが失われているのでしょう？

中島　肉感的とかエロティークというものの概念が、戦後に変わり、失われていったのではないかと思っています。さっき言ったように女たちがたくさん出てくるんですけれど、これらが重なりあい、重なりあって巨大なある白い肉体になるわけですね。こういう想像力はいまでもあるんでしょうか。つまり「からだ」がつながっちゃっているというエロティシズムですよね。わたしはびっくりしたんです。川端がこんなことを書くなんて思いもしなかったので。

小林　中島さんは、そういう肉体はどういうものだと思います？

中島　ひょっとすると一種のすごく神話的な身体なのかなという気がするんですよね。つまり、ただ現実の女を見ているだけじゃなくてそこに神話的な身体が折り重なっている。だからこそいろんな名前をもっているんだけれどもそれがひとつの巨大な白い肉体となって現れるようなものですね。そういう想像力がかつての日本や文学のなかにはあったのかなという気がするんですよね。

いまの時代ほど人間からエロスが消滅しかかっている時代はない（小林）

小林　それが、その温泉宿のゲニウス・ロキだと思わない？　その場合の女は、「個体」という認識では到達できない存在なのじゃないかな。それぞれの土地で祀《まつ》られているものは、かならずしもよきものかどうかわからないんですよ。「善悪」は人間の判断です。でも自然は人間の「善悪」を超えているんですね。人間のそういう判断を超えたものは一種の魔であり妖怪であるわけですよ。たとえば柳田國男の『遠野物語』（1910年）でも、山のなかで偶然出会った女の「黒髪」の話が出てきます。その「黒髪」というのは、人間的なエロスに還元される以前のもっと根源的な自然のもつ妖怪的エロスなんです。それを川端は直視できたんですね。ところが近代とともに土地の魔力は消えてしまい、もちろん個体としての女たちはみんないまでも妖怪性も魔性ももっているんだけれど、それが土地から切り離されたふわふわとしたものになってきているんですね。

それはある意味では、エロスの喪失ですよ。いまの時代ほど人間からエロスが消滅しかかっている時代はない。場のエロス、自然のエロス、という凶暴なエロスがこれほど消えかかっている時代はない。ネット上にどれほどぺらぺらしたエロスの漫画的なイメージが繁殖しているように見えても、じつは、実態的な魔性のエロスは消えつつあるんですよ。恐ろしいことです。魔がなければ、エロスではないんだからね。

中島　わたしがこの作品を読んで最初に感じたのも、エロスの問題だったんです。そのときにはどう表現すればよいのか、それにふさわしい言葉は出てきませんでしたが、いまおっしゃったまさに自然のエロスというのは得心です。これが世阿弥に象徴されるような日本の「からだ」を貫いているのではないか。そういえば、お相撲さんだってそうじゃないですか。

小林　そうですよ。妖怪的エロスでしょう。ダイナミックなまでに人間を圧倒するエロスが噴出しているわけですよね。

中島　そういう自然のエロスをたたえた身体。しかも名前はあるんだけれどなくてもいいわけです。こうしたことが中世ではもっと鋭く激しく問われていたんじゃないか。歌舞伎や能役者の「からだ」を見ると、そういう気がします。

わたしは昔、東大の授業で観世栄夫《かんぜひでお》さんにお能を習ったことがあります。理論的なことも教えてくださったのですが、それをご自身の「からだ」で同時に表現してくださった。そして学生たちにも、「君たち、ちょっと動いてみて」とかいって見てくださるんです。授業の終わりに、能楽堂に招待してくださって、舞台の上でこうやるんだと見せてまでくださった。学生はものすごく感動するわけです。そのなかで、けっして目線を上下せずに真っすぐすーっと行く所作をなさるんですね。これはなにをしているかというと、この世界から別の世界に移動していることなんだというわけです。一歩踏むということは、世界を踏み渡っていくことだ。なんだかゾクゾクして、わたしたちも一緒に別なところに連れていかれているんじゃないかとまで思いました。こうした世界を移動し世界を乗り越えることが、能楽者の身体には刻み込まれているわけです。なんという恐ろしさだろうか。安易に近寄ってはいけないと思いました。

小林　以後、中島さんはお能の「からだ」を捨てたのですね？

中島　残念ながら。お相撲さんもそうですけれど、自然のエロスに捕まえられた妖怪的な「からだ」は、アンビバレント（両義的）ですよね。一方では、そうなってみたいという気持ちもものすごくあります。しかし、他方で、その「からだ」になったら帰ってこられないという恐れもあります。結局、わたしは行けなかったんですけれど。

小林　いずれにせよ日本の身体は、自分の身体のほんのちょっと先にもうひとつ別の身体、目に見えない魔物的身体、あるいはひょっとすると亡くなった女の執念だったり、なんだかわからないけれど、そういう存在と人間はダブル、トリプルで生きていて、人間の「からだ」はシンプルじゃありませんよ、というのが原点なわけですね。つねに裏表で、あなた自身が、「からだ」の裏に恐ろしいエロスをもっているんですよ、というところに行っちゃう。

エロスの喪失

中島　なんでエロスはここまで決定的に失われたんでしょうね。

小林　やっぱり西洋文化をとりいれたことでしょうか。床に座るのではなく、椅子に座る。これは、身体をまったく違うものにしてしまいますよね。たとえば西洋人はお茶室でちゃんと正座できませんよね。でも、茶室の空間は正座する身体によって支えられているわけだし、活け花だって、きっと座った目線で生けなくちゃいけないものではないのかなあ。テーブルで活けるとヨーロッパ的な「フラワー・アレンジメント」になっちゃいますよね。そういう意味で、戦後に急速に進んだ椅子ベースの生活空間の導入が日本人の体を変えてしまったんじゃないかと思います。

中島　たしかに座っている目線と、椅子に座っている目線、そして立っている目線では、まったく違いますね。

小林　これはもう戻らないでしょう。中国はどうですか。だって正座しないでしょう。

中島　もともと椅子の文化ですね。

小林　東アジアでも日本だけ畳を敷いて座るというような文化が出てきたわけで、もちろんこれはずっと昔からあったわけじゃないと思うんだけれど、いつの時代からか日本の「からだ」をつくっていったということなのかな。それがいま、急速に変わっていってる。

中島　韓国は座りますよね。
小林　でも韓国の座り方は正座じゃないですね。
中島　正座ではなく、あぐらなんですね。向こうの大学教員と交流するときがあるんですけれど、あるときに、最後に一番偉い人の部屋に行って車座になってその目線で議論したことがあります。一種の伝統なんでしょうが、座った視線で議論するとまた少し違うコミュニケーションができるすごくおもしろい体験だったんです。
小林　たしかにいま、車座でわれわれが議論することはほとんどない。
中島　正座でもないですけれどね。
小林　もう正座はできないから、正座したら誰もくつろがない。でもこうして、正座だけが可能にしていたあの垂直性みたいなものが消えて、われわれの重心軸が違ったものになってきているのかもしれませんね。学校や会社でも家でも畳はなくて、座るのは椅子で、ある意味でリラックスして、足を組んで座るようなことばかりになっていったときに、日本の「からだ」が急速に失われていくことはたしかで、もう戻せないんじゃないですか。
中島　これはもう失われていくだけですかね。そうだとすると、その「からだ」があることから導かれる精神性みたいなものも失われていくのでしょうね。たとえば先ほど言及された『弓と禅』ですが、スティーヴ・ジョブズが愛読していたものですね。ジョブズが「からだ」のことをどう考えていたのかはわかりませんが、もともとそうやって開かれていた「からだ」をもっていたにもかかわらず、わたしたちは失いつつある。

小林　『弓と禅』もそうですけれど、最終的には「無為」というところに行くわけですよね。「する」ということをしなくなる。でも、行為という意識がなくなったときに、なおかつ起こることがある。弓を射るのではなく、弓が勝手に離れ、放たれて、でも的にあたってしまう。意図とか判断というものを完全に捨てたときに、世界が起こるみたいな。すると闇のなかでも的に当たっちゃうみたいな。日本の体の究極はそういうところに行くように思いますね。行為が無になる時点でなおかつ行為が起こっている。もちろん、わたしにはこんな境地はわからないのですが。

ダンスと自由

中島　小林さんのエッセイにもバレエの話が結構出てくるんですけれども、この間《かん》、ご自身でダンスをなさってどうでしたか。世阿弥的な身体に触れる機会みたいなものはあったんですか。

意図とか判断を完全に捨てたときに、世界が起こる（小林）

小林　じつは逆なんですよ。東大駒場の大学院のプログラムでダンサーの山田せつ子さんを講師にお招きして2年間ワークショップをやっていただきました。わたし、じつはどの学生よりも熱心に受講したのですが、そこでつくづく思ったのは、わたし自身は、ここで自分が書いたような「はら」をベースにした日本的身体を目指さない、ということですね。むしろ逆に、わたしは断固としてヨーロッパ的身体を踊りたいという欲望に目覚めました。わたしにとって「踊る」ということは、すり足で舞うことでも足を踏むことでもなく、むしろドゥミ・ポワントで重心のバランスを上げて、太陽神経叢《そう》を中心にしてこれが円を描くように動くという方向に憧《あこが》れる。パリそしてフランス語を人生の目標に定めたわたしらしく、身体もまた「ヨーロッパ的身体」に憧れるということを確認しました。こんなこと、誰にも言ったことありませんが、それはある意味では「自由」への憧れなんです。

つまり「はら」のほうは「存在」なんです。存在しているということなんです。存在しているその存在性を垂直な運動に変えて、円を描き、大地と天のバランスの真んなか、その両方が均衡して「無」になるところにもっていくことによってはじめてそれが「自由」に変わる。わたしはこの「自由」という奇跡に強い憧れをもつんです。それがわたしにとってのダンスの魅力。つまりわたしはダンサーになりたいわけではないので、ただ自分のなかで「自由」という感覚が「いま、ここ」において起こることを経験したいんです。そのためにはダンスが一番根源的だったということ。わたしにとってダンスはそれ以外の意味はない。これは自由の感覚の問題なんです。

中島　そうすると世阿弥的な身体と自由の関係はどうなりますか。

小林　世阿弥の時代にどうだったかは別にして、いまのお能が見せてくれる「からだ」の使い方は、わたしからすると、わたしの自由を、下のほうへ、わたしの存在という下へと引きずり下ろすような力が働いているということを徹底して示すんですね。たとえば、小野小町の存在に深草の少将が取り憑いて、それが引っ張っているとか、怨念とか執念とか運命とか、そうした成仏しきれない力がわたしの足を引っ張り続けるわけですよ。だから苦しいわけです。お能は苦しいじゃないですか。お能には、もちろん、「翁《おきな》」とか、「羽衣」のように天のものが降ってくるようなモーメントもありますけれど、基本的には、死んでも死にきれずに引き止められ続けて苦しんでいる存在のドラマじゃないですか。自由じゃないんですよ。でもそれも美しいんです。いや、それこそ美しいんです。そう思いつつ、わたし自身は、その存在のドラマを演じる方向ではなく、もっと単純に自分のなかに「自由」を一瞬間だけでもいいから実感したいんです。その瞬間への憧れなんですね。

中島　さっき言った川端の「温泉宿」に出てくる女たちというのはすごく自由なんですよ。驚くほど自由なんですね。ところがいまのさっきおっしゃったようにネット上にいろんなイメージが氾濫しているなかで若者たちが自由だとわたしには思えない。

小林　自由じゃないね。

中島　とても思えないんですよね。それに対して、川端の描く女たちのあの自由さはなんなんだろうと思うんですよ。それはけっしていまおっしゃったような西洋的なダンスを踊ったその瞬間に小林さんが感じるような自由を彼女たちが目指しているわけではない。

小林　「自由」に憧れるのは、自分の存在という拘束性を解消したいという人間的な欲望の究極です。人間にとっての最終的な目標はなにかと言えば、わたし流の考え方だけれど、ただひとつ、自分が存在していることの重みを解消することです。ただ、これはあとで論じる漱石の『こころ』のテーマですけれど、解消するといって死んでしまう、自殺するという方向を目指すと、それはじつは全然解消にならなくて、ただ存在の引力により強く引きとどめられるだけだということははっきりしている。それこそ、近代の最大の誤解ですよね。つまり自分の意志によって存在の重力を解消できると思うという、これこそ近代の恐るべき迷妄なわけです。近代というのはこの「自殺」という間違った欲望に裏打ちされているんです。でもそれでは、ますます闇が深くなるばかり。それに比べると、彼女たちは、そのような人間の根源的自由への希求からすらも自由なんですよ。近代的な人間がもっている「自由になりたい」というすごい拘束。わたし自身の人生もとても深くそれにとらわれていますよね。自分の重力の根源を訪ねて、それを解消したいという欲求。いまでは、自分に死を与えることでそこから逃れることができるだろうというような間違った近代的迷妄に陥ることはないんですけれど。でも、だからこそダンスが必要だというように論理化してみようかな。中島さんの挑発にのって、いままでけっして言ったことのないことを言ってるような気もしますが。

『荘子』の渾沌

中島　わたしは昔、『荘子』について少し考えたことがありました。そのなかで一番おもしろかったのは自由の問題です。「懸解《けんかい》」という言葉があります。どうやら人間は天帝によって逆さづりの刑に遭っているらしいんですよ。天につなぎ止められている。ところがある局面でこれが解けるというんです。これが「懸が解ける」ことで、まさに自由ですね。やっと存在の重力から逃れて人間が自由になる瞬間を、『荘子』は繰り返し論じているんです。どうやってそれが実現するのかというと、近代的な自分が意志するなどという余地はまったくない。その対極であって、自分が置かれている状況の変化にただただつき従っている。その先に突破の瞬間があるかもしれない。こういう突き放した言い方をしています。もちろんそこにまったく手がかりがないわけじゃなくて、いくつかやり方があるのですが、ど

自分が置かれている状況の変化にただただつき従う。その先に突破の瞬間があるかもしれない（中島）

れも普通の人間がそうそう簡単にできるようなものじゃない。

小林　たとえばどういうこと？

中島　たとえば踵で息をするようなことです。それはできそうにありませんよね。でも、わたしはダンスはおもしろいなと思っているんです。『荘子』のなかに渾沌《こんとん》の物語がありますね。北と南の帝王を歓待する神です。歓待してあげたお礼に7つの穴を空けられて、死ぬんです。ところがその渾沌にはもうひとつの話があって、『山海経《せんがいきょう》』（紀元前4〜3世紀）というテクストに載っているものです。そこでは渾沌は歌い舞う神だというのです。歓待の神ですね。歓待というのは歌い舞うことで、誰かを歓待している神なわけです。すばらしい神話的な想像力です。われわれが自由になるには、その歌い舞うことが決定的なんじゃないかと考えさせられます。

小林　そうですよ。究極なんです。人間の究極の姿は歌い舞うことなんですよ。

中島　ですよね。そして、それは歓待なわけです。

小林　歓待という意識すらもうないんだと思う。

中島　なるほど。それでも、歌い舞うことをほかの人が歓待だと受け取るじゃないですか。

小林　中島さんは渾沌の穴はなんだと思うの？

中島　普通は7つなので人間の穴ですよね。目、鼻、口、耳。人間になっちゃったということですよね。見たり聞いたりできるようになったことがまずいんです。

小林　そうした人間的判断、理性、悟性、感性、それこそがまさに穴で、でもそんなものを全部閉じてやったらどうなるのということになる。

中島　歌い舞っているんですね。

小林　そのときはじめて歌い舞えるんですよ。そこでこそ、人間は「解き放たれる」。だって人間はこの時間と空間のなかに制約されて存在している。人間はそれぞれ遺伝子的に、あるいは歴史的に、あるいは社会的に決定されてしまっている。存在の拘束とは、わたしがいま、人類のこの歴史的時点において、日本という社会のなかに拘束され、68歳、このように存在しているという、けっして超えられない制約ですよね。この根源的存在は、どんな富を得ようが、名誉を得ようが、愛されようが、どうやっても変えられないじゃないですか。わたしは「自由」という言葉を使いましたけれど、その「自由」とは、もう少しお金があればこれこれができるというような「自由」ではなくて、わたしというこの最大の乗り越え不可能な制約を解除するということ。不可能な自由。そう、この世に制約そのものとして存在しているというこの存在を、その存在条件をまったく変えることなくそれが無化される瞬間があるということなんです。それがここで言う「歌うことであり舞うこと」であって、そのときにはすでに「天地」以外の秩序はない。もはや人間的な秩序はない。その瞬間だけですよ。もちろん、別になにも変わらないんですよ、なにひとつ変わらない。ただ無意味に一瞬わたしの「からだ」が動いたというだけなんだけど。意味もなく、なにもない。なにもないんだけれど、一瞬風が吹いたみたいに、そこに自由な運動があるわけです。

中島　ちなみに渾沌が歓待した2人の神は儵《しゅく》と忽《こつ》というんですけれど、瞬間という意味なんです。

小林　瞬間にしかないんです。でもその瞬間は測れる時間じゃないので。ここで言う瞬間というのは永遠の時間なんです。

中島　そういうことなんですね。

小林　瞬間こそ永遠なんですよ。

「自然」ではなく「作為」を

中島隆博

Text・・・丸山眞男「近世日本政治思想史における「自然」と「作為」」

さきに一言した様に、徂徠《そらい》の前に置かれた政治的課題は二つあった。一は封建社会の依って立つ根本規範の新たな基礎づけと、他は現実の社会的混乱を克服すべき強力な政治的処置の提示と。第一の課題に対してはその根本規範の妥当性を、絶対化された聖人の作為に帰属せしめることを以て足りよう。しかしながらもし「作為」の論理が古代聖人に限定され、歴史的過去にのみ閉じ込められたならば、それは第二の課題を解決すべき思想的条件を満しえない。なぜなら、一旦聖人が道を作為した後は、かく作為された道が、その作為主体から離れ、客観化されたイデーとして自から妥当するというのでは結局、自然的秩序観への復帰であり、そこからは現実の事態に対する政治的決断は出て来ない。「先王の作為」の論理の一切の時代へのアナロギーによってはじめてイデーに対するペルゾーンの優位は徹底され、かくて政治的支配者の危機克服のための——未来に向っての——作為が可能となるのである。徂徠に於て聖人の道は時代と場所を超越した普遍的妥当性を持っている。しかしそれは決して自ずから実現されるイデーではなく、各時代の開国の君主による、その度ごとの作為を媒介として実現さるべきものである。ここではイデーの実現は自然的秩序観の様に内在的連続的ではなく、時代の替るごとに、新たな主体化を経験するという意味に於て非連続的である。徂徠が政談、太平策、鈐録《けんろく》等で提示した「上からの」大規模な制度的変革は外ならぬこの論理の上に構築されているのである。（丸山眞男「近世日本政治思想史における「自然」と「作為」」、『丸山眞男集』第2巻、岩波書店、

1986年、28〜29頁）

［テクストについて］

初出は『國家學會雜誌』第55巻7・9・12号（1941年7月、9月、12月）、56巻8号（1942年8月）。のちに、『日本政治思想史研究』（東京大学出版会、1952年）に収録される。

丸山眞男が求めつづけた政治的決断

ここに引用した1節は、開戦を挟んで1年以上の間、若き丸山眞男（1914〜96）が書き続けた論文の核心部分です。みずからの問いを練り上げていくなかで、丸山はなにを考えようとしたのでしょうか。文中にある「現実の事態に対する政治的決断」という言葉に注目してみましょう。カール・シュミットをよく読んでいた丸山ですから、例外状態における主権者の決断という考えがここには響いていることでしょう。とはいえ、危機を克服するためになんでもかんでも決断すればよいというわけではありません。やみくもでヒロイックな決断が当時の日本をどのようなひどい結末に導いていくのかを、若き丸山は敏感に感じ取っていたはずです。必要なことは、決断を下すべき「現実の事態」を正しく理解することです。では、どうすれば「現実の事態」を正しく理解することができるのでしょうか。丸山はそれを「新たな主体化を経験する」ことに求めました。すなわち、自然的秩序観に閉じこもって、物事がおのずと展開していくとして現実を見るのではなく、「ペルゾーン」という人格が主体的に現実に介入し、その「作為」によって現実を変更することがなければ、「現実の事態」は見えてこないと考えたのです。そして、このような「新たな主体化」という現実への関与こそ、丸山が「政治的」という言葉で考えようとしたことなのです。

その際、丸山が参照したのが荻生徂徠です。徂徠こそが、江戸の危機において、「現実の事態に対する政治的決断」を理論的に準備し、はじめて「政治的」な次元を切り開いたと考えたのです。具体的には、将軍吉宗による享保の改革を「政治的決断」として理論的に位置づけたというわけです。

誰が規範をつくったのか

では、徂徠はどのような理論を用いたのでしょうか。丸山はそれを、「先王の作為」を「各時代の開国の君主」にまで援用したことに求めます。「先王の作為」とは古代中国の王たちが行った制礼作《せいれいさく》楽《がく》すなわち王朝の根本規範である礼楽《れいがく》の制作です。丸山はその意義を、次のように述べます。

> 先王はいうまでもなく伏羲《ふっき》神農《しんのう》をはじめ堯舜《ぎょうしゅん》禹《う》湯《とう》文武周公等古代シナの政治的支配者であり、道=礼楽は彼等が「心力を尽し、其《その》知《ち》巧《こう》を極めて」（弁道《べんどう》）作為してはじめて成ったもので、「人有ると人無きとを待たず本来自有」の存在ではない。そうしてかかる道の制作者がほかならぬ聖人であり、逆に聖人とは道の制作者の称である。かく聖人概念を専ら先王という歴史的実在

に限定したことは、徂徠学を従来のあらゆる儒教思想から決定的に別《わか》つ重要なモメントである。

（同、22頁）

ここで丸山は、「先王」を古代中国の具体的な王たちに比定して、かれらを「聖人」と言い換えます。その上で、徂徠の学問のユニークさを、「聖人概念を専ら先王という歴史的実在に限定したこと」に求めるのです。ここで丸山が念頭に置いているのは、「聖人学んで至るべし」という朱子学以後の聖人概念です（陽明学では「満街聖人」すなわち誰もが聖人だとなります）。朱子学を「自然的秩序観」の象徴として批判する丸山にとって、朱子学的な聖人観はその非政治性の最たるものだったのです。そうではなく、「聖人」は古代中国の「先王」という政治的主体でなければなりません。そして、徂徠こそ、朱子学を批判して、政治的主体として「制礼作楽」する「先王」を回復したと読解したのです。

ところが丸山は、さらに歩を進めます。

しかしながら徂徠はさらに彼の歩を進めた。徂徠学の「道」が具体的には唐虞《とうぐ》三代という一定の歴史的な制度文物であり、それを作為した人格が堯舜禹湯というごとき、同じく歴史的に出現した開国の君主であるところからして、こうした聖人と道との論理的関係はやがて唐虞三代ならぬ、あらゆる時代に於ける制度と政治的支配者との関係に類推されたのである。（同、2

7〜28頁)

これは徂徠ならぬ丸山の考えです。「先王」が「開国の君主」にまで推し進められ、そこには吉宗も含まれるというわけです。

徂徠の『弁道』や『弁名』を読むと、「先王の道」とその具現である「礼楽刑政」は、古の複数の聖人の制作によるものであって、もはや改変できない至上の原理であることが縷々《るる》述べられています。ところが徂徠は、丸山の読解とは異なって、その聖人の制作には、一般の人は言うまでもなく、あの孔子ですら与《あずか》ることができなかったと述べています。

これは一方で丸山には好都合な議論です。なぜなら、丸山は、徂徠の「先王」を「宗教的絶対者」(同、28頁)として読解したかったからです。

> 聖人(=先王)が道の絶対的作為であるということは、聖人が一切の政治的社会的制度に先行する存在であることを意味する。自然的秩序の論理に於て聖人が秩序の中に置かれていたとすれば、それを完全に転換させる立場は当然に聖人をかかる内在性から救い出して、逆に無秩序から秩序を作り出す者としての地位を与えねばならぬ。聖人の作為以前は「無」であり、作為以後は「全」てである。(同、23頁)

この引用箇所を読むと、丸山は徂徠の考えた「聖人」もしくは「先王」を、無からの創造者であるキリスト教的な神のようなものとして理解しようとしています。近代主義者である丸山にとって、キリスト教とりわけプロテスタンティズムは避けて通ることのできない関門だったわけですが、ここでまさしく政治神学的な振る舞いを丸山は示したわけです。いわば神ならぬ古《いにしえ》の先王の一撃によってこの世界が創始されたと考えたわけです。

享保の改革は復古的

ところが、他方で、この徂徠の議論は丸山の立論を危うくします。というのも、徂徠は、いったん聖人によって制作された道が改変できないといっても、宋儒が言うように道自体が「万世不易」であると言うわけではなく、聖人の手にかかれば改変できる可能性は認めているものの、上古の聖人以後、新たな聖人が登場していないから、事実上改変できなかったと述べているからです。つまり、古の「先王」のあとには、新たな聖人がいない以上、「各時代の開国の君主」による礼楽の改変は認められていないというわけです。

では、吉宗による「改革」はどうなるのでしょうか。丸山にとって、それはまさに「各時代の開国の君主」による礼楽の改変の具体例であったはずです。ところが、徂徠にとってそれは古代中国の礼楽の理想を救い出し、日本において再び実現する「復古的」(同、29頁)なものにほかなりませんでした。

徂徠はこう考えます。「先王の道」は、孔子のあと、より具体的に言うと、郡県制を採用した秦《しん》の始皇帝以来、中国で失われたのに対し、かえって封建制の徳川幕府の治世《ちせい》にその実現の可能性が残っている、と。吉川幸次郎《よしかわこうじろう》はこれをさらに進めて、徂徠がみずからを日本に出現した「第二の孔子」として自負しているとまで論じていました（吉川幸次郎「民族主義者としての徂徠」、『仁斎・徂徠・宣長』、２４１～２４２頁）。要するに、堯・舜・禹・湯王・文王・武王・周公という７人の聖人によって制作された「先王の道」は、普遍的な原理として完成したものであって、のちの時代の改変や解釈によって中国においては衰退させられていたが、それを徂徠が復興したというのです。「復古的」といってもなかなかに過激な考え方ですね。

「自然」を捨て去ろうとした丸山

では、丸山の「誤読」はなぜ生じたのでしょうか。いくつか重要な理由が考えられそうですが、その最大の理由は、徂徠を脱構築的に批判することによって、徂徠が切り開いてしまったより高次の（すなわち「作為」を利用した）「自然」的態度を捨て去ろうとしたためだと思います。この「自然」的態度が、丸山の眼前に広がっている「現実の事態」を支える構造にほかならなかったからです。

丸山は徂徠の理論には「深刻な矛盾が内在していた」（丸山眞男「近世日本政治思想史における「自然」と「作為」」、５０頁）と批判します。

徂徠は封建社会の胎内にそれを解体し腐蝕《ふしょく》する毒素が急激な成長を遂げた時代に生きて、全思索を傾けてその毒素の除去に勉めた。かかる毒素の成長が歴史的必然であった限り、彼はまぎれもなく「反動的」思想家であった。そうして彼の制度の内容をなすものが要するに原始封建制に於ける自然的要素——田園生活・自然経済・家族的主従関係等々——にあったとするならば、徂徠学の体系は畢竟《ひっきょう》「作為」の論理によって「自然」を齎《もた》らそうという試図《しと》に尽きよう。之は決して言葉の遊戯ではない。歴史の皮肉は屢々《しばしば》反動家をして彼の敵手の武器を以て自らを理論的に武装するという役割を果さしめる。徂徠はゲゼルシャフト的社会関係を呪詛《じゅそ》しながら、彼の作為の立場には外ならぬゲゼルシャフトの論理が内包されていたのである。（同、31〜32頁）

丸山は、「復古的」で「反動的」な思想家である徂徠の理論の核心を、「「作為」の論理によって「自然」を齎らそうという」ものだと断じています。ここに丸山の憤怒《ふんぬ》を感じ取るのはわたしだけでしょうか。なぜ徂徠は「作為」の論理を「自然」に屈服させてしまったのか。近代的な「ゲゼルシャフトの論理」を有していながら、なぜ「反動的」に前近代的で自然的なゲマインシャフトの社会形態を維持してしまったのか。そして、この転倒した反動の論理が近代日本にも形を変えて現れているのではないか。徂徠を脱構築的に読むことによって、日本がもちえた「政治的主体」を真に回復することができるのではないか。このような激しい怒りに満ちた問いかけが聞こえてくるのです。

「作為」を体現した『荀子』

興味深いことに、丸山が徂徠に読みたかった「開国の君主」の「作為」の論理をもっともよく展開していたのは、古代中国の『荀子《じゅんし》』です。ところが、丸山は『荀子』に対してさほどの関心を示していません。

孔子や荀子は実践的倫理に終始して形而上的な思索をむしろ排していた（同、11頁）

しかし徂徠のいう礼楽は宋学に於ける様に「天理の節文、人事の儀則」といった抽象的なものでないのは勿論《もちろん》、荀子のそれともちがって、人間の内面性の改造を問題としないで、ひとえに政治的支配の具であろうとする点で一層人性に対して外在的のものとなるのである。（同、21〜22頁）

しかし、丸山の理解とは異なり、『荀子』こそが丸山の読みたかった徂徠の理論を体現していました。そして、『荀子』は徂徠にとってはきわめて重要な思想家であったようで、『読《とく》荀子』という一書をものしています。ところが、これが重要なのですが、その『読荀子』において徂徠はまさに「開国の君主」の「作為」の論理をなんとしても抑圧しようとしたのです。

かつての「後王」としての「先王」

ここで『荀子』の「後王《こうおう》」という概念について考えてみましょう。この概念は、「先王」に対置されるもので、古の聖王ではなく、いまの王のことです。「制礼作楽」とともに『荀子』が重んじた「作為」が「正名《せいめい》」（名を正すこと）でした。「正名」について、次のようなことを述べています。

もし王者が起きるとすれば、かならず旧名に従って、新名を作る。（『荀子』正名）

新しい名を作ることは、王者による「制名」という政治的な行為なのですが、この引用にあるように、新しい王者は「旧名に従って新名を作る」とされます。『荀子』は名には固有の意味や指示対象はなく、「約定俗成《やくていぞくせい》（約束を定め習慣となる）」ことによって、名と意味そして指示対象の連関が成立すると考えていました。こうした、言語が恣意的に生成されるという権利的な次元に、ここでは王者による「制名」という政治的な行為を重ねあわせているのです。それは、歴史的な次元の導入といってもよいでしょう。つまり、王者は過去の「旧名」を新たに反復して「新名」を作るのですが、それは『荀子』が丸山の言う「宗教的絶対者」を必要としておらず、かえってそれを退けて、歴史的・政治的な主体としての新しい王者すなわち「後王」を召喚したということなのです。

後王の成名《せいめい》は、刑名は商に従い、爵名《しゃくめい》は周に従い、文名は礼に従う。万物に加えられた名は、諸夏の習俗に従う。（『荀子』正名）

ここには「後王」が従うべき「旧名」の具体的な例として、商や周といった以前の王朝によって用いられたさまざまな「名」が挙げられています。「後王」は白紙の状態から「名」を制作するのではなく、「先王」のもとで歴史的にすでに実在した「名」を新たに反復するのです。

別の言い方をしますと、これは、ジャン＝ジャック・ルソーのような「言語起源論」に『荀子』が立っていないということです。『荀子』にとって、人間の歴史を超えた大文字の起源（とりわけ天）の探求は不要なのです。わたしたちはすでに「名」の反復のなかにあり、歴史のなかにいるのです。それは、『荀子』が「先王」による「古」の一撃によってこの世界がはじまったという想定を退けるということでもあります。大文字の起源としての「古」ではなく、「今」につながり、新しい反復を可能にするような「古」こそが重要なのです。それは、「後王」の差異ある反復によって、「古」と比べてある程度の変化を許容するような設定をゆるすということです。

従来、儒家一般が古の「先王」を強調するのに対して、「後王」に言及することが『荀子』の特徴だとしばしば理解されてきました。とはいえ、『荀子』が「先王」を蔑《ないがし》ろにしているわけではありません。「後王」という今現在燦然《さんぜん》と輝いている王者が、他の場所にも存在しているし、かつても存在していたと想定することで、「先王」をかつての「後王」として尊重しているのです。したがって、

『荀子』において重要なことは、「後王」を強調したということよりも、「先王」の業績を今ここで反復し直し、再活性化して継承するという歴史性を設定したことなのです。

言語間の変換コード

とはいえ、こうした歴史性が共有できるのは、「正名」あるいは「礼楽」をともにする社会においてのみではないのでしょうか。つまり、ある程度同一の言語と規範が流通しうる共同体においてのみではないのでしょうか。別の言い方をすると、「古」は『荀子』によってその創造力を最大限利用されただけであって、まったく新たな反復には道を開いてはいないのではないでしょうか。そうすると、徂徠そして丸山が苦しんだ、日本における「先王」もしくは「宗教的絶対者」の反復は難しいのではないでしょうか。

この問いを考えるために、『荀子』の他なる共同体に対する考え方を見ておきたいと思います。

王者の統制は、土地の有様を見てそれに適した器具を制定し、遠近をはかって貢献のものに等級をつける。どうして必ずそれらが同一であることがあろうか。

したがって、魯《ろ》の人は椀《とう》を、衛の人は柯《か》を、斉《せい》の人は一革《かく》を献じる。つまり、土地の有様が同じでない場合は、器具や服飾も違えざるをえない。だから、中原《ちゅうげん》諸国は、同じく服従し、制度も同じであるが、蛮夷戎狄《ばんいじゅうてき》の国では、同じく服従するものの、制度が同じではないのである。

（『荀子』正論）

地理的に遠くにある共同体は、ここで中華である「諸夏」との対比で「蛮夷戎狄」と言われており、「同じく服従するものの、制度が同じではない」と述べられます。それは、この世界における複数性、すなわち「制度が同じではない」が、「同じく服従」しているもの、すなわち、別の内容を有した原理によってつくられた共同体を認めていたということです。

このことは、外国語の扱いにおいてより顕著です。

干《かん》・越《えつ》・夷《い》・貊《はく》といった異民族の子供が、生まれたときには同じ言語能力（「声」）を有しており、成長すると「言語体系を含んだ」異なった習俗（「異俗」）を持つようになるのは、教えがそうさせる。（『荀子』勧学）

ここで『荀子』は「異俗」を論じ、言語が「約定俗成《やくていぞくせい》」の産物である以上、言語の差異は「言語能力」によるのではなく、後天的に獲得する慣習によると考えています。そうすると、言語間のコミュニケーションは、なんらかの変換コードを設定しさえすれば可能であるということになります。

遠方異俗の地域「の言語と変換コード」をつぶさに期するならば、そのために通じるようになる。

(『荀子』正名)

無論、変換コードを期する(約束する、あわせる)ことは、原初的な「約」と同様に、遡行《そこう》的に見出されるものでしかありません。『荀子』が考えている外国語は、すでに外国との交換(言葉の翻訳や経済的な交易)が成立している地点から取り出されたもので、コミュニケーションの可能性があらかじめ担保されているものです。それがたとえ不十分な思考だとしても、『荀子』はその視野のなかに、他なる共同体そしてそれとの間の交換を収めていたということはできるでしょう。

思考の出発点としての世界の複数性

そうであるとすれば、『荀子』にとって世界の複数性は、たとえそれが(交換可能である以上)ラディカルな複数性ではないにせよ、思考の出発点として前提されていたことになります。それは、『荀子』の「古」に対する態度を、他の儒家から区別する効果をもたらします。すなわち、「古」は、一撃のもとに世界の秩序をつくり上げた絶対的な起源ではなく、それ自体が歴史化されており、現在と接続し、複数の仕方でありうるということです。

こうした『荀子』の考え方は、清朝《しんちょう》における一種の荀子復興において重要な働きをなしたと言われています。石井剛《つよし》は、戴震《たいしん》が『荀子』に依拠したことに触れながら、「乾嘉《けんか》の学術が「反宋復漢」(宋学に反対し、漢学に復帰すること)を旨とした際に、荀子復興はこの意味で自然の結果であった」

（石井剛《礼的革命／革命的礼――通向中国现代思想史的别样视角》、プロシーディングス《东西文明的交错与中国哲学――围绕《The Path》与普鸣教授对话》、2017年10月、2頁）と述べています。清朝という異民族王朝において、「理」という絶対的な起源に基づく宋学のままでは世界の複数性を説明することができなかったために、『荀子』を通じることで、ようやく漢以前の「古」を扱う漢学が召喚されえたというわけです。

もっとも創造的であった「古」

ここで荻生徂徠に入っていきましょう。さきほどの戴震よりやや先んじて、徂徠は世界の複数性の問題に切り込んでいきました。いったい日本（これ自体がなんであるのかが問題ですが）において、「古」の中国の「先王」を反復するとはどういうことなのか。これが、徂徠が問うた核心的な問いでした。そして、この問いを可能にしたのが、明《みん》の古文辞派《こぶんじは》である李攀龍《りはんりょう》と王世貞《おうせいてい》の2人からの影響でした。

古文辞派のテーゼでもっとも有名なのは、李夢陽《りぼうよう》の「文は必ず秦漢、詩は必ず盛唐」という一句で、李攀龍はこの主張を厳守しようとしました。とはいえ、古文辞派は単純に復古・擬古を主張したわけではありません。そこには、少なくとも唐の韓愈《かんゆ》の「古文」の主張以来続く、模倣と創造をめぐる長い議論がありました。つまり、「古」を模倣するのは、その「古」がもっとも創造的であり、他を模倣することなくみずからの独創性を打ち立てたからである。〈模倣せよ、しかし、模倣してはならない〉。これが古文辞派にまでいたる中国文学の隠された中心命題であったのです。

徂徠はこの命題から思想的な転回を遂げます。向かうべきは、もっとも創造的であった「古《いにしえ》」である。その「古」をいまや直接に反復しなければならない。そのためには、「古」以後の時代が施した解釈は捨て去られるべきである。とりわけ、みずからがこれまで親しんできた朱子学による解釈は放棄されなければならない。このように考えたのです。

しかし、困難なことは、ここで参照されている「古」は、日本から見ると時間的に隔たっているだけでなく、空間的にも隔たっている、フーコーがかつて語った「ヘテロトピア（異なる場所）」としての「古代中国」であることです。清朝において戴震が漢学を構想した以上の困難がここにはあります。では、いったいどうすれば、その「古」に直接接続することができるのでしょうか。

ここで徂徠が訴えたのが言語でした。「古」の中国の言語に習熟すれば、「古」につくられた「先王の道」を理解することができるのではないか。ここで徂徠の経験が活かされます。徂徠は、かつて「唐音」によって経書を読解しようとしてきましたし、通詞との交流を通じて、当時の現代中国語を学んでいたのです。その上で、古文辞のテクストを読破することによって、「古文」としての経書を読解できるようになってもいました。

先王の道と礼楽刑政

では、徂徠が突き止めた「古」はどのようなあり方をしていたのでしょうか。『弁道』、『弁名』に述べられたことを見ますと、「古」の本質は、先王が制作した「道」にあり、それが「礼楽刑政」という統治制度に具現化しています。ここで重要なことは、「先王の道」とその具現である「礼楽刑政」は、古の複数の聖人の制作によるものであって、もはや改変できない至上の原理であるということです。これが『荀子』の「後王」と異なるアプローチであることはすぐにわかると思います。

そして徂徠は、後の儒家（特に子思や孟子）を批判します。なぜなら、かれらは、「聖人は学ぶことによって到達できる」（荻生徂徠『弁名』、吉川幸次郎・丸山眞男・西田太一郎・辻達也編『荻生徂徠』、岩波書店、1973年、218頁）と考えて、「先王の道」を誤解してしまったからです。さらに、朱子学のような後代の解釈になると、「学ぶ者に自分の考えでおこなわれるべき理を事物に求めさせ、それによって礼楽刑政を造らせようとする」（荻生徂徠『弁道』、同『荻生徂徠』、201頁）という考えにまでいたったと批判します。こうした解釈に反して、徂徠によれば、複数の聖人たちによってつくられた「先王の道」は、聖人となることのできない後世の者たちによって、上書きされることのないはずのものなのです。

この点で、徂徠は、どうしても『荀子』と一線を画さなければなりませんでした。矛盾しているように聞こえるかもしれませんが、そもそも徂徠は、聖人の制作による「道」であるとか、天と人との分離、そしてなんといってもその言語論的転回を経た言語観において、『荀子』の影響を十分に受けていました。たとえば、『弁名』の冒頭では「名」の起源が語られ、目に見えない事物に関しては、聖人が「名づけ」てはじめて人々がその事物を見ることができると論じられています（荻生徂徠『弁名』「序」、同『荻生徂徠』、209頁）。

ところが、「名づける」行為は、原理的に言えば、それぞれの見解から自由に行うことができるので、「名」と事物の関係はさまざまにありえます。これでは人々が困ってしまうので、「正名」して、「名」と事物の関係を整理しなければなりません。この点で徂徠は、『荀子』から言語の記号性と相互約束による「正名」を学んでいました。すなわち、『読荀子』において、「名には固有の意味がないとはいえ、先王が名を制定したはじめにおいて、天を「天」と名づけ、地を「地」と名づけたのである。これが『荀子』の言う意味である。万民と相互に約束し、この名を記号として、そのものに命名するのである。［……］万民と記号を互いに作ったのに、それを変更すれば、人々は茫然《ぼうぜん》としてどれを天とし、どれを地とすればよいかがわからなくなる。これが、意味がないということである」（荻生徂徠『読荀子』正名篇、今中寛司・奈良本辰也編『荻生徂徠全集』第3巻、河出書房新社、1975年、107頁）と述べていたのです。

とはいえ、徂徠は『荀子』とともに「正名」の道を進んではいきません。というのも、先ほど論じたように『荀子』は、「先王」に対して近時の王としての「後王」を立て、その「後王」もまた、「先王」の制作（「正名」）を模倣しながら、新たに「名」そして「道」を制作できると定義していたのに対し、徂徠はその「後王」の制作・改変の力をなんとかそぎ落とそうとしたからです。

徂徠は「後王」を、次のような強い解釈によって抑圧します。『荀子』正名篇の「後王の成名」において、「旧名に循《したが》って新名を作る」と述べられていたが、それを徂徠は「思うに名というものは、聖人が建てたもので、変更できないものである」（同、102頁）と解釈したのです。徂徠にとっては、

「新名」もまた古の聖人の作った古い名であって、「旧名」とともに「先王の道」を構成するものでなければなりませんでした。つまり、徂徠は、「後王」の範囲を古の聖人に限定し、その後の歴史における新たな制作可能性・改変可能性を消そうとしたのです。すなわち、「註《ちゅう》に、「後王は当時の王」とあるが、それは間違いである。後王とは周の文王・武王である」（同、120頁）として、「後王」の範囲を、文王・武王という聖人までに限定しようとしたのです。

徳川幕府が先王の道を実現する

では、なぜこれほどまでにして、「先王の道」を孔子以前の聖人の制作に還元しなければならなかったのでしょうか。その最大の理由は、「先王の道」が、孔子のあと、具体的には郡県制を採用した秦の始皇帝以来中国ではすでに失われているのに対し、かえって封建制の徳川幕府の治世にその実現の可能性が残っていることを言うためでした。堯・舜・禹・湯王・文王・武王・周公という7人の聖人によって制作された「先王の道」を徂徠が日本において復興しようというわけです。そのためには、『荀子』に反して、「道」を制作し改変する力を有した聖人としての「後王」が近時には現れないことをなんとしても主張しなければなりません。東アジアの思想世界は、「古」の一撃がすべてであって、それを繰り返し正しく反復しなければならないと考えたのです。

こうした徂徠の政治的構想力は、「先王の道」に基づいて徳川幕府の正統性を基礎づけ、具体的な制度改革を行って「先王の道」を実現しようとするものでした。それは、古代中国における「礼楽刑政」という制度を「古」の一撃のなかに封じ込め、その特権的な反復者として、時間的にも空間的にも隔たった日本を競り上げるという政治であったわけです。

「古」の反復可能性

とはいえ、「古」の外部性もしくはヘテロトピアの力は、徂徠による抑圧を受け入れるがままにはならないでしょう。「古」が創造力にあふれているのは、「古文」を主張した人々が考えたように、それがつねに開かれた反復可能性 iterability を有しているからです。そのことを、『荀子』はつとに、ある程度の制約をかけながらも述べていたのです。

徂徠が言語を用いて「古」に直接接続することを構想するのに対し、『荀子』が行っていたことは、言語を解釈し直すことで、「古」の一撃という発想を回避することでした。それが、「先王」を新たに反復し直す「後王」を導入し、歴史の外に出ないという発想だったのです。しかし、中国の歴史の外部におかれていた徂徠は、逆に、「古」を大文字化することによって、かえって別の歴史を日本において開こうとしました。そして、徂徠の開いた別の歴史が、のちに本居宣長の「国学」を準備したことはもはや明らかでしょう。

徂徠が解放した「魔物」に可能性を見出す

最後に、もう一度丸山に戻ってみましょう。徂徠の理論には「深刻な矛盾が内在していた」（丸山眞男「近世日本政治思想史における「自然」と「作為」」、50頁）と批判する丸山は、徂徠を通じて、徹底した「作為」の論理を、戦中の日本すなわち「自然」の論理が覆っていた日本にもたらしたかったのだと思います。それは、世界の複数性やヘテロトピアに日本を解き放とうとすることだったのです。わたしは思うのですが、もし丸山が、徂徠から『荀子』へと逆に歩を進めることができたら、もう少し丸山の憤怒（「「作為」の論理によって「自然」を齎らそうという」ものへの憤怒）をおさめることができたのではないでしょうか。

徂徠学が導入した主体的作為の思想が封建社会に対して及ぼす政治的機能はかくして二つに分れる。一はそれが封建的秩序の変革、新秩序の樹立の論理的武器たりうること、二はそれが封建的社会関係及びその観念的紐帯《ちゅうたい》（五倫、五常）から実質的妥当根拠を奪って之を形骸化すること、即ち是《これ》である。前者は即ち、その積極的作用であり、後者はその消極的作用にほかならぬ。それならば、徳川後半期の思想史に於て現実に作用したのはいずれの方向かといえば、大体に於ては後者であったと断定してほぼ誤りない。作為的秩序観が上の「万国叢話《そうわ》」に所謂《いわゆる》「人作説」として積極的意義を持つ様になったのは、この人作説の紹介自体が示している様に、主としては維新後のことであった。徂徠が計らずも呼び起こした「魔物」は幸か不幸か封建的支配を外部から打ち倒す力となるかわりに、もっぱらその胎内に喰《く》い入って之を内面から腐蝕しつづけたのである。（同、56～57頁）

それでも丸山は、ここにあるように、徂徠が呼び起こした「魔物」に可能性を見出そうとしました。たとえ、「封建社会のための変革が封建社会に対する変革に転化しないための絶対的な保証は徂徠学の論理にはついに見出されないのである」（同、53頁）とわかっていたにしても、徂徠が解放した「魔物」を新たに反復し直すほかに、「現実の事態に対する政治的決断」を行うことはできないと考えたからです。

さて、わたしたちはその丸山を今日どのように継承すればよいのでしょうか。ぜひ一緒に考えてみたいと思います。

［読書案内］

●丸山眞男と荻生徂徠に関する本は、まさに汗牛充棟《かんぎゅうじゅうとう》の感がありますが、以下の2冊を挙げておきたいと思います。

丸山眞男『日本政治思想史研究』東京大学出版会、1952年

この本は、Masao Maruyama, *Studies in the Intellectual History of Tokugawa Japan*, University of Tokyo Press, 1974として英語によっても出版されていて、世界的な読者を得たものです。若き丸山の日本思想への介入的な読解が縦横に展開されています。あわせて、丸山の盟友であった米国の宗教社会学者であるロバート・ベラー「近代に向き合う」（中島隆博訳、『思想』1123号、岩波書店、2017年11月）を読むと、丸山の「現実の事態に対する政治

的決断」の意義をより詳細に理解することができると思います。

吉川幸次郎『仁斎・徂徠・宣長』、岩波書店、１９７５年

中国文学者である吉川が日本思想を論じた力作です。日本思想をより広い文脈とりわけ中国学の文脈で読むことが必要なわけですが、この本はそれを実践したもので、本稿も大いに裨《ひ》益《えき》されました。

●もうひとつ、「古」の表象に関する理論的な著作として、次のものを挙げたいと思います。

Pocock, J.G.A. 1999. *Barbarism and Religion*. Vol. 1: The Enlightenments of Edward Gibbon, 1737-1764. Cambridge: Cambridge University Press.

「古」を表象するとはいかなる行為なのか。そのことを政治思想史の研究者であるポーコックが考えたもので、とりわけ、ヨーロッパ啓蒙と中国の関係において、「古」としての中国がどう議論されたのかが論じられています。対話でも若干触れたように、近代ヨーロッパでは、１６世紀後半からイエズス会の宣教師によってヨーロッパに中国の学識が伝えられ、さらに１７世紀になりエジプトがヨーロッパの関心を強くひくようになると、聖書が伝える神の創造よりも古い「古」が問題となります。それは、聖書そしてキリスト教神学の正統性を大きく揺さぶる問題となったのです。しかも、さらにやっかいなことに、当時のヨーロッパにとっての中国は、「神なし」で社会を構想する可能性を開くトポスでもありました。中国がヨーロッパよりも古く、しかも無神論に基づく社会の可能性を開いたことで、近代ヨーロッパの学識が変容し、啓蒙のあり方が規定されてしまったのです。徂徠や『荀子』を理解するのにかかせない理論的な枠組みを提供してくれています。

[対談 2-2]

根拠のないなか決断する

小林　初歩的なことから聞きたいのですが、丸山眞男は荻生徂徠を、日本近世の政治思想のある種の原点とみなしているということですよね。

中島　そうです。

小林　徂徠は江戸時代、つまり封建制の時代に、中国の文物を独力で学んで勉強した。その人間の思想に、近世の政治思想、政治が成立する新しい根拠というか、丸山の時代にまでつながっているかもしれない根拠を見出した、と。

中島　そうです。

小林　とすると、いまの時代の人からすると、不思議な感じがしますよね。封建制度の真っただなか、享保の改革の時代の人間のうちに、日本の政治思想の原点、つまりモダニティー（近現代性）のはじまりを見出すのか、と。なぜそこが原点なのか。しかも、丸山は、徂徠は中国の古代に政治的思想の礎を求めた人だと言うわけですよね？　この見取り図がよくわからない。

中島　もともと丸山は日本の思想をやりたかったわけではありませんでした。西欧のことをやりたかった。ところが、師である南原繁《なんばら》に、「おまえは日本でやれ。日本のテクストを読め」と言われて、しかたなく日本に向かったわけです。それは退屈でしょうがなかったのではないでしょうか。丸山は、当時のドイツの流行の思想を読んでいます。たとえばカール・シュミットなんかを読んでいます。それと日本思想のテクストでは議論の質がまったく違います。それでも、なんとか読みうるものとして見出したのが、福沢諭吉と荻生徂徠だったわけです。

小林　福沢なら、当然ありえますすね。それなら、みんなが納得すると思うんだけれども、徂徠が出てくるのはなぜなんだろう。その根本はなんなのでしょうか。

中島　わたしは2つあると思っています。ひとつは、丸山が前近代的思惟《しい》の象徴だと考えた朱子学に対して、徂徠が批判したことです。つまり、前近代の「自然」から近代の「作為」へという転換を徂徠が果たしたはずだ、という理路です。この理路は、いまの時点から擁護することは難しいものがあります。まず当時の江戸において朱子学はそれほど主流の思想ではなく、少なくとも徳川政権を支える思想ではなかったこと。また、朱子学自体、丸山が理解する意味での「自然」に基礎づけを求めた学だとして理解しきれるものではなく、「窮理（理を窮める）」という「作為」の次元が核心的に重要であったということです。ところが丸山は、近代の萌芽《ほうが》を江戸の思想のどこかに見出そうとするあまり、かなり無理をした解釈をしたと思います。

もうひとつは、徂徠の思想が江戸時代において占めた役割の大きさです。それはほぼパラダイム・シフトと言ってもよいような、思想的な革命であったと思います。徂徠による革命が決定的であったからこそ、のちに本居宣長が登場することが可能になったのだと思います。

小林　その中心はなんですか。

中島　わたしがエッセイに書いた言葉で言うと、クリエーション、創造の問題にかかわっていると思います。

小林　わたしは徂徠をまったく勉強したことがない人間で、当てずっぽうに言っているだけですが、徂徠が赤穂浪士《あこうろうし》の切腹のほうに加担したという話があるじゃないですか。わたしは、そのとき、徂徠の頭にあった概念は法だと思うんです。徂徠は、人情じゃなくて法をもっとも根本的に考えた人間なのではないか。かれのなかにあったモダンな感覚は、法というものについてのセンスじゃないか。わたしの直観にすぎませんが、しかし、かれはその法の根拠をなぜか、理論的には中国の、つまりもっとも日本の現実から遠い治世に求めたんじゃないか。素人考えですけれども。

中島　はい、それは重要なご指摘だと思います。徂徠は、『徂徠擬律書』のなかで、赤穂浪士は法においてゆるすことはできないので、かならず裁かれなければならないのだが、しかし侍の礼によって切腹に処するのがよいと進言しています。礼も法といえば法ですが、中国では礼と法は区別しました。中国の区別に従うと、赤穂浪士のような侍には、法でというよりも礼で処することが必要になります。

小林　法じゃないんですか。

中島　法で裁くべきは一般庶民です。

小林　そうすると、わたしは徂徠という文脈で「礼」がなんであるかということがきちんと理解できていない。中島さんのこの文章でも、なにを作為するかというと、まさに「礼」を作為するんでしょう？

中島　そうです。礼と楽を作るんです。「制礼作楽」と言いますが、まさに礼と楽を「制作」するんですね。

小林　礼を作為するというのは、普通の人間からすると矛盾しているわけです。礼を作為しちゃったら、当たり前ですが、礼じゃないですよね。作為した礼は、礼に反する。もうそれは礼ではないでしょう。それじゃ単なる規則、単なる法にすぎないことになりませんか。そこに問題の中心があるような気がするけれども、いかがですか。

中島　そうですよね。法こそつくられるものであって、礼はより自然的なものでないと困りそうです。ただ、当時の日本や中国の礼に関する基本的な前提は、礼は作られるものです。では誰が作るのか。それは「聖人」です。わたしたち一般の人々が作るものではなく、スーパーマンが作る、いや創造するので、その創造のあとを生きるわたしたちにとっては、一見すると自然的に見えるかもしれません。

もう少し礼について述べておきますと、礼は美的な規範なんです。「美的な」というのは人間の身体とか感情、さらには心にかかわるという意味です。それに比べると、法はまったく外在的なものです。法に違反したら罰しますよという、非常に外在的な規範制度です。

美的な規範としての礼は、時代によって、社会によって変化する（中島）

重要なことは、美的な規範としての礼が、時代によって、社会によって変化するということです。聖人が作ったにもかかわらず、その内容は変化していい。特に、王朝が変わったりしますと、礼を変えたいわけです。王のイニシアティヴによって礼が変わって、新しい時代が来たというふうに見せたいわけです。ですので、礼はけっして自然的なものに止まってはいけません。そのため、自然と作為の「あわい」みたいなものが礼ということになります。

丸山が徂徠に見出したもの

小林　中島さんのこの文章からは、丸山が近代的な政治概念を、性急に徂徠に押しつけて、徂徠を強引に近代的な政治の思想の源流に仕立てようと苦労していると読めちゃうんですが。

中島　基本的にそうです。多くの人が丸山をそう批判しました。

小林　そこを救いたいのが中島さん？

中島　救いたいというよりは、丸山はなんでわざわざそんなことをしたのかなということを考えたいと思ったんです。丸山は、近代的なものをただ適用したってしょうがないということはわかっていたわけです。そんなことは百も承知の上で、丸山はなにをしようとしたんだろうか。丸山への批判はたくさんあります。中国研究者も丸山の朱子学理解に厳しい批判をしています。それらは確かに正しいわけです。それでもあえて、なんで丸山はそのような読解をしたのかと考えてみたいのです。

さっきおっしゃったように、法なり礼なりという規範の根拠は、なんだかんだ言いながらもどこかには見出さなきゃいけないですよね。丸山はそのことを徂徠を通じて考えようとしたのではないか。そして、徂徠が訴えたのが、古の中国というなんだかよくわからない「はるかな過去」、江戸の人間である自分たちを超えたものでした。それは、神の超越とは違うタイプの超越ですよね。しかし、ある種の超越であるわけです。

そうした超越としての「古《いにしえ》」は、われわれの現在をうまく保証する場合もありますが、逆に保証しないこともしばしばあります。なぜなら、「古」が現在に接続することがないことが露見する場合もあるからです。ですので、「古」をもち出すのは危険な行為でもあります。

荻生徂徠がおもしろいのは、その「古の表象」の仕方を工夫したことです。徂徠はなんとしても「古」を古代中国の聖人の作為に固定しようとしました。「古の一撃」という1回限りの創造があり、それを徂徠の生きた時代の日本が正しく反復するという形にしたかった。

徂徠の考えはこうです。古代中国で、古の一撃があった。その制度的な表現が封建制であったが、その後は廃れてしまった。ところが、いまの徳川の幕府は封建体制である。封建体制とは、すなわち古の周の国制である。したがって、いまの徳川こそが周を継ぐものであるはずだ。では、どうすれば正しく継承できるのか。それを徂徠は、古代中国の言語を身につけることによって、正しく反復できると言います。いまの中国人は古代中国を正しく反復できないかもしれないが、直接言語を通じることによって、日本でも、いや日本こそが古代中国に接続できるはずだ、というのです。

ところが、徂徠が参照していた『荀子』はこの理路を認めませんでした。なぜなら、「古の一撃」には意味がないからです。「古」を違う仕方で反復してもかまわない。創造は繰り返し行われてもかまわない。「先王」という古の王だけでなく、「後王」という現在の王にも創造の権利は当然あるはずだと考えたからです。また、なによりも、礼は不動のものではなく、時代によって文化によって変わってかまわないものだったからです。

この2人の違いがよく出ているのが、徂徠の『荀子』解釈です。『読荀子』というテクストで、徂徠は「註に、「後王は当時の王」とあるが、それは間違いである。後王とは周の文王・武王である」と、わざわざ記しています。これはどういうことかというと、『荀子』は本文で、「先王の行ったことは、古の一撃ではなく、その先王の時代に制度をつくったということだ。それを、いまの王である後王は好きなように反復してかまわない」と述べていて、註はそれを忠実に解釈しています。ところが、徂徠はその「後王」を『荀子』の述べるように受け取ってはいけない」と強い「誤読」をしようとしています。「後王」をあくまでも周の時代の王に限定することで、「古の一撃」を守る戦略を取ったわけです。

これは窮屈といえば窮屈な議論です。しかし、それには政治的な効果が伴っていて、徳川の封建体制の有力な基礎づけになるわけです。封建制度の正当な継承者としての徳川幕府です。

とはいえ、これは思わぬ副産物ももたらしてしまいます。なぜかというと、日本が中国の言語を身につけることによって、古代中国を正しく反復できると認めるのであれば、じゃあ日本の古代はどうなるのか、という問いが出てくるからです。中国の古代ではなく、日本の古代を、その言語を通じて正しく反復してもいいのではないのか。この転倒もしくは応用をやったのが、本居宣長です。

徂徠の開いた「古の表象」の仕方の議論を、宣長は日本に反転させました。それを可能にしたのが、徂徠の『荀子』の「後王」解釈の転換です。たったこれだけのことなんですけれども、そこに徂徠の決断があったのかなという気がしています。

小林　中島さんはずっとレジティマシー（正統性）の問題を研究しているんだから、「この人たちにとっては、政治とはレジティマシーの問題なんだ」という問題提起をぜひお願いしたいですね。

中島　まさにその通りで、「古の表象」はレジティマシーの問題そのものです。それは、日本や中国の文脈を超えた普遍的な問いの形です。長い迂回をしましたが、丸山はこの問題に敏感でした。丸山が構想した『正統と異端』というレジティマシーやオーソドキシーに関する本は、結局未完に終わりましたが、問題自体にはずっと関心をもっていたわけです。

その際、どうしても考えなければならないのは、宗教の問題です。ロバート・ベラーが『徳川時代の宗教』（原書1957年）を書いたときに、レジティマシーを考えるのに宗教的なものを抜きにはできないんじゃないかという問いがあったかと思います。そのベラーを批判した丸山は、宗教的なものをなんとか入れずに、あるいはどううまく距離をとって、レジティマシーを考えるかを構想しようとしたからこそ、問いを仕上げることができなかったのだと思います。

小林　そのとき、日本のように天皇制というレジティマシーの権化みたいなものをいただいている国にとっては、問題がほかの国とは全然違うわけで、丸山はそれを否定したいから、こっちに来ているわけじゃないですか。それは単に理論的な問題じゃなくて、こういう万世一系的レジティマシーが存続しているときに、いったい政治はどのように可能かという問題を立てようとしているわけですよね。

中島　その通りです。ただ、とても皮肉なのは、丸山はここで徂徠をもち出していたわけです。

小林　さっきお話ししたように、徂徠は「古の一撃」という創造の問題に訴えていました。それは、ある意味でものすごく宗教的な基礎づけですね。徂徠は天皇には向かいませんでしたが、それによって徳川のレジティマシーが支えられたのです。天皇ではなく、徳川こそが正統である。

中島　そうなんです。

小林　そこに丸山はとびつくわけでしょ。

中島　だからこそ徂徠がくるんだね。

小林　そうです。それがポイントなんです。ところが、徂徠の参照した『荀子』はなにをしたかというと、その「古の一撃」自体を否定したんです。『荀子』は一切の超越的なものを否定して、人の世のことは人でやるとしか言わなかった。起源を問うてはならない。あるのはただ反復である。

中島　ジル・ドゥルーズだな。

小林　そのドゥルーズ的な『荀子』を徂徠は誤読した、あるいは意図的に「誤読」したんです。

万世一系的レジティマシーが存続しているときに、いったい政治はどのように可能か（小林）

超越的に見えるものによって徳川を立てることで、天皇制のレジティマシーは否定する。丸山はそれを評価するのですが、本来であれば、丸山こそ『荀子』に行くべきだったのではないでしょうか。

自然に埋め込まれない思考の可能性

中島　丸山は近代において規範を考えるときに、「なにかある種の絶対者や超越の問題を考えないと機能しない。日本ではそれはどこにありうるのだろう」と問いました。ほとんどが自然のなかに規範が埋め込まれていることに困っていたわけです。でも、徂徠だけは、どうも違う。自然のなかに埋め込まれていない思考の可能性があると思ったのではないでしょうか。

小林　でも、中国古代の王というのは、日本にとっては、それこそ超越というよりはヘテロトピア（異なる場所）じゃないの？

中島　そうです。

小林　そうでしょう。それは、どうやら歴史的に存在したらしいけれども、しかしわれわれとなんの関係もない。どこか水平的なわけですよね。超越的ではなくて。斜めというか。そこに唯一、日本という国のある種の「自然の論理」とも違い、かといって完全にそれとは異なる横の、「水平的な論理」でもない、「斜めの論理」みたいなものを徂徠は見出そうとしている。丸山も同じように、なにか斜めの道を見出そうとして、反応しあったのかな。

中島　そうだと思います。だからこそ、丸山のキリスト教に対する態度などは非常に複雑なものになります。かれはキリスト教、特にプロテスタンティズムがどれだけのインパクトを近代にもっているか、よくわかっていました。でも、師の南原繁のような無教会の道には行けないわけです。なにか違う。超越の道にまっすぐには行けない。かといって、自然のほうにも行けない以上、斜めに行きたいわけです。そのときに呼び出されたのが、福沢なり徂徠だったのだろうという気がします。

小林　けれども、丸山が最終的に求めるのは、現実の事態に対する政治的決断じゃない？

中島　そうです。非常にカール・シュミット的な。

小林　きわめてカール・シュミット的で、そしてそれこそ、まさにヨーロッパの政治のある意味では核心ですよね。当然だけど、徂徠にはそういうものはないわけですよね。

中島　ないです。

小林　全然ない。徂徠は政治的決断のために理論構築をしているわけじゃないから。そうすると、それはまったく違うことにならないか。一方は、封建制度のなかで統治の問題、統治のレジティマシーの根拠を問うている。もう一方はそうではなくて、近代的な意味での、きわめてヨーロッパ的な意味での政治的決断の根拠はなにかと問うている。そして、要するに政治的決断だから、その根拠はないわけですよね。

丸山は作為をも呑み込んだ自然の論理に抵抗したかったのではないか（中島）

中島　ないです。

小林　決断は根拠がないんだからね、きわめて危ない橋を渡るわけ。でも、それを徂徠に見出すというのは、破綻していませんか？　でもその破綻を、『荀子』をもってくることで、中島さんは救ってあげようとしているじゃないですか。それはなんなのか。わたしは中島さんの心が知りたいわけです。丸山はどうでもいい。中島さんはなにを救いたいんですか。『荀子』までもってきて。

中島　わたしは、丸山の政治的な決断に関する思いを救いたいという気持ちはないです。ただひとつ、もし救いたいとすれば、丸山が、自然の論理に対してなにか異議申し立てをしたかったことは、救いたいと思っています。たとえば、徂徠のあとに宣長が登場してきますが、徂徠の枠組みを用いながら、再び自然の論理に絡め取っていきます。つまり、自然の論理は単純ではなく、作為をも巧みに呑《の》み込んだものなのです。丸山はその総体としての自然の論理に抵抗したかったのではないか。

小林　宣長はなにをしたんでしょう。

中島　宣長がやったことは、徂徠のようなヘテロトピアとしての古の中国じゃなくて、古の日本をもち出したことです。古の日本に、起源と根源をずらすわけです。それでいいじゃないか、ずらしてなんの問題があろうかと考えたわけです。

小林　なんの問題もないんですよ。

中島　しかも、徂徠と同じように言語を通じて行うのですが、中国語じゃなくて日本語でやるわけです。だから、徂徠と枠組みは非常にパラレルなんです。でも、それを中国というヘテロトピアから、日本へと移した。

　ところが、その後の展開で、新しい自然の論理が精巧につくられるわけです。作為を呑み込んだ自然の論理ができてしまった。国学というのは、素朴でもなんでもない。明治以降はそうした国学の自然の論理を利用していくのですが、丸山が一番気にしていたのは、その利用のされ方だったんだろうと思うんです。丸山の論敵のひとりは小林秀雄です。小林秀雄はまったく単純ではない。しかし、丸山は、だからこそ、宣長から小林秀雄へという自然の論理のラインをどう断ち切るかを考え抜こうとした。それでも、自然の論理はすごく難しい。なぜなら、作為までをもうまく取り込む構造を備えているからです。でも、それに対して、なんとか丸山は異議申し立てをしたかった。

　わたしが『荀子』をもち出したのは、中国のほうが自然の論理では1枚も2枚も上手《うわて》で、それに対する最初の異議申し立てが『荀子』だったからなんです。たとえば自然の論理を洗練する際に、しばしば天を利用したりするわけです。『荀子』は天人の切断によって、まさにこの自然の論理を切断したかった。ただ『荀子』には危ない面もあります。というのも、『荀子』は法家に継承されるんですが、それはまさに決断の議論に行くことになります。根拠なき決断を支える議論に、『荀子』は利用されるわけです。連続する作為を肯定することで、礼や法を変化させる決断が支持されるように見えるのです。たとえ『荀子』が作為において歴史性を尊重していたとしても、その歴史性を除外すれば、純粋な決断を支えることになります。

ですので、わたしには、別に『荀子』自体を肯定したいという気持ちもありません。それでもなんらかの形で自然の論理に異議申し立てをする手を残しておきたいと思って、あえて引用したわけです。

小林　でも丸山は、中国じゃなくて、ヨーロッパの近代思想における政治をひそかにもってきているわけですよね。

中島　その通りです。丸山は、自然の論理に抵抗して、なんらかの形で作為、それはたとえば政治的なものといってもかまわないと思うんですけれども、その次元を擁護したかった。じゃあ、戦後の日本でなにをやったかというと、それを民主主義に投影したわけです。虚妄としての民主主義という、あの問題ですね。戦後の日本で、われわれは、徂徠が中国を利用している、宣長は日本を利用している、丸山がヨーロッパを利用しているという機制から逃れられているのか。結局、その機制のループのなかにずっといるんじゃないか。

小林　中島さんのテクストからも明らかだけれども、丸山が考えたのは、やっぱり作為の主体という問題ですよね。つまり主体の問題が最終的には重要ですよね。

中島　まさに主体の問題です。

小林　政治というのは主体的な決断であるということが、どのぐらい政治についての考え方を規定するかどうかですね。決断と言う以上は、一歩踏み出して決断することであって、では、その根拠はなんだというと、当然のことだけれども、ある意味では、根拠はないわけです。根拠があるようでは決断しているわけじゃなく、単に規則に従っただけ。

中島　規則を適用しているだけですね。

小林　ギリギリの決断は、法を適用するのではなく、根拠がないところでいかに決断するかですよね。それが政治にかかわるわけですが、すごいアポリア（難問）ですよね。

中島　そうです。

小林　その上で、万物はこのようなものであるという自然の方向にもっていくのか。つまり、生命の営みはこうですよという方向にもっていくのか。あるいは、歴史はこうでしたよという、「古」のほうにもっていくのか。もし、歴史に頼らず、また自然にも頼らないとしたら、根拠づけるのはなにかというと、あとは神しかいない、超越性しかない。超越、歴史。

中島　そして自然。

いかなるものの名において、汝は決断をするのか（小林）

小林　この3つのどれを使うのか。あるいは、それ以外の第4があるのか。それを、いま、わたしは、中島さんに聞いているわけですよね。

他者を使って、つまり自分ではないものやヘテロノミー（他律性）、あるいは遠いもの、いまここには現前していない存在を使って自分を根拠づけていますよね。これはある意味では、きわめて倒錯的です。現実の事態に対して、現実とは違う別のものの名において決断するわけです。ここにはつねに「名」の問題が出てきますよね。いかなるものの名において、汝《なんじ》は決断をするのか。神の名においてなのか。

中島　自然の名においてなのか、歴史の名においてなのか。

小林　先王の名においてなのか。これが問われるわけです。そうなると、いかなる名においてでもなく、しかし決断することはできるのか、と論理的には行きますよね。この段階までくると、答えはないわけなのですけれども、中島さんならどうします？

中島　またボールを返された感はありますけれども、でも、そうですよね。いかなる名にもよらずに決断するとはいかなることか。

小林　それが、けっして、ついカッとなって人を刺してしまいましたというような決断ではないところでね。そういうのは決断ではなくて、暴力的に、衝動がほとばしっただけじゃないですか。決断は、あらゆる自然的な反応を断ち切った上で、なおかつできるのかということです。でも、根拠なき決断。にもかかわらず、それが衝動でもなく――衝動は自然だから――自然の反応でもない、そのようなものをなんと呼べばよろしいでしょう。

中島　それは、丸山に聞いてみましょう（笑）。

小林　丸山さんは、そういうことは考えなかったんじゃないですかね。

中島　たぶんそうは考えられなかったと思います。その周りを回っていた。われわれも同じですけれども、周りを回っていると思います。でも、もし、そこが浮上してこなければ、現実の事態を正しく理解するって難しいじゃないですか。

小林　難しいです。ほとんど不可能です。

中島　われわれは、多くの場合は、現実の事態を正しく理解しようとしていないんです。

小林　それと同時に、現実というものは、つねに完璧に与えられているものじゃないわけです。現実は多層性をなしているし、そのすべてが現前しているわけではなく、たとえ現前していても、われわれには盲目機構という、みずから目をふさぐ機構が働いているので、現実は見えないようになっているんです。だから、決断は、じつは、完全に現実を知って決断するという……

中島　二段構えじゃないですよね。

小林　もちろんそれは必要なことで、現実をきちんと見て決断しなさいと、モラル的には言えますが、構造上はそうなってはいない。

中島　決断を通じて、現実の事態が少し見えてくる。

小林　そうなんです。決断を通じなければ現実は見えてこないんです。決断をしてジャンプすることによってはじめて、新しく現実が見えるんです。それも一部にすぎないのですが。でも、それは、個人が実存的に投企して、決断しているときにはそれでいい。「それでやってみなさい」で済むんだけれども、政治という非常に多数の、不特定多数の人間がかかわる現場に、このアポリア的決断をどのように接合することができるのか。これは非常に大きな問題ですよね。

根拠のないなか決断する

小林　わたしが、ここで丸山に反論したいのは、かれが「政治的支配者が危機克服のために未来に向かって作為する。それが政治的決断である」という点です。かれにとっては、ここは絶対に譲れない。これをいかに政治理論として打ち立てるかこそ、丸山の課題だったんですよね。この時代が無謀な戦争に突入していた時代だったということを考えれば、こういう決断がとてつもない不幸を引き起こしている真っただなかだったわけです。この問題自体に対するかれの反省はないんですか。

中島　じつは結果的には望まない共犯関係に入っていたのかもしれません。

小林　それをゆるしてしまうんじゃないかなと。何百万という人間の災厄を引き起こす無謀で壊滅的な決断を政治は引き起こす可能性がある。でも、そのときの根拠こそ、未来に向かってまさに危機克服のために作為をするという、このペルゾーンの論理だったんじゃないか。時代も民主主義の時代ではない。この時代は、例外状態の、政治的主権の、政治的決断の時代だったんじゃないかな。それで、ことごとく誤った。現実を見ていなかったわけじゃないですか。こういうことについて、丸山は反省をしたんでしょうか。どうですか。

中島　そこは微妙ですね。この時代の人たちはきちんと決断をしていなくて、自然の論理に流されたと批判するのですが、では正しく決断をすればよかったのかということですよね。戦後に丸山は、戦前の日本のファシズムの問題を懸命に考えます。なんであんなおかしなことが起きてしまったのか、日本のファシズムの論理をなんとか普遍化して考えようという努力をするわけです。そのなかで無責任の体系とかいう言い方をしていきます。責任ある決断がなされなかったんだという分析ですね。とはいえ、それは決断自体を批判するわけではない。カール・シュミット的な決断を疑い切ってはいないと思います。

小林　カール・シュミットもナチズムとのコミットメントが言われるわけですから、ある意味ではそれが理論的支柱を与えてしまったところもあるわけですよね。でも、いまの時点では、例外状態における決断自体に対して、政治の場面では、それがどこに人々を連れていくかということについて、大きな問いが突きつけられていると思うんだけれども。

中島　もし決断主義それ自体を捨てるところまで行ったのであれば、戦後の丸山のナショナリズム論はなかったような気がするんです。

かれは健全なナショナリズムだという言い方をしています。ファシズム時代の日本の上層部の人たちが考えたこととは違うやり方でナショナリズムを考えることはできた。決断だって別の仕方で可能だったのではないか。これが戦後の丸山の態度の底にはあったように思います。そのなかで一番面倒なのは天皇制です。丸山は、あからさまには天皇制を批判していきません。決断する主体を批判するのであれば、天皇制をどう考えるのかは重要な論点のはずだったと思います。

小林　天皇もペルゾーンのひとりであって、つまりペルソナだから仮面であるわけです。いまこの時代、政治的危機のテンションが高くなってきていて、戦後でたぶん最大のテンションに東アジアは達しようとしている。この時代、政治的決断が、政治的指導者に問われているわけです。この問題は国民の生命に直結する問題となって現れてきている。このとき、われわれは決断にストレートにコミットするわけじゃないかもしれないけれど、人文学者あるいは社会科学者として、政治という問題をどういう言葉で語るのかはすごく重要で、あらためて問われている。

正解がないといえばないんですけれども、決断はしなければならない、でも根拠はない。

しかも最悪の事態を招く可能性もある。このアポリアの構造を、われわれはどのようにディコンストラクト（脱構築）できるのか。

そのときに、わからないけれども──言うべきじゃないかもしれないという気持ちをもちながら言うんだけれども──たとえば「礼」という言葉のなかには、それをすくい取るなにかがないんですかね。中国の先王の道に返れということを言っているのではなくて、「礼」という言葉のなかには、純粋な自然の道ではないなにかとして、われわれのいまのこの時点で考えるべきなにかがあるんじゃないか。「道」はかならずしも自然ではない。さっき中島さんが言った、「礼」は「法」ならずという、そこがわたしには非常におもしろく感じられました。

そこに「礼」の可能性はないですか。「礼」という言葉は、どうヨーロッパ語に訳していいのかすらわからないのですが。

礼とは「かのように」である

中島　「礼」は訳しにくい言葉です。それでもいま、ある種の礼ルネッサンスみたいなことになっていて、世界中で議論がはじまっています。日本でも最近、古代中国の文化人類学（!）を研究しているハーバードのマイケル・ピュエットの本が出たんです。『ハーバードの人生が変わる東洋哲学』（早川書房、２０１６年）です。その原題は、『道──中国の哲学者はよき生について何を教えてくれるのか』です。まさに道が再び問われているんですね。そのなかで、かれは「礼」の特徴をうまく言っていて、それは「かのように」だと言うんです。「礼」は「かのように」である、と。

小林　かのように？

中島　そうです。

小林　als ob。

中島　ええ。als ob なんです。

小林　それはまたヨーロッパ的だな。カントだな。

中島　ピュエットにとって、カントは主要な論敵で、かなり意識していると思います。ただ「かのように」の具体例は『論語』から引用されています。中心は祖先祭祀《さいし》です。その祭祀を行う際に、祖先が霊として存在すると信じて祀《まつ》らないといけないわけじゃない。『論語』のなかで言われているのは、「いますがごとし」、つまりまるでそこにいる「かのように」お祀りしなさいというわけです。いると信じるから祀るのではなく、いる「かのように」祀っていく。これが「礼」である。そういう言い方をするんです。

現実にはいくつかレイヤーがあって、そのレイヤーのひとつに「かのように」の次元もあります。だからこそ、古の先王が問題として出てくることも可能なわけです。「礼」が切り開く規範は、「かのように」というわれわれの想像力を相当延長して掻き立てるべき次元で登場するものです。これはおそらく、決断することが問われる次元とは別のものです。

小林　ヨーロッパの人たちも「礼」の議論をしているのですか。

中島　しています。

小林　おもしろいですね。

中島　いま、カントの名前が出ましたから言いますと、「人間愛からなら嘘をついてもよいという誤った権利に関して」（1797年）というテクストがあります。友人が殺人者から追われている。それで、匿《かくま》ってくれと言われて匿った。そこに殺人者がやってきて、「おまえは匿っただろう」と言う。カントは、嘘をついてはいけないので、「匿った」と言わなければならないというのです。

これに対して『論語』は、逆の議論をします。それはもっと情に基づいた議論です。直躬《ちょっきゅう》説話というものがあります。葉公《しょうこう》が孔子に、わたしの村には正直者の躬《きゅう》という者がいて、自分の父親が羊を盗むと、その子どもである躬は父親を訴えたと言ったのに対し、孔子が、わたしの村の正直者はそうではないとして反論したものです。すなわち、「父は子の為めに隠し、子は父の為めに隠す。直《なお》きこと其の中に在り」（『論語』子路）、と述べたというのです。

もちろん近代では、こうした孔子の論は徹底的にたたかれたわけです。近代的な法とは異なる、と。ところが、いまでは、もう一度、情に基づく規範すなわち礼の議論を考え直さなきゃいけないんじゃないかと考えられるようになったのです。

政治的決断における敵

小林　いまの中島さんの話のなかでおもしろいと思うのは、丸山・シュミット的と言ってもいいのだけれども、第二次世界大戦直前の、近代の政治的思想の頂点では、敵、味方という論理で考えていたわけですね。ところが、徂徠は敵という問題はきちんと考えていないような気がします。丸山と徂徠との間の違いはなにかというと、敵という次元がどのぐらい明確に見えているかではないでしょうか。敵という他者性みたいなものをどう捉えるのか。

中島　それはないでしょうね。

小林　ないですよね。丸山がいうような、現実の事態に対する政治的決断が必要なのは、敵がいるからですよ。それはシュミット的ですけれども、敵がいてはじめて政治的決断がゆるされる。そうじゃなきゃ、勝手に例外状態だってやったら、あなたは間違っていると言われるわけです。

いま、われわれが、この論理をディコンストラクションする方向を模索するとしたら、やっぱり、「敵」という他者ではない、別の他者の論理を見出す必要がある。それが、いまの「礼」の論理につながるのではないか。敵であれば、殺すか殺さないかのどちらかを決断しなかったら自分がやられるわけで、それこそ危機ということじゃないですか。だから例外状況はゆるさないわけです。だけれど、もしもうひとりここに、als ob のような、いる「かもしれない」他者を考えると、この例外状況から出発する決定性そのものが揺らぎますよね。

中島　揺らぎますね。

小林　どうしてか。決定できませんよね。決定不可能性が来てしまいます。でも現実は、なおも決定しなくちゃいけない場合がある。この決定不可能性と決定しなければならない必然性とをミックスした――ミックスっておかしいけれども――ところに、いまのわれわれの最大の問題がある。これはきれいな論理ではできないわけです。アポリアを内在しているわけだから。だから、そこには、敵かもしれないが敵じゃないかもしれない、判別不能の他者、敵にもなるし味方にもなる他者、味方でも敵でもない第3の他者という問題があるわけです。それに対する開けみたいなものを、丸山眞男を通じて、われわれは考えるべきなのかなというふうに思いました。

中島　そのとおりだと思います。『荀子』を読むとおもしろいのは、他者に対する態度が独特で、敵味方じゃないことですね。

小林　それは大事なことなんです。

中島　この世界にはいろんな人がいますよね。言語が違ったり、習俗が違ったりと、いろんな人がいるけれども、他者との間で翻訳ができるかもしれませんよね。ほんとうにできるかどうかは別にして、翻訳できるかもしれないし、交換可能かもしれない。このように『荀子』は考えていたわけです。その際、他者を敵として捉えているわけではない。たとえ言語や習俗が違っていても、そこにはなんらかの通路があるはずだというわけです。

小林　言語が違うことは、「礼」が違うと言えるの？

中島　その通りです。「礼」が違うことになります。

小林　異なる礼なんだよね。

中島　礼と異なるあり方をしているのではなく、異なる礼なんです。礼が複数あるということなんです。礼は複数あっていいし、変化してかまわない。『荀子』がすごいのは、言語と礼が変われば、人間は性——本質ですよね——が変わるし、変わったほうがよいと考えたことです。これは、人間の本質は生まれてからずっと変わらないという議論や、ある文化には特定の本質があるはずだという本質主義の対極にいるわけです。人間は「礼」を通じて、つまり、「かのように」他者を遇することを通じて、変容するべきなのだ。『荀子』にとっての政治空間はこの変容する空間なんです。

人間は「礼」を通じて、つまり、「かのように」他者を遇することを通じて、変容するべきなのだ（中島）

ちなみに、「かのように」というのは、空海が考えていた秘密の問題と、けっして別のことではないと思います。その意味で、丸山がなぜ空海からはじめずに徂徠であったのかは、興味深いことでもあります。

小林　なかなか深い議論でしたね。

中島　まさかこんな議論になるとは思いませんでした（笑）。

［第3部］

〈こころ〉を解き放つ

夏目漱石（左） 1912（大正元）年 9 月 日本近代文学館
森鷗外（右） 1912（明治 45）年 1 月 文京区森鷗外記念館

近代の衝撃を受け止めた〈こころ〉

小林康夫

Text…夏目漱石『こころ』

然《しか》し私は今その要求を果《はた》しました。もう何もする事はありません。この手紙が貴方《あなた》の手に落ちる頃には、私はもうこの世にはいないでしょう。とくに死んでいるでしょう。妻は十日ばかり前から市ヶ谷《いちがや》の叔母の所へ行きました。叔母が病気で手が足りないというから私が勧めて遣《や》ったのです。私は妻の留守の間に、この長いものの大部分を書きました。時々妻が帰って来ると、私はすぐそれを隠しました。

私は私の過去を善悪とともに他《ひと》の参考に供する積《つも》りです。然し妻だけはたった一人の例外だと承知して下さい。私は妻に何も知らせたくないのです。妻が己れの過去に対してもつ記憶を、なるべく純白に保存して置いて遣りたいのが私の唯一の希望なのですから、私が死んだ後でも、妻が生きている以上は、あなた限りに打ち明けられた私の秘密として、凡《すべ》てを腹の中にしまって置いてください。

［テクストについて］

夏目漱石の小説の最後の部分。1914年（大正3年）に東京大阪両朝日新聞に掲載された新聞小説。新聞発表時のタイトルは「心《こころ》」だったが、単行本になって現行の通りになった。なお、新聞連載時には、「上」、「中」、「下」にわかれてはいなかった。また、「数種の短篇を合して」1冊にする予定が、その第1作にあたる『先生の遺書』が「書き込んで行くうちに、予想通りに早く片が付かない事を発見したので、とうとうその一篇丈《だけ》を単行本に纏《まと》めて公にする方針に模様がえした」と漱石自身が断っている。

一方的に伝えられる手紙

日本文化のマクロ・パースペクティヴを、

からだ（身）　ことば（口）　こころ（意）

という3元図式によって考えてみるというアプローチに沿って、空海、世阿弥と追ってきたわけですが、こうなれば、次は、近現代のテクストで、しかも文学的なものをとりあげたい、となって、それならいっそ文字通り「こころ」というタイトルを冠した夏目漱石の小説にしてみようか、と心が動いたわけです。勝算や見通しがあるわけではない。が、このテクストを手がかりに、――（もちろん漱石の有名な小説ですから、これを論じたものはすでに山ほどあるわけですが）いわゆる作家論や作品論に踏み込むのではなくて――日本の「こころ」のあり方をいささか読みこむことができるかどうか、試みようということです。

だが、この作品は、小説としては、なかなか奇妙な、特異なものです。舞台前景の主要登場人物は2人、「先生」と呼ばれる年配の人と若い「私」で、ストーリー（物語）というなら、「私」が「先生」と出会っておつきあいをし、その果てに自死へと向かおうとする「先生」から「私」に遺書が届く、というだけです。すなわち、作品の要《かなめ》は、2人の登場人物の行動の交差にあるのではなく、一方から他方へ「こころ」の「秘密」、あるいは「こころという秘密」が手紙として伝えられるということに尽きます。

しかし、言うまでもなく、それはまた、「小説」の定義でもあります。登場人物の行動を語るだけなら、物語です。しかし、近代になって生まれた「小説」は、それだけではなく、どのような方法によるにしても、人物の内面の「こころ」つまり心理を描くのでなければならない。もちろん、人間はいつの時代にも「こころ」をもつのであり、物語にもさまざまな「こころ」の描写が出てきますが、しかし世界の具体性と人間の心理の具体性が、等しく微妙なバランスにおいて表象されるのは、まさに「近代」の衝動だと言っていいはずです。

実際、夏目漱石というひとは、日本において、こうした（西欧的な）「近代」なるものの衝撃を「こころ」において受け止め、それと格闘し、そうすることで日本における「近代的なこころ」のあり方をさまざまな仕方で問い直したとも言えるわけで、それこそが、いまだに最大の「国民作家」であり続けている理由であることは間違いない。漱石のどの小説も、ある意味では、日本における「近代的心性」の形成がどのようなものであったのか、きわめて明晰《めいせき》に、証言しているのです。

引用した箇所は、この小説の最後の部分です。小説は3部構成になっていて、

上　先生と私
中　両親と私
下　先生と遺書

とわかれていますが、もともとは新聞に連載されたもので、「上」は36回分、「中」は18回分、「下」は56回分に相当し、それぞれ章がわかれている。このように、「下」が圧倒的な分量をしめているのですが、じつは、この部分は全面的に「先生」が「私」に書いた「遺書」となっているので、簡単に言えば、「上」「中」の前半で、「私」と「先生」との関係の進展を記述し、その最後に、「遺書」を受け取った「私」のほとんど発作的な行動を提示しておいて、後半の「下」では、その行動を引き起した「遺書」をそのまま全部読ませることで、読者に、挑戦というか問いというか、ある未解決の「開《ひら》け」を突きつけてくるわけです。小説のなかには「落ち」が書かれていないわけで、読者は、その空白を自分で埋めなければならない。ある意味では、「反小説」みたいな趣きすらあるこんなテクストが、新聞というメディアで連載されていたというのは、かなり衝撃的ではないでしょうか。レトリックに走っていると思われるかもしれませんが、わたしが学んだフランスの現代哲学流のロジックを使えば、『こころ』は、け、っ、し、て、読、み、終、わ、る、こ、と、の、で、き、な、い、小、説、なのだ、とか言ってみたくもなるのです。

父親を見捨てて東京へ

で、このようなことを書きつけてしまった以上、この小説が突きつけてくる「開け」をもう少しはっきりさせるために、「中」の最後、「私」が臨終の状態になる実の父親を見捨てて、郵便で「遺書」を受け取ったのだから、すでに死んでしまっていることがほぼ確実な先生のもとへ、それでも急行しようとする場面を振り返っておきましょう。

> 私は又《また》病室を退いて自分の部屋に帰った。其所《そこ》で時計を見ながら、汽車の発着表を調べた。私は突然立って帯を締め直して、袂《たもと》の中へ先生の手紙を投げ込んだ。それから勝手口から表へ出た。私は夢中で医者の家に駆け込んだ。医者から父がもう二三日保《も》つだろうか、其所のところを判然《はっきり》聞こうとした。注射でも何でもして、保たしてくれと頼もうとした。医者は生憎《あいにく》留守であった。私は凝《じっ》として彼の帰るのを待ち受ける時間がなかった。心の落付《おちつき》もなかった。私はすぐ俥《くるま》を停車場《ステーション》へ急がせた。
>
> 私は停車場の壁へ紙片《かみぎれ》を宛てがって、その上から鉛筆で母と兄あてで手紙を書いた。手紙はごく簡単なものであったが、断らないで走るよりはまだ増しだろうと思って、それを急いで宅《うち》へ届けるように車夫《しゃふ》に頼んだ。そうして思い切った勢いで東京行きの汽車に飛び乗ってしまった。私はごうごう鳴る三等列車の中で、又袂から先生の手紙を出して、漸《ようや》く始《はじめ》から仕舞《しまい》まで眼

を通した。

これに続いて、「下」で「先生の手紙」を読むことになるので、読者も、ある意味では、そこで「始から仕舞まで眼を通して」もなお、読み終わることのない手紙とともに、東京に向かう「ごうごう鳴る三等列車」の車内に置き去りにされると言ってもいいでしょうか。東京に着いて、「私」が「先生」のお宅に駆け込むときに、どんな出来事が待っているのか、その間に、「私」の父親は息を引き取らなかったのか、小説はなにも語ってはくれない。汽車はいつまでも東京に着かないのです。

だが、東京に着いた「私」に起こる出来事も、父親の死がどの瞬間に去来するのかも、どうでもいいのかもしれない。なぜならこの小説が語りたいことは、ただひとつ、人間の「こころ」というものが、ときには、「こころ」そのものにとってすら不可解な衝動、――「ごうごう鳴る」衝動とでも言いましょうか――によって貫かれるということだからです。

この小説を読むどんな読者も、小説のなかの「私」自身も、事態がこうであるときに、臨終の床にある実の父親を見捨てて、「私」が東京へ急行するのは、社会通念、あるいは共同体や家族のモラルに照らして不適切である、いや、それ以上に、ほとんど「罪」であるという思いを払拭することはできません。そうした社会の「法」を無視できるほどの非常事態であるようには思えないからです。が、「私」にとっては、そうではなかった。それは、「私」にとっては――もちろん、兄という存在がいるということはファクターとしては重要だったと想像できますが――家族・社会の「法」

を越える、いや、それを破るものであった。それをどう受けとめるか、と読者は漱石から問いを突きつけられているのです。

しかし、古来より、社会の「法」を破り、越える人間の衝動はよく知られている。恋に、欲に狂い、人間はつねに「法」を破ってきたのです。ところが、ここでの事例《ケース》はちがいます。「私」が急行する相手は、「先生」、しかも「私」が通っていた大学の「先生」ではなく、鎌倉の海岸で偶然出会って以来、「私」が勝手に家に押し掛けて話しをしてもらっているだけの人なのです。では、その人から「遺書」の手紙をもらった「私」は、どうして死の床にいる実の父親を見捨てて、東京へと急行しなければならないのか。

『こころ』を読むとは、答えが書かれていないこの問いを自分なりに受けとめることだ、と言った以上は、わたしはなにも言わないほうがいいのだが、それでは展開ができないので——正解などないと断った上で——わたしなりの道筋を少しだけ提起しておくことにします。

秘密を委ねられる

言うまでもないのですが、理由はただひとつ。ここでは、「私」だけが、しかも「私」の「こころ」だけが、相手から、死を前にしたひとりの他者から呼びかけられているということ。そして、その呼びかけは、「あなたを愛する」でもなく、「あなたが欲しい」でもなく、ただひとつ、「あなたにわたしの秘密を委《ゆだ》ねる」です。つまり、告白です。しかも驚くべきことに、それは、最終的には「私」

へと宛てられたものではなく、「私の過去を善悪とともに他《ひと》の参考に供する積りです」とあるわけですから、他の人々へと宛てられたものであり、「私」はその「秘密」の暫定的な保管者にすぎない、ということになります。

だが、いまや、「私」はすでに「秘密」の告白の長いながい手紙を手にしてしまっています。「秘密」は届けられました。なぜ、「私」は、それでもすべてを投げ捨てて、東京へと急行しなければならないのか。なぜ一瞬の遅れもゆるされないのか。(ほんとうは、この問いをまるで「公案」のように各人に考えていただきたいのですけどね)。

(と言いながら、ですが)、答えは簡単です。

それは、「死」です。「先生」の「秘密」というのは、「死」なのです。「死」についての観念ではありません。フロイトの精神分析ならば、「死の衝動」と呼ぶような、人間の心のなかのもっとも奥深いところに潜む「衝動」としての「死」という「秘密」です。「秘密」としての「死」なのです。

だからこそ、漱石は、どうしても「中」において、「私」の父親の病気による「死」、秘密のない「死」を、それと対比的に描かないわけにはいかなかった。「死」の接近を本質的な意味では受けとめることができない自然な死。それは、たとえば、次のように書かれています。

父は死病に罹《かか》っている事をとうから自覚していた。それでいて、眼前にせまりつつある死そのものには気が付かなかった。

「今に癒《なお》ったらもう一辺東京へ遊びに行って見よう。人間は何時《いつ》死ぬか分からないからな。何でも遣りたい事は、生きてるうちに遣って置くに限る」

母は仕方なしに「その時は私も一所に伴《つ》れて行って頂きましょう」などと調子を合わせていた。

時とすると又非常に淋《さび》しがった。

「おれが死んだら、どうか御母さんを大事にして遣ってくれ」

これは、病気によって起こる死であって、「こころ」がそこに向かっていくわけではない。ところが、これとは別に、みずからの意志によってそれを目指すもうひとつ別の秘密の「死」がある、ということ。しかも、この「秘密」は「秘密」として伝達されなければならない。だが、その「秘密」を受け取ったり、伝達したりするということは、どういうことか、それはただ単に、情報を受けとるとはちがうことではないか――これこそ、この小説を貫く根本的な問いなのです。

なぜなら、「先生」がみずから「死」を選ぶのは、これもまた、誰にでも納得できるような確固たる理由があるというより、むしろそのような秘密の「死」を、すでに決定的な仕方で伝達されてしまったからと言ったほうがいいからです。つまり、先行する「死」がある。「先生」の「死」はそれへの連鎖という構造になっている。そのずっと秘められてきた先行する「死」を物語って告白することが、「下」の「遺書」の眼目ということになる。

この先行する「死」、それがKの「死」です。

小説のストーリーを「あらすじ」としてまとめることは、とても乱暴なことであまりやりたくはないのですが、文字通りに「かいつまんで」言えば、Kは、「先生」の「子供の時からの仲好《なかよし》」で、東京に出てきてからも同じ下宿の一部屋にいっしょに暮らしていた男。じつは、この『こころ』という小説に現れる「こころ」を貫いているもうひとつの軸があって、それは「金銭」なのですが、この金にかかわる問題が起こって、Kの生活が難しくなったときに、「先生」は自分が下宿していた家に、——下宿の女主人の反対を押し切るようにして——下宿させることにする。ところが、下宿には、ひとり娘がいて、この娘と2人の若い男のあいだで、当然のように、微妙な三角関係が生まれることになって、「先生」の眼には、お嬢さんとKとの親密さが増していくように思われる。Kは「先生」にお嬢さんへの恋心を打ち明ける。「先生」は、Kの煩悶《はんもん》を見ていながら、自分自身の思いも募って突然に、前から勧められていたこともあり、女主人に、お嬢さんとの結婚を申し入れる。女主人は承諾する。だが、「先生」はKにはなにも言わない。数日経って、女主人の口からKに結婚の話が伝えられるが、Kは反応しない。だが、その2日後に、「先生」の部屋と襖《ふすま》を隔てた自分の部屋で、深夜、自殺してしまう。

その時私の受けた第一の感じは、Kから突然恋の自白を聞かされた時のそれと略《ほぼ》同じでした。私の眼は彼の室の中を一目見るや否や、あたかも硝子《ガラス》で作った義眼のように、動く能力を失いました。私は棒立ちに立竦《たちすく》みました。それが疾風の如く私を通過したあとで、私は又ああ失策《しま》ったと思いました。もう取り返しが付かないという黒い光が、私の未来を貫いて、一瞬間に私の前に横たわる全生涯を物凄《ものすご》く照らしました。そうした私はがたがた顫《ふる》え出したのです。

この小説における「先生」とは、一言で言えば、この「黒い光」に全生涯を照らし出された人としてあります。深夜、隣室でKの「死」に出会ったその一瞬は、無数の瞬間のひとつなのではなく、未来にいたるまでの彼の「全生涯」を決定してしまうものとしてあるわけです。そして、『こころ』という小説は、ある意味では、「先生」がこの「黒い光」を忘れることができず、それに生涯、いかに忠実であろうとしたかを語る物語でもあるわけです。では、この「黒い光」とはなんなのか。もちろん、それはメタファー（隠喩）なのですが、いったいなんのメタファーなのか。われわれは、はたしてそれを別の正しい言葉で名指すことができるのでしょうか。

しかも、Kは「遺書」、すなわち「先生」宛の一通の手紙を机の上に残していた。右の引用の直後に続けて、テクストは次のように書かれています。

それでも私はついに私を忘れる事が出来ませんでした。私はすぐ机の上に置いてある手紙に眼を着けました。それは予期通り私の名宛になっていました。私は夢中で封を切りました。然し中には私の予期したような事は何も書いてありませんでした。私は私に取ってどんなに辛い文句がその中に書き列ねてあるだろうと予期したのです。そうして、もしそれが奥さんや御嬢さんの眼に触れたら、どんなに軽蔑されるかも知れないという恐怖があったのです。私は一寸《ちょっと》眼を通しただけで、まず助かったと思いました。（固《もと》より世間体の上でだけ助かったのですが、その世間体がこの場合、私にとっては非常な重大事件に見えたのです）。

この手紙は、自殺の理由として「自分は薄志弱行で到底行先の望みがないから、自殺するというだけ」の内容で、恋のことについては一言も触れていない。告白とは逆に、真意を明かさない手紙でした。Kの側からすれば、友人である「先生」に自分の「こころ」を打ち明けたにもかかわらず、「先生」は自分自身の「こころ」は彼に隠したままで、一方的に、女主人に娘さんと結婚したいと申し入れて、承諾をもらったことになる。つまり、Kは出し抜かれたわけだが、「先生」を咎《とが》めることもなく、その件にはまったく触れない「遺書」を残し、自分の「弱さ」だけを言い訳にして自死を敢行したということ。Kの配慮によって、「先生」の世間体は無傷のままなのだが、にもかかわらず、いや、それゆえにいっそう、世間には隠され、しかし逆に「先生」にだけは「秘密」として伝えられたKの「こころ」が、「先生」の「こころ」を差し貫くということになる。「先生」は、お嬢さんと結婚し、世間的には幸せとも言える生活を送るのだが、しかし「秘密」を抱え、「黒い光」に一度貫かれた「こころ」はその「罪」をけっして免除されることはない。それが、この小説を貫いている「こころ」であるわけです。

「黒い光」に立ち会う

では、こうしてかなり大雑把に展開を追ってみたわけですが、われわれの最初の問いに立ち戻るとどういうことになるか？　われわれは、Kから「先生」に宛てた「遺書」とは逆に、みずからの「罪」を含めてすべてを誠実に告白した「遺書」を受け取った「私」が、臨終の床にある実の父親を見放して、東京へと急行しなければならないその激しい衝動を、いまでは、よりよく理解できるでしょうか？　もちろん、答えはメタファーでしか与えられません。端的に言うなら、それは、「先生」の「死」に立ち会うためです。といっても、「死」の現場に立ち会うためでも、また死のあとの葬式に参列するためでもない。ただひとつ、「黒い光」に立ち会うためです。あえて誇張するなら、「先生」の「死」の「黒い光」が「私」を呼びつけている、とでも言いましょうか。手紙だけでは十分ではない。手紙だけでは、「私」が今度は、発信人になるためには十分ではないのです。なぜなら、この小説は、――「先生」が「私」にKの「死」を伝え、いや、送（＝贈）ったように――「私」が、今度は「先生」の「死」、その「秘密」を「他《ひと》」に伝える「手紙＝文芸」(les lettres) であるからです。

つまり、この小説は、手紙の三重構造になっている。

1　Kから「先生」への遺書（「下」のなかで言及される）

2　「先生」から「私」への遺書（「下」全体）

3 「私」から読者へ小説（「上」、「中」）

『こころ』という小説は、(2)の「先生」の「遺書」をそのまま送＝贈り、伝えるために書かれた「手紙」です。そこでは、あえて「私」という1人称が、前半では「私」を指しているのに、後半では「先生」を指すという重ねあわせが行われています。そう、いくぶんかは「私」は「先生」となるのです。同じ小説のなかで「私」という人称代名詞が2人の人物を指すという奇妙な仕掛けは、たまたま生じた効果ではなく、この小説のエクリチュール（書くこと）が要請しているものなのかもしれません。

「先生」は、Kの手紙を読み終えると「わざとそれを皆《み》なの眼に着くように、元の通り机の上に置き」ます。そして、そこではじめてKの遺体に向かいあい、その頭を手で持ち上げます。そして、顔を凝視する。「先生」は叫びもせず、泣きもせず、「ただ恐ろしかった」と。テクストは言います、「そうしてその恐ろしさは、眼の前の光景が官能を刺激して起る単調な恐ろしさばかりではありません。私は忽然《こつぜん》と冷たくなったこの友達によって暗示された運命の恐ろしさを深く感じたのです」と。そして、かれはそのまま自室に戻り、深夜、まだ女主人や御嬢さんを起こすこともできず、ただ部屋のなかをぐるぐる廻ります――「私の頭は無意味でも当分そうして動いていろと私に命令するのです。私はどうかしなければならないと思いました。同時にもうどうする事も出来ないのだと思いました。座敷のなかをぐるぐる廻らなければいられなくなったのです。檻《おり》のなかへ入れられた態の様な態度で」。

これは蛇足とも言うべきものなのですが、読者としてのわたしの頭のなかでは、友人の遺体のすぐ傍らの自室で「先生」が、深夜、ぐるぐる歩き廻るこのイメージは、東京に急行する「私」が、おそらく夜、「ごうごう鳴る三等列車」に揺られているイメージに重なります。「ぐるぐる」と「ごうごう」が重なるというか。そして、それが、この小説が与えてくれる、「黒い光」に照らされた人間、「運命の恐ろしさ」を突きつけられた人間、そのような「死の贈与」（と言ってしまいましょうか）に呼びつけられた人間の根源的なイメージとなる。わたしにとっては、小説を読むということは、このような特異なイメージを読むことです。この「ぐるぐる」と「ごうごう」に反応しないようでは、『こころ』を読んだことにはならないと乱暴なことまで言いたくなってきます。

いずれにしても、「私」は、父親の死の傍らから、もうひとつの「死」の傍らへと急行しなければならなかった。どうしても駆けつけて、言葉ではけっして伝えることのできないその「黒い光」を、みずからの身体において、受けとめようとしなければならなかった。それが、「先生」の「遺書」に対して、「はい！」と応答すること、世間的な義務をすべて超えて「はい！」と言うことだったのではないか、とわたしは思います。

西欧近代を生んだ「告白」

小説世界というのは、多次元にわたる複雑な世界です。ここでは『こころ』という小説の、わたしが考える最低限の基本線をスケッチしてみただけですが、われわれの本来の目的は、ここから出発して、日本文化のマクロ・パースペクティヴを考えてみることでした。では、そのような方向に思考を進めようとしたときに、どのような展望が得られるか？

最初に指摘するべきは、Ｋも「先生」も「私」もみな、それと名指されてはいないが、東京帝国大学の学生だった人であり、すなわちこの時代の超エリート、いわゆる知識人であったということ。鎌倉の海岸で、「先生」が、その後の展開にいかなる役も果たさない、その意味でまったく「エンブレーム」としてだけ登場してきた「ひとりの西洋人」といっしょにいることで「私」の目を惹《ひ》くというこの小説の最初の登場の場面がそのことを雄弁に物語っています。つまり、この小説を貫くのは、一方に「西欧近代文化」という「洗礼」を受けた知識人、もう一方に従来の日本的共同体、とりわけ「田舎」の共同体に属する一般人、その2つの「こころ」のあいだを走る断層でもあるのです。

そして、この知識人の「こころ」は、なによりも反省的な自意識という構造をとる。それは、――「先生」が「私」に言う言葉によれば――「自由と独立と己れに充ちた」ものであると同時に、その対価としてある根源的な「淋《さび》しみ」を伴ってもいる。いや、ただ「淋しみ」にとどまらずに、強固な自意識の構造ゆえに、かえって自分自身を信用できないことになる。そして、そこに「罪」の意識すら忍び寄ってくる。「私は私自身さえ信用していないのです。つまり自分で自分が信用できないから、人も信用できないようになっているのです。自分を呪うより外に仕方がないのです」

と「先生」は言う。

この「反省」という「こころ」の構造、これは、人間であれば、すなわち（動物とは異なって）（自然）言語によって構造化された「こころ」という意味では、人間に普遍的な構造であるとも言えるのですが、しかし同時に、その構造を極限化し、他のあらゆる「こころ」がそこから派生する根源的な構造として打ち立てたのが、「西欧」の「近代」であったとも言えるかもしれません。つまり、（「西欧」という）あるローカルな文化において、いくつもある構造のなかからひとつが選び出され、それが特権化され、根底化され、普遍化されたということ。これは、「西欧近代」がどのように誕生したのか、という重大な問題になるので、ここでは詳しく検討することはできないのですが、わたしの考えでは、この「誕生」を可能にしたひとつの機構が「告白」。つまりキリスト教の実践のなかで保持されてきた自己の罪を「神」に、つまりは絶対的な「他者」に告白し、懺悔《ざんげ》するという言語行為ではなかったか、と思うのです。もし「西欧」文化のマクロ・パースペクティヴを考えるとするなら、その形成の軸のひとつは「告白」の文化にあったかもしれない。いくつか参照点を挙げておくだけにとどめますが、このような視点から、たちどころにアウグスティヌスの『告白録』、ジャン＝ジャック・ルソーの『告白』をあげることができますし、さらには、デカルトの『方法叙説』もまたある種の「告白」のエクリチュールと見なすこともできるかもしれません。その延長線上に、カントやニーチェの哲学、さらにはフロイトの精神分析（それは、ある意味では、無意識という「告白が不可能な記憶」の「告白」と考えることができるでしょう）をそこに置くこともできるかもしれません。

「告白」は「西欧」文化のもっとも深い基層のひとつなのです。

ここで、少し私的に脱線することをゆるしてもらうなら、半世紀にわたってフランスを中心とする西欧文化を「学んで」きたわたしが、いまさらのように思うことは、この反省的自己意識の「強度」というものを、われわれ日本人はほんとうは、ただしく理解できていないのではないか、それを自分のものにできないのではないか、ということ。しかも、それはかならずしも個々人の理解力の問題ではなく、もっと構造的に、たとえば言語における人称構造の機能の仕方などによっても規定されているのではないか、ということ。たとえば、インド・ヨーロッパ語族の言語と比較した場合、日本語は、人称構造の拘束はかなり弱く、かならずしも「我―汝《なんじ》」構造を導入しなくとも、意味の世界を立ち上げることができるという文法的事象なども関係して来るのではないか。

日本の「随」

この「言語」の問題もここではこれ以上、掘り下げることはできませんが、マクロなパースペクティヴという視点から、あえて簡単な対比を演出してみるなら、「西欧」の「告白」という言語行為に対して「日本」文化からぶつけることができるのは、やはり「徒然《つれづれ》なるままに日暮らし硯《すずり》に向かいて」とか「行く川の流れは絶えずしてしかももとの水にあらず」といった「随（筆）」の「こころ」であるかもしれません。それは、自己という反省的なループ構造に陥るのではなく、諸行《しょぎょう》無常、つねに流れていく「こころ」です。とはいえ、もちろん、日本にもその反対に、執着する「こころ」

はあって、その激しい妄執の世界こそ「能」の舞台で演じられるわけですが、この妄執にも、当然ながら、自己についての反省的意識などは微塵《みじん》もありません。反省的な自己意識は、日本の文化においては、ほとんど例外的なのです。

さて、その上で、もう一度、西欧の反省的自己意識の原点である「告白」に戻って考えてみましょう。当然のことながら、「告白」を成立させている最大のモーメントは、「神」です。全知である「神」、その絶対的な「一」なる他者に対して私がみずからを反省的に「告白」するわけです。ここにおいては、反省的な自己と絶対的な「一」なる他者（大文字の「他者」とでも言いましょうか？）とが、不可能な（というのは「絶対的なもの」との「関係」などそれ自体矛盾しているからなのですが）「対」になっているわけです。西欧文化を極限にまで追いつめてみると、かならずこの「不可能な対関係」に出会います。（しかし、もう一度、繰り返しておきますが、われわれ日本人がこの究極のコア・アイデアをほんとうに理解できるのかどうか、疑わしい。表面的な「輸入」ならいくらでもできます。しかし、ほんとうにこの根源にまで立ち入って異文化を理解するのは並大抵のことではないのです。）

事のついでにここでも乱暴なお手軽図式を参照しておくなら、「西欧」にとって、ニーチェのあのステートメントですが、この「神」が「死んだ」という事態がどれほど衝撃的であったかを理解しなければなりません。もはや「告白」は不可能。「告白」は正統性を失います。戯画的に言うなら、大文字の「他者」が死んでしまったそのかわりを小文字の「他者」が埋めることになります。それは、精神分析家であるかもしれません。司祭や神父にかわって、分析家があなたの「告白」を聞き、あなたの「意識できない自己」である「無意識」の声を聞きとどけます。重要なことは、ここでは、「それ」が言葉として（小文字の）「他者」に聞かれるということです。そうすることで、「私の知らなかった私」が「自己」へともたらされるということになります。この意味では、ニーチェとフロイトは、「神の死」をめぐる「表」と「裏」の関係にあるとも言えるのですが、そしてこの2人の思想が20世紀の西欧哲学に文字通り「取り憑《つ》く」ことになるのですが、興味深いのは、そこで「表」のニーチェは、みずから狂気を引き受けつつ「永劫回帰《えいごう》」という永遠の「反復」（ループ）というアイデアへといたり、逆に、「裏」のフロイトは、「死の衝動」という「自己」の根底にある「死」そのもの、その「黒い光」を発見するにいたるのです。

そう、「黒い光」！です。あの「黒い光」！です。そこに夏目漱石という作家の真のおそろしさがある。かれは日本という「随」の文化の真っただなかで、なんと西欧文化のもっとも深い中心軸である「告白」の言語行為を極限にまで押し進め、そして「死」を見出した。「自己」の根底が「死」、しかもなによりも「衝動」としての「死」であることを見出したのです。わたしは漱石研究をしたこともないし、今回、研究書を読破したわけでもないのでわかりませんが、漱石の文学が、ある意味では、西欧的「告白」モデルの多様な実践によって形成されたものであることは、きっと常識であるにちがいありません（『我が輩は猫である』なんて、まさに道化的「告白」モデルにほかなりません）。そして、晩年になればなるほど、「黒い光」が差し込んでくるトポスが増えていくようにも思われるのです（わたしは一度、『明暗』について触れたことがありました（「症候の発明（1）」『存在のカタストロフィー』未來社、2012年)）。ここでは、漱石自身の人生からのレフェランスを繰り込むことはいっさいしませんでしたが、『こころ』は1916年のかれの死の2年前の作品でした。

死における日本の逆襲

だが、これで終わりではありません。こうして漱石が、――『こころ』がそれをもっとも鮮やかに提示しているわけですが――「告白」的エクリチュールを通じて、日本を舞台として、西欧文化の根幹をなす自意識のあり方をその極限にまで開示したのだとして、しかしその最後に、究極の「死」そのものにおいて、「日本」が奇妙な仕方で「回帰」してくるということに眼を瞑《つぶ》るわけにはいきません。それは、まるで「日本」の「逆襲」であるかのようです。つまり、小説世界の内的論理とは別の外的出来事によって、小説世界が動かされるということ。作品が現実の歴史へと回収されると言ってもいいのかもしれない。

すなわち、この小説では、明治天皇の崩御《ほうぎょ》、そしてその御大葬《ごたいそう》の夜の乃木《のぎ》大将の殉死、それが最終的に、「先生」に「自死」を実行することを決意させるという展開になっている。いや、それどころか、崩御と殉死という、フィクションの完全な外部にある現実の出来事が、ある意味では、このエクリチュールを発動させた出来事であって、むしろその出発点に辿《たど》り着くためにこそ、これが書かれたというようにすら見えてくる。そこには小説内の論理だけでは解らないなにか隔絶した隙間がある。そして、その隙間にこそ、漱石自身のけっして語られない「告白」が透けて見えるのかもしれないのです。

時系列を整理してみましょうか。（「先生」の「遺書」に語られている部分と、同じ出来事に対する「私」の田舎の「父親」の反応についての記述を対比的に引用しておきます。）

1　1912年7月30日　明治天皇の崩御

A　すると夏の暑い盛りに明治天皇が崩御になりました。その時私は明治の精神が天皇に始まって天皇に終ったような気がしました。最も強く明治の影響を受けた私どもが、その後に生き残っているのは必竟《ひっきょう》時勢遅れだという感じが烈《はげ》しく私の胸を打ちました。私は明白《あから》さまに妻にそう云《い》いました。妻は笑って取り合いませんでしたが、何を思ったものか、突然私に、では殉死でもしたら可《よ》かろうと調戯《からか》いました。

私は殉死という言葉を殆《ほと》んど忘れていました。平生《へいぜい》使う必要のない字だから、記憶の底に沈んだまま、腐れかけていたものと見えます。妻の笑談《じょうだん》を聞いて始めてそれを思い出した時、私は妻に向ってもし自分が殉死するならば、明治の精神に殉死する積りだと答えました。私の答も無論笑談に過ぎなかったのですが、私はその時何だか古い不要な言葉に新しい意義を盛り得たような心持《こころもち》がしたのです。

B　崩御の報知が伝えられた時、父はその新聞を手にして、「ああ、ああ」と云った。「ああ、ああ、天子様もとうとう御かくれになる。己《おれ》も……」
　父はその後を云わなかった。

2　1912年9月13日　乃木大将の殉死

Ａ　それから約一ヶ月程経ちました。御大葬の夜私は何時《いつ》もの通り書斎に坐《すわ》って、相図《あいず》の号砲を聞きました。私にはそれが明治が永久に去った報知の如く聞こえました。後で考えると、それが乃木大将の永久に去った報知にもなっていたのです。私は号外を手にして、思わず妻に殉死だ殉死だと云いました。
　私は新聞で乃木大将の死ぬ前に書き残して行ったものを読みました。西南戦争の時敵に旗を奪られて以来、申し訳のために死のう死のうと思って、つい今日まで生きていたという意味の句を見た時、私は思わず指を折って、乃木さんが死ぬ覚悟をしながら生きながらえて来た年月を勘定《かんじょう》して見ました。西南戦争は明治十年ですから、明治四十五年までには三十五年の距離があります。乃木さんはこの三十五年の間死のう死のうと思って、死ぬ機会を待っていたらしいのです。私はそういう人に取って、生きていた三十五年が苦しいか、また刀を腹へ突き立てた一刹那《いちせつな》が苦しいか、何方《どっち》が苦しいだろうと考えました。

　それから二三日して、私はとうとう自殺する決心をしたのです。

B　乃木大将の死んだ時も、父は一番さきに新聞でそれを知った。
「大変だ大変だ」と云った。
何事も知らない私達はこの突然の言葉に驚かされた。
〔……〕
父は時々囈言《うわごと》を云う様になった。
「乃木大将に済まない。実に面目次第がない。いえ私もすぐ御後《おあと》から」
こんな言葉をひょいひょい出した。母は気味を悪がった。

3　1914年4月〜8月　漱石「朝日新聞」に『こころ』を連載

4　1916年12月9日　漱石死去

こうして「先生」と「父」とのあいだの対比ははっきりしています。「父」は、ほとんど無自覚、無反省的に、「ああ、大変だ、己もすぐ後から」と言うだけ。そこには民衆レベルでの素朴な共同性の意識がある。こう言ってよければ、「天皇」という共同体のなかでの絶対的「他者」（本来なら、「絶対」とはあらゆる共同性を超越している存在のはずなのですが、共同体もそれ自体なんらかの「絶対」を必要とするのでもある）と「自己」という意識が明確ではないままの自分とが、存在論的につながっている感覚と言いましょうか。それに比べれば、「先生」の反応は、知識人らしくもっと覚めている。というより、知識人らしく、「天皇」という存在を、歴史化して、「時代の精神」へと置き換えている。この「置き換え」が「妻」の揶揄《からか》いの対象となる。そこで「殉死」という言葉が発せられるのですが、そのとき、それはあくまでも「笑談」の範囲でしかなかったのでした。

ところが、乃木大将の「死」は「先生」に「笑談」ではすまないリアルな切っ先を突きつけてきます。それは、「絶対的な他者」に「殉じる」かどうかという問題ではなくて、長いあいだ「死ぬ機会を待っていた」人間がその機会を逸せずに死んだ実例が突きつけられるというわけです。「死ぬ」と覚悟した人間が実際に「死」を実行するためには、なんらかの外的な契機が必要である。乃木大将は、明治天皇の大葬という契機に殉じた。では、「先生」はどうするのか。乃木大将と「先生」のあいだにはいかなる関係もない。そこには正当な関係はない。にも、かかわらず、もし「笑談」であった「明治の精神」に殉じるというみずからの言葉を、いま、ここで、実行しなければ、おそらく「先生」はけっして「自死」へといたることはないだろう。

「それから二三日して、私はとうとう自殺する決心をしたのです」という「先生」の「遺書」の言葉がすべてを物語っています。「二三日」——この遅れ、「決心」の前のこの躊躇《ちゅうちょ》、そこに空白がある。乃木大将の死の意味については誰も疑いをもちません。しかし、市井《しせい》の無名の一員である「先生」の死については、誰もその意味を理解しない。その意味は、ただひとえに「先生」の自己意識のなかにあるわけですから、Kの「死」の場合と同じく、社会的には、ほとんど「無意味の死」です。そしてだからこそ、「先生」は、長い「遺書」を残さないわけにはいかない。「先生」の意識においては、みずからに「死」を与えるという「決心」と、「私」にこの長い「遺書」を書き残し、その「秘密」を後世、ということは「来るべき他者」に委ねるという「心」とは、きっと「裏」「表」の関係になっているのです。もちろん、ここで「遺書」とは、「文学」の別名にほかならないのですが。

「絶対的な他者」に向けて「告白」するのではなく、「来るべき他者」、来るかどうかもわからず、顔もわからない、まだ名もない「他者」、けっして大文字では書けない、あくまで小文字の「他者」、そこに向かって、自分の「死」を賭けて「秘密」を伝えようとすること、それこそが、近代的な自己意識にとっての「文学」という営みの究極の「本質」であったのかもしれません。他者から送られ＝贈られた「黒い光」としての「死」、そして、他者へと伝えられるべき「ことば」としての手紙＝文学、それこそが「遺書」というものであるとすれば、『こころ』という作品は、これもまた、漱石にとっての「文学」の「覚悟」、「黒い光」に照らし出された「覚悟」を宣言するものであったのです。

「先生」の「妻」

こうして、『こころ』という小説が、日本の民衆的な「こころ」のあり方の基層の上に、西欧的な反省的自意識の「こころ」をあらたに接《つ》ぎ木するというか、上書きするというか、そのような操作を極限にまで押し進めた実験的な作品になっていることを見てきたわけです。注意していただきたいのは、じつは、この二重の構造は、漱石の時代に特有のものではなく、むしろこの時代からはじまっていまだに、その上にわれわれの文化は組み立てられている。まさに現代的な構造でもあるのですが、それを見極めたところで、最後にまたもや、もう1つ蛇足を加えることをゆるしてもらいます。

それは、この考察では、ひとりの「他者」については、あえて触れずに来たということ。だが、じつは、この小説世界は全体として、ある意味では、ひとりの「他者」、ひとりの女性、つまり「先生」の「妻」なる人をめぐって、構成されているのでした。「先生」とKは、まさに彼女をこそ争ったわけですし、「私」もまた、「先生」の家を訪れることで頻繁に彼女と会っている。しかも彼女は、この小説では、もっともエレガントに描写されてもいる人物なのです。

さらに興味深いのは、「遺書」のなかで「先生」自身がはっきりと言い切っているように、「先生」が「妻」にKとの経緯の一切を「告白」することができたならば、かれは死ななくてもよかったということ。われわれが読まされる「告白」は、本来は「妻」にこそするべきであったはずなのです。では、なぜそうしなかったのか。冒頭に引用した「遺書」の最後の部分にも繰り返されていることですが、「先生」は次のように言い訳しています。

私は一層思い切って、有《あり》のままを妻に打ち明けようとした事が何度もあります。然しいざという間際になると自分以外のある力が不意に来て私を抑え付けるのです。〔……〕その時分の私は妻に対して己を飾る気はまるでなかったのです。もし私が亡友に対するのと同じような善良な心で、妻の前に懺悔《ざんげ》の言葉を並べたなら、妻は嬉《うれ》し涙をこぼしても私の罪を許してくれたに違いないのです。それを敢《あ》えてしない私に利害の打算がある筈《はず》はありません。私はただ妻の記憶に暗黒な一点を印《いん》するに忍びなかったから打ち明けなかったのです。純白なものに一雫《ひとしずく》の印《イン》気《キ》でも容赦なく振り掛けるのは、私にとって大変な苦痛だったのだと解釈して下さい。

「先生」が「妻」に「告白」しようとすると、不意にやってきて「先生」を抑え付けるとされるこの「自分以外のある力」とはなんなのでしょう？　それは、「先生」が言うように、「妻」の記憶を「なるべく純白に保存して置いて遣りたい」ということなのでしょうか。だが、たとえそうだとして、その欲望とはどんな欲望なのか。なにしろ、「妻」自身は、「先生」が打ち明けてくれないその「秘密」の存在に気がついていて、長年、悩み苦しんでいるわけですから。「先生」が言う「暗黒な1点」とはどのような「暗黒」なのか。それは、「妻」の記憶のなかで、自分の存在が、事実に反して、「純白な」ままで、潔白なままで、あって欲しいということなのか。もしそうならば、多くの「来るべき他者」には「告白」しておきながら、たったひとり、もっとも身近な「他者」にだけは、「嘘」をつきとおして、みずからのイメージを「汚れなきもの」、「暗黒なきもの」にしておきたいということなのか。もしそうなら、それは、じつは「告白」の精神からはもっとも遠い、究極のエゴイズムなのではないのか。

この事態をどう解釈するか、「先生」はすでに自分なりの「解釈」を自分に対して出しています。そして「私」を、そして読者であるわれわれをその「解釈」へと誘導しています。その「解釈」で納得するのもよし、また、別の「解釈」を考えてみるのもよし。それは、読者にまかされている。

で、わたし自身はどう「解釈」するのか。そう考えて、浮かびあがるのが、「先生」そして「わたし」が何度も口にする「淋しみ」という言葉です。そして、その言葉の響きのなかで、わたしが勝手に思うことは、ただひとつ、きっと「先生」には「愛」というものが欠けていた。「先生」は「愛」を知らなかったのだ、ということ。なぜなら「先生」は自己への「不信」にとどまっていた。それを超えられなかった。自己への、そして他者への「不信」が超えられてこそ、「愛」が生まれたのかもしれないのに……。そして、これは、「先生」の個人の問題だけであるのではなく、――さあ、どこまでか？――いっそう広く、いまだに続く「日本」の「近代」の根本的な問題であるのかもしれません（と、わたし自身にはこれを言う資格がないなあ、と恥じ入りつつ、ままよ、言明しておくことにいたします）。

［読書案内］

● 夏目漱石については、たくさんの研究書なども出ているので、ここではとりあげないつもり

だったのですが、この稿を書き終わったあとで、

三浦雅士『漱石——母に愛されなかった子』岩波新書、2008年

を想い出しました。そうか、わたしは「先生」には「愛」が欠けていた、と書いてしまいましたが、漱石は「愛」を知らなかったのかもしれない。「愛」が何であるのか、愛されたことのない人にはわからないかもしれない——それこそが、「淋しみ」でしょうか。

●ここでの主題は、西欧的近代化を受け容れることで、日本の「こころ」が変わっていくこと。当然、そのプロセスにともなう苦しみがあり、「こころ」の危機が露呈し、さらには「死」へと追いやられるケースもたくさんあったわけです。漱石以降も文学者・知識人はこの問題に直面しないわけにはいかなかったので、芥川龍之介をはじめとして、三島由紀夫や川端康成にいたるまで、自死の文学者の系列がすぐさま浮かんできます。これは急激な近代化がもたらした、きわめて特徴的な「犠牲」の現象であるのかもしれません。ですから、このラインで読むべき本はたくさんあるのですが、ここではその日本の「自死」の伝統を世界に開いたともいうべき、わたしの先生のひとりでもあったパンゲ先生の『自死の日本史』だけとりあげておきます。

モーリス・パンゲ『自死の日本史』講談社学術文庫、2011年（原書1984年）

●もうひとつ重要なことは、東西を問わず、われわれの「こころ」が根源的に、「死」を孕《はら》んでいることです。「こころ」はすでに「エロス」と「死」を内包しているというか。このことを理論的に明らかにしたのは、やはりフロイトの精神分析でしょう。われわれの「こころ」のこの「秘密」についてわかりやすくアプローチしてくれているものとして、やはりかれの1920年の論考「快原理の彼岸」を挙げておきましょうか。じつはわたし自身には、「快楽原則の

彼方」という旧訳タイトルのほうが馴染みがいいのですが、新しいフロイト全集に従っておきます。

『フロイト全集17』岩波書店、２００６年

民衆のための学

中島隆博

Text・・・森鷗外『大塩平八郎』

平八郎は天保《てんぽう》七年に米価《べいか》の騰貴《とうき》した最中に陰謀を企てて、八年二月に事を挙げた。貧民の身方になつて、官吏と富豪とに反抗したのである。さうして見れば、此《この》事件は社会問題と関係してゐる。勿論《もちろん》社会問題と云《い》ふ名は、西洋の十八世紀末に、工業に機関を使用するやうになり、大工場が起つてから、企業者と労働者との間に生じたものではあるが、其萌芽《そのほうが》はどこの国にも昔からある。貧富の差から生ずる衝突は皆それである。

若《も》し平八郎が、人に貴賤《きせん》貧富の別のあるのは自然の結果だから、成行《なりゆき》の儘《まゝ》に放任するが好いと、個人主義的に考へたら、暴動は起さなかつただらう。

若し平八郎が、国家なり、自治団体なりにたよつて、当時の秩序を維持してゐながら、救済の方法を講ずることが出来たら、彼は一種の社会政策を立てただらう。幕府のために謀ることは、平八郎風情《ふぜい》には不可能でも、まだ徳川氏の手に帰せぬ前から、自治団体として幾分の発展を遂げてゐた大阪に、平八郎の手腕を揮《ふる》はせる余地があつたら、暴動は起らなかつただらう。

この二つの道が塞《ふさ》がつてゐたので、平八郎は当時の秩序を破壊して望《のぞみ》を達せようとした。平八郎の思想は未だ醒覚《せいかく》せざる社会主義である。

未だ醒覚せざる社会主義は、独り平八郎が懐抱してゐたばかりではない。天保より前に、天明の飢饉《ききん》と云ふのがあつた。天明七年には江戸で白米が一両に付《つき》一斗二升、小売百文に付三合五勺《しやく》になつた。此年の五月十二日に大阪で米屋こはしと云ふことが始まつた。貧民が群《むれ》をなして米店を破壊したのである。同月二十日には江戸でも米屋こはしが起つた。赤坂《あかさか》から端緒を発して、破壊せられた米商富人の家が千七百戸に及んだ。次いで天保の飢饉になつても、天保七年五月十二日に大阪の貧民が米屋と富家とを襲撃し、同月十八日には江戸の貧民も同じ暴動をした。此等《これら》の貧民の頭の中には、皆未だ醒覚せざる社会主義があつたのである。彼等は食ふべき米を得ることが出来ない。そして富家と米商とが其資本を運転して、買占《かいしめ》其他の策を施し、貧民の膏血《こうけつ》を涸《か》らして自ら肥えるのを見てゐる。彼等はこれに処するにどう云ふ方法を以てして好いか知らない。彼等は未だ醒覚してゐない。唯盲目《ただ》な暴力を以て富家と米商とに反抗するのである。

平八郎は極言すれば米屋こはしの雄《ゆう》である。天明に於いても、天保に於いても、米屋こはしは大阪から始まつた。平八郎が大阪の人であるのは、決して偶然ではない。

平八郎は哲学者である。併《しか》しその良知の哲学からは、頼もしい社会政策も生れず、恐ろしい社会主義も出なかつたのである。（森鷗外『大塩平八郎』、「附録」、『三田文学』、大正3年1月、『鷗外全集』第15巻、岩波書店、1973年、72～73頁）

［テクストについて］

森鷗外『大塩平八郎』は、1914年の初めに『三田文学』に発表された。「附録」に記されているように、幸田成友『大鹽平八郎』（東亜堂書房、1910年）を元にしたものだが、鷗外の大塩への評価は、幸田の肯定的評価とは対照的である。

未だ醒覚せざる社会主義

大正3年とは1914年で、この年に第一次世界大戦が勃発しました。ヨーロッパが戦場となったことの意味は大きく、19世紀的な近代がいよいよ終焉《しゅうえん》を迎えようとしていました。その年初に、森鷗外（1862~1922）が発表したのが『大塩平八郎』です。引用した箇所に、「平八郎の思想は未だ醒覚せざる社会主義である」とあるように、明治という時代が終焉したあと、日本の近代もまた閉塞していくような雰囲気のなかで、鷗外の構想力のなかに社会主義がたしかに組み込まれていたのです。そしてそれを、天保8年（1837年）の大塩平八郎の乱と重ねあわせてみせたのがこの本です。

しかし、なぜ大塩なのでしょうか。ここには日本の近代陽明学という問題が深くかかわっています。それを理解するために、近代陽明学の成立にかかわった井上哲次郎のことを少しとりあげておきたいと思います。

「国民的道徳心」を陶冶した日本陽明学

井上哲次郎（1856~1944）は東京帝国大学の哲学の教授として、カントを中心として西洋近代哲学を講じる一方で、東洋哲学、なかでも儒教について、近代的な理解の枠組みをつくり上げていきました。井上は、教育勅語の解説書である『勅語衍義《えんぎ》』（1891年）の著者でもあったことからわかるように、近代日本の道徳的基礎を樹立しようとします。その際、儒教とりわけ陽明学が大きな貢献をすると考えました。井上には江戸儒教三部作として知られる著作があり、そのなかで、最初に上梓《じょうし》されたのが『日本陽明学派之哲学』（1900年）でした。続いて『日本古学派之哲学』（1902年）、『日本朱子学派之哲学』（1905年）が公刊されていきます。鷗外は井上よりやや年少ですが、同時代人として、近代陽明学が形成されていく過程を共有していたはずです。

さて、3部作最初の書である『日本陽明学派之哲学』の序にはこうあります。

若《も》し我邦《わがくに》に於ける国民的道徳心のいかんを知らんと欲せば、其国民の心性を鎔鑄陶冶《ようちゅうとうや》し来たれる徳教の精神を領悟するを要す。即ち此書叙述する所の日本陽明学派の哲学の如き、豈《あ》に此に資する所なしとせんや。若し又眼前の事実に就いて我国民的道徳心の顕現を証せんとならば、支那に於ける我軍隊の行動を見よ。其聯合軍《れんごうぐん》中にありて、特に異彩を放つものあるは、何ぞや。掠奪《りゃくだつ》を恣《ほしいまま》にせず、暴悪を逞《たくまし》ふせず、粛《しゅく》として軍紀を守りて、敢《あえ》て私欲の為めに動かざるもの、我国民的道徳心の顕現にあらずして、何ぞや。（井上哲次郎『日本陽明学派之哲学』冨山房、1900年、序、3頁）

ここで井上は、日本陽明学こそが近代日本の「国民的道徳心」を陶冶したものであると論じています。この出版と同年の1900年6月に義和団事件が起こりましたが、その鎮圧に向かった8ヶ国連合軍のなかでの日本軍の振る舞いに、この「国民的道徳心」が顕現していると誇らしげに述べているのです。序の末尾では、「我国民的道徳心は、即ち心徳の普遍なるものにして、心徳は実に東洋道徳の精粋と謂《い》ふべきなり」（同、6頁）と感極まっているほどです。井上にとっては、日本の儒教とりわけ陽明学が、日本国民の道徳心を深く規定するものであり、しかも普遍性を有すると考えられたわけです。

明治維新は陽明学の精神を体現した

ただし、陽明学の強調は近代日本の国民道徳の基礎を構築するというだけにとどまりません。この書の本文を見てみると、井上は、中江藤樹《とうじゅ》、熊沢蕃山《くまざわばんざん》にはじまり、佐藤一斎《いっさい》、大塩中斎《ちゅうさい》（平八郎）、山田方谷《ほうこく》、春日潜庵《かすがせんあん》を経て、西郷隆盛、吉田松陰、高杉晋作にいたる、日本陽明学の系譜をつくり上げています。大塩平八郎はこうして、陽明学の系譜に位置づけられました。その上で、井上は、幕府側の勝海舟をこの系譜学の最後に登場させています。要するに、井上は、幕末の陽明学と明治維新を接続し、明治維新は陽明学の精神を体現したものであるという説を補強しようとしたわけです。

陽明学が明治維新の精神であるとする言説は広く流布します。驚くことに、中国の近代知識人たちもそれを共有していきました。荻生茂博《おぎゅう》はこう述べています。

日清戦争後、清朝政府は明治維新に倣《なら》った中国の近代化政策を採り、以後多くの留学生が日本に渡った。また、亡命政治家、革命家も日本を活動の拠点とした。梁啓超《りょうけいちょう》、章炳麟《しょうへいりん》、孫文もまたその一人であった。彼等は当時の日本で流行していた陽明学を「発見」し、陽明学は明治維新の原動力であったとの論と共に中国に持ち帰った。（荻生茂博『近代・アジア・陽明学』ぺりかん社、2008年、400頁）

荻生によると、中国人留学生たちが「発見」した日本の近代陽明学は、「明治初年以来の政府の欧化政策に反対して興《おこ》った明治20年代の日本の近代ナショナリズムのなかで新たに出発した日本のひとつの「近代」思想であり、また、それは時代的な主張を含んで作為された政治言説であった」（同、354～355頁）ということになります。

こうした日本の近代陽明学を代表したのが、明治26年に公刊された、徳富蘇峰《とくとみそほう》『吉田松陰』（1893年）と三宅雪嶺《みやけせつれい》『王陽明』（1893年）でした。そのほかにも、一群の雑誌が陸続と出版されます。『陽明学』（1896～1900年）、『王学雑誌』（1906～1908年）、『陽明学』（1908～1928年）というものです。いずれも陽明学を「国民道徳」の基礎としようというもので、井上哲次郎の言説は、こうした日本近代陽明学の系譜に置かれていたのです。

鷗外もまた、陽明学への関心を次のように示していました。これは、母である森峰子に宛てた手紙で、明治34年（1901年）9月のものです。井上の『日本陽明学派之哲学』が出た翌年にあたります。

お君《きみ》さん［鷗外の妹、小金井喜美子］の安心立命の出来ぬは矢張《やはり》倫理とか宗教とかの本を読まぬ為めと存候　福岡にて買ひし本の内に伝習録といふものあり　有触《ありふ》れたる者なれどまだ蔵書に無き故買ひおき候　これは王陽明の弟子が師の詞《ことば》を書き取りしものなるがなかなかおもしろき事有之候　中にも知行一致といふこと反復して説きあり　常の人は忠とか孝とかいふものを先づ知恵にて知り扨《さて》実地に行ふとおもへり　知ると行ふとは前後ありとおもへり　是《こ》れ大間違いなり（『鷗外全集』第36巻、岩波書店、1975年、133頁）

ここで鷗外は、妹の安心立命のために倫理や宗教の本を読むべきだとして、王陽明の『伝習録』を勧めています。それは、「知行合一」によって、倫理を頭で知るだけでなく、実践することを言っているというのです。

とはいえ、それは鷗外が井上哲次郎的な陽明学に満足しているということではありません。明治維新を支えた精神的支柱であり、国民道徳の基礎たらんとした陽明学とは、やや異なるタイプの陽明学に関心をもっているように見えるのです。

冒頭の『大塩平八郎』の引用の最後の箇所はこうでした。「平八郎は哲学者である。併しその良知の哲学からは、頼もしい社会政策も生れず、恐ろしい社会主義も出なかつたのである」。鷗外は、大塩の「良知の哲学」すなわち陽明学はなんとも頼りないものだ、と考えていたわけです。井上が語るような国家と結びつく陽明学とは違うものがここにはあります。いったい鷗外はなにを見ていたのでしょうか。

傍観者、鷗外

石川淳《じゅん》が1941年に書いた「傍観者の事業について」では、鷗外の『大塩平八郎』は次のように論じられていました。

鷗外は武士道の精神をよく理解している。けだし鷗外が把握した武士の生活条件の中で、武士社会という図形の中で、精神が不動だからであろう。理解したものを解説することにかけては非凡な手腕があった。大塩事件でも、天保飢饉の何たるかを把握し、その実状を叙述する筆には事を欠かない。しかし、飢鎮の中には固著《こちゃく》しない大塩の精神はこれを解説するすべがなかったであろう。というのは、運動する精神に対しては、鷗外は初めから理解を抛棄《きょき》しているけはいだからである。大塩の精神の努力は批判の如何《いかん》を問わず、政治の実際に於て、空虚なる空間を具体的に充実させようとするところに存《そん》したのであろう。鷗外の眼にはそういう人間精神の努力は空虚としかうつらなかったのであろう。飢饉から精神の解放がはじまろうとするとき、鷗外の解釈はそのてまえで円満に、すなわち不恰好《ぶかっこう》に終っている。しかも「社会主義」というまぎらわしい名を勝手に附けて、無意識にしろ俗情の嫌悪するところと結託しているのは文学の破滅である。浅薄なる文字しか並列しえなかった所以《ゆえん》であろう。げんに、このとき鷗外の武器は平板なる形式論理よりほかにない。元来、鷗外は合理主義者であった。ともかく自分をfou［愚者］にしたには相違ない大塩に対して、鷗外は合理主義に拠りつつ判断の偏頗《へんぱ》ならざることを期している。油揚《あぶらあげ》の世界の法則をもって鳶《とび》の世界を規定しようとするごときものなのだから、偏頗も公正もあったものではない。すでに鷗外は揣《はか》らずして自分をおかしくしている。そのうえ、おかしく変った姿態《したい》について当人は平然としている。鷗外がこれほど傍観者たる珍面目《ちんめんもく》を発揮したことはない。傍観者の運動は精神の努力を問題としない領域では流通自在なのであろう。だが、精神のたたかいへの参加が強要されるとき、大才ある傍観者も一箇の無能者でしかない。「大鹽《おおしお》平八郎」はそういう無能者のみずから揣らざる仕事である。失敗のうつくしさなどというはなしにはなって来ない。（石川淳『森鷗外』岩波文庫、1978年、153〜154頁）

大塩平八郎の実践には、傍観者鷗外が届かないものがあるとして、石川は鷗外の『大塩平八郎』を厳しく批判します。「「社会主義」というまぎらわしい名を勝手に附けて、無意識にしろ俗情の嫌悪しているところと結託しているのは文学の破滅である」とはなかなかに手厳しい言い方です。しかし、鷗外は「傍観者たる珍面目を発揮した」にすぎないのでしょうか。

鷗外の切迫感

こうしたことを考えるためにも、次の鷗外の文章を見てみましょう。


「あれはなんの塔ですか。」

「沈黙の塔です。」

「車で塔の中へ運ぶのはなんですか。」

「死骸です。」

「なんの死骸ですか。」

「Parsi（パアシイ）族の死骸です。」

「なんであんなに沢山死ぬのでしょう。コレラでも流行っているのですか。」

「殺すのです。また二三十人殺したと、新聞に出ていましたよ。」

「誰が殺しますか。」

「仲間同志で殺すのです。」

「なぜ。」

「危険な書物を読む奴を殺すのです。」

「どんな本ですか。」

「自然主義と社会主義との本です。」

「妙な取り合せですなあ。」

「自然主義の本と社会主義の本とは別々ですよ。」

「はあ。どうも好く分かりませんなあ。本の名でも知れていますか。」

「一々書いてありますよ。」脚長は卓の上に置いた新聞を取って、広げて己《おれ》の前へ出した。

己は新聞を取り上げて読み始めた。脚長は退屈そうな顔をして、安楽椅子に掛けている。

直《す》ぐに己の目に附いた「パアシイ族の血腥《ちなまぐさ》き争闘」という標題の記事は、かなり客観的に書いたものであった。(「沈黙の塔」、『三田文学』、明治43年11月、『鷗外全集』第7巻、岩波書店、1972年、384〜386頁)

「とうとう恐ろしい連中の事が発表になっちまったね。」

木村に言ったわけでもないらしいが、犬塚の顔が差し当り木村の方に向いているので、木村は箸を輟《や》めて、「無政府主義者ですか」と云った。

木村の左に据《す》わっている、山田というおとなしい男が詞《ことば》を挟んだ。この男はいつも毒にも薬にもならない事を言うが、思《おもい》の外《ほか》正直で情を偽らないらしいので、木村がいつか誰やらに、山田と話をするのは、胡坐《あぐら》を掻《か》いて茶漬を食っているようで好いと云ったことがある。その山田がこう云った。

「どうも驚いちまった。日本にこんな事件が出来しようとは思わなかった。一体どうしたというのだろう。」

犬塚が教えて遣《や》るという口吻《こうふん》で答えた。「どうしたもこうしたもないさ。あの連中の目には神もなけりゃあ国家もない。それだから刺客《せっかく》になっても、人を殺しても、なんのために殺すなんという理窟はいらないのだ。殺す目当《めあて》になっている人間がなんの邪魔になっているというわけでもない。それを除いてどうするというわけでもない。こないだ局長さんに聞いたが、十五年ばかり前の事だそうだ。巴里《パリイ》でEmile Henry《エミル・アンリイ》とかいう奴が探偵の詰所に爆裂弾を投げ込んで、五六人殺した。それから今一つの玉を珈琲店《コオフィイてん》に投げ込んで、二人を殺して、あと二十人ばかりに怪我《けが》をさせた。そいつが死刑になる前に、爆裂弾をなんに投げ付けても好いという弁明をしたのだ。社会は無政府主義者を一纏《ひとまと》めに迫害しているから、こっちも社会を一纏めに敵にする。無辜《むこ》の犠牲とはなんだ、社会に生きているものに、誰一人労働者の膏血を絞って、旨《うま》い物を食ったり、温い布団の上に寝たりしていないものはない。どこへ投げたって好いと云うのだ。それが君主を目差すとか、大統領を目差すとかいうことになるのは、主義を広告する効果が大きいからだと云うのだ。」

「焼《や》けな話だね」と、山田が云った。

犬塚は笑って、「どうせ色々な原因から焼けになった連中が這入《はい》るのだから、無政府主義は焼けの偉大なるものと云っても好かろう」と云った。

役所には所々の壁に、「静かに歩むべし」と書いて貼ってある位であるから、食堂の会話も大声でするものはない。だから方々に二三人ずつの会話の群が出来て、遠い席からそれに口を出すことはめったに無い。(「食堂」、『三田文学』、明治43年12月、同、415〜416頁)

ここに示した「沈黙の塔」と「食堂」は、明治43年すなわち1910年もおしつまった11月と12月に続けて書かれた2本の作品です。「自然主義と社会主義との本」を読む奴を殺すパアシイ族や、無政府主義者による殺戮《さつりく》事件に対して、検閲によって応じる可能性を登場人物に論じさせたりと、石川の言う「傍観者」鷗外にはふさわしくない切迫感がここにはあります。

この切迫感の背景にあるのは、大逆《たいぎゃく》事件です。幸徳秋水《こうとくしゅうすい》たちが逮捕されたのが1910年(明治43年)5月で、処刑されたのが1911年(明治44年)1月でした。その逮捕から処刑にいたる期間に、鷗外は上に引いた2作品を発表したわけです。

民衆のための「赤い陽明学」

ここで考えたいのは、社会主義と陽明学の関係です。石川淳が言うように、鷗外は、「「社会主義」というまぎらわしい名を勝手に附け」ただけではないと思います。

というのも、当時の陽明学には、小島毅《つよし》が言うように、「白い陽明学」と「赤い陽明学」の2つの流れがあったからです（小島毅『近代日本の陽明学』講談社、2006年、132頁）。「白い陽明学」とは、井上哲次郎に代表される、国家のための陽明学であり、「赤い陽明学」とは、民衆のための陽明学です。そして、井上哲次郎はすでに、「赤い陽明学」が社会主義に通じる懸念を有していました（同、124頁）。鷗外が大塩平八郎に見た社会主義と陽明学の結合は、こうした時代背景の元で理解された、「赤い陽明学」の系譜に基づいたものであったわけです。

「赤い陽明学」の急先鋒は石崎東国《とうごく》（1873〜1931）でした。東国は1907年6月に洗心洞（大塩中斎（平八郎）の開いた私塾の名）学会を設立し、その後、それを1908年12月に大阪陽明学会と改称します。その機関誌は、『陽明』と題されたもので、1910年7月に刊行されまして、1919年には『陽明主義』とさらに改題されています。

1911年12月5日付けの『陽明』（第2巻第6号）は、中江兆民の紀念号で、表紙には中江兆民の写真とともに『民約訳解』第6章が掲載され、こう述べられています。

五十五年間を社会人道の為めに能《よ》く戦ひたる明治の陽明学者兆民中江篤介《とくすけ》先生没して茲《ここ》に満十年なり。本年十二月十三日は実に其忌辰《きしん》に当る。吾党《わが》は今日の社会に立て特に先生の風格に憧《しょう》憬《けい》たらざるを得ず。茲に此の紀念号を作る。（『陽明』第2巻第6号、1頁）

もとより、これは単に中江兆民の命日（1901年12月13日）を紀念するだけのものではありません。その前年の大逆事件の際に、幸徳秋水と奥宮健之《おくのみやけんし》（兆民が学んだ奥宮慥斎《ぞうさい》の息子であり、幸徳とともに処刑されました）が獄につながれていることについて、東国が兆民に言及しながら「寂寞《せきばく》に耐へず」（1910年7月29日）と述べたことを、井上哲次郎によって危険思想と見なされたことへの反駁《はんばく》でもあったわけです（同、3頁）。だからこそ、この本文で、兆民が、明治になって「新平民」と呼ばれた被差別部落出身者の立場に立って書いた「新民世界」を2頁にわたって掲載し、東国がみずから信じる陽明学が兆民の系譜にあることを断固として主張したわけです。

地上的普遍性を目指す大阪陽明学

荻生茂博はこうした事情を次のようにまとめていました。

> 同学会［大阪陽明学会］は発足当初から井上哲次郎から「表に致良知《ちりょうち》を標榜《ひょうぼう》、陰に社会主義を宣伝」の「危険思想」とのレッテルを貼られたが、逆に大逆事件を契機に機関誌を外部に販売し、中江兆民から幸徳秋水を明治の陽明学の系譜とする一方、井上らの陽明学を陽明学の本質をはずれた「官学」「御用学問」と非難して、時代の逆流に抗して在野で活動を続けた。（荻生茂博『近代・アジア・陽明学』、406頁）

荻生は大阪陽明学会に民間儒教の可能性を見出そうとしていました。それは、「民衆の「生活問題」を基盤に、それを国家・国民を越えたインターナショナルな平和主義の連帯の論理として、現代的に蘇らせた」（同、409頁）というものです。そして、それは、井上哲次郎の求めた普遍とは異なる、「民衆的基盤性」（同、411頁）という別の普遍を明らかにするものなのです。

最後に確認しておきたいのは、東国は漢学復興［国民を道徳の鋳型《いがた》に収める官製の運動］の流れとの絶縁を宣言したが、江戸時代の儒教との精神的繋《つな》がりを重視していたことである。学会の同人には岩野泡鳴《ほうめい》、松村介石、宮武外骨《みやたけがいこつ》といった近代の異端的思想家とともに、幕末儒学の流れを汲《く》む地方の学者を擁していた。そして最も興味深いのは、学会の最左翼として反漢学の論陣を張り、高瀬武次郎《たけじろう》を非難して学会分裂のきっかけを作ったのが、幕末の陽明学者で但馬《たじま》聖人《せいじん》と呼ばれた池田草庵《そうあん》の継孫、池田紫星《しせい》であったことである。このことは、〈近代陽明学〉における井上［哲次郎］や高瀬ら西洋近代的知性を学んだ新興の勢力に対して、陽明学の伝統が民間の〈近代陽明学〉に持ち込んだ、今日に通じる〈普遍〉的な質を示していると思われる。（同、409～410頁）

つまり、大阪陽明学は、幕末における「儒学の大衆化」を継ぐものであって、国家や国民に基づいた上での国民儒教の普遍性とは異なる、いわば地上的普遍性を目指した、と言うのです。

社会問題を解く陽明学

もうひとつの角度から、石崎東国における、国民の枠を越えた民間儒教の可能性を見ておきましょう。『陽明学派の人物』（1912年）において、東国が最初に紙幅を割いた章は「陽明先生と日蓮大士」と題されたものでした。すなわち、日蓮を日本の王陽明として読解しようというわけです。東国の自伝にあたる「予《よ》の王学に入りし径路」を見ますと、26歳のときに高松に赴いた際に宗教に接触したと言います。

若《も》し強《しい》て思想の変遷といへば弘法大師の発祥地なりしだけ宗教といふものに多少接触を覚へたけれども弘法大師の真言よりは日蓮の法華に帰依《きえ》した。（石崎東国『陽明学派の人物』、174頁）

興味深いのは、東国が高松において空海の真言ではなく日蓮の法華に帰依したという点です。東国は、「陽明先生と日蓮大士」において、陽明が朱熹《しゅき》に対抗して陸象山《りくしょうざん》を継承したのを、日蓮が空海に対抗して最澄を継承しようとしたことに重ねました（同、29~34頁）。その上で、朱熹と空海が「単に俗を導くの秘訣《ひけつ》を得て徒《いたずら》に時代の人気を集めた」のに対して、陽明と日蓮は「俗を蹴《けっ》て社会人心《じんしん》の向上に多大の貢献と良好なる模範を伝へたるもの」だと言います（同、35頁）。東国が陽明学と日蓮宗をあわせて評価するのは、それらが社会的な問題への寄与をより多くなしうると考えたからでした。

その上で、再び大塩平八郎が登場します。東国は、高松のあとに大阪に移りましたが、そこで、大塩平八郎の陽明学と日蓮とが「新平民」を軸につながったというのです。

そして社会問題は物質のみで解ける者ではないと観《かん》した時宗教が浮んだ。宗教はまた高松にあつた時の日蓮が首を出した。恰《あた》かも第五回の博覧会［1903年、第五回内国勧業博覧会］が開設された大阪は新平民の本場なる所より同胞融和会なる新平民大会［1903年に大阪において「大日本同胞融和会」が結成される］が催されるとき之《こ》れに頭を入れて種々力を添た。其結果新平民を研究して日蓮が新平民であって宗教改革者となり大塩が新平民を援《たすけ》て挙兵を敢てしたことに思い付た。（同、175頁）

東国にとって陽明学とは「社会問題」を解くことのできる宗教でした。のちに、東国の考えは「陽明宗」という宗教概念に結晶していきますが、それはこうした「社会問題」への関心からだったのです。

大塩のなかにある「自然」

では、東国は大塩平八郎をどう見ていたのでしょうか。幸徳秋水たちが処刑された翌月、『陽明』（1911年（明治44年）2月5日号）は大塩中斎先生七十五年紀念号と題して、特集を組みました。その表紙の上部には次のような文言が載せられていました。

我が鹽《えん》中斎先生は腐敗せる社会餓凍《がとう》せる市民を救済せんが為に良知の火を以て諸人に洗礼を與《あたえ》たりき　王学を継承せる吾党は混乱せる文明堕落せる人道を革清せんが為に新生命を以て火と鉄の世界に蘇る

「赤い陽明学」の面目躍如と言ったところです。とはいえ、鷗外はこのような東国流の「赤い陽明学」を素朴な仕方で肯定しようとはできなかったでしょう。というのも、大塩には救済を講ずる社会政策を立てる道がなかったと鷗外は述べていたからです。鷗外にとっては、大塩は「米屋こはしの雄」にすぎなかった。あるいは、こうも言っています。

けふまでに事柄の捗《はかど》つて来たのは、事柄其物が自然に捗つて来たのだと云つても好い。己が陰謀を推して進めたのではなくて、陰謀が己を拉《ら》つして走つたのだと云つても好い。一体此この

終局はどうなり行くだらう。平八郎はかう思ひ続けた。（森鷗外『大塩平八郎』、『鷗外全集』第15巻、25頁）

丸山眞男の言う作為の対極である自然が大塩のなかにはある。鷗外はそう観じたのです。その鷗外には、大逆事件も同様に見えていたのでしょうか。実際のところ、幸徳秋水はみずから立ち上がり主体的にこの事件を起こしたわけではなかったわけです。

井上哲次郎は、上で触れた『日本陽明学派之哲学』において、実に興味深いことに、大塩平八郎とともに、奥宮健之の父であり兆民の師であった奥宮慥斎に対しても、次のように述べていました。

陽明学は其本を言へば、明《みん》の陽明に出づと雖も、一たび日本に入りてより忽《たちま》ち日本化し、自ら日本的の性質を帯ぶるに至れり、若し其顕著なる事実を挙ぐれば神道と合一するの傾向あり［……］大塩中斎も亦深く伊勢の大廟《たいびょう》を崇敬し、乱をなしし時期に「天照皇太神宮《てんしょうこうたいじんぐう》」と記せり、奥宮慥斎が神道と王学との一致を期せるが如き、亦吾人の注意を要する所なり、之れを要するに陽明学が日本化せるは疑ふべからざる事実なり、神道と合一する傾向の如きは唯其顕著なる一徴候に過ぎざるなり、日本の陽明学は其神道との関係を外にするも、自ら日本的趣味あること否定すべからず。（井上哲次郎『日本陽明学派之哲学』、625〜626頁）

つまり、井上は、大塩と奥宮の両者ともを、日本化した陽明学の系譜に回収しうると踏んでいたわけです。鷗外の大塩評が複雑になってしまったのは、こうした陽明学をめぐる当時の読解の政治学への配慮があったからかもしれません。

中上健次に蘇る「民衆のための陽明学」

大逆事件から70年後に、中上健次は「有馬」(1980年)のなかで、次のように書きました。

雑賀孫市《さいかまごいち》、確かに魅力的な人物である。私がその人物を魅力的だと思うのは、闘って敗れた者への判官びいきに負うところが多い。つまり貴種流離譚《たん》である。そこでふと私は、敗れた貴種の系譜というものを考えてみた。雑賀孫市―大塩平八郎―「大逆事件」というふうにである。大逆事件は大石誠之助、高木顕明《けんみょう》でもよい。それはとっぴな小説家特有の発想かもしれない。いや、私がもし伝奇小説、伝奇的空想小説の作家であるなら、そのとっぴな発想をもとに、一種神話的なくまどりの濃い謎を持つ三人が、実のところ同一人物であったとする小説を書きたいものだと思う。大塩平八郎の乱は、雑賀党の戦に似ている。大逆事件は大塩平八郎の乱に似ている。大塩平八郎と新宮《しんぐう》[和歌山]で檀家《だんか》のほとんどが被差別部落民だった浄泉寺の住職高木顕明は、その志で似ている。(中上健次「有馬」、『紀州』角川文庫、2009年)

石崎東国の民衆のための陽明学が、中上健次の小説的構想力のなかに蘇ったかのようです。中上の「伝奇小説」もしくは「伝奇的空想小説」と、鷗外の史伝もしくは歴史小説の距離は、しかし、それほど遠くはないと思うのです。

［読書案内］

● 近代日本の陽明学については、次の2冊を挙げておきたいと思います。

荻生茂博『近代・アジア・陽明学』ぺりかん社、2008年

この本は、荻生徂徠の子孫である茂博さんが急逝したあとに出された論文集で、日本が発明した「近代陽明学」に関する最良の本です。本文で挙げた石崎東国もこの本で論じられているのが縁で関心をもちました。『陽明』という雑誌をすべて見ようと試みたのですが、それはもはや散逸しておりました。もしご存知の方がいらっしゃれば、ご教示ください。

小島毅『近代日本の陽明学』、講談社、2006年

この本が提出した、社会主義や民衆に向かう「赤い陽明学」と国家に向かう「白い陽明学」という鮮やかな対比は、近代日本の陽明学の姿を浮かび上がらせてくれます。近代陽明学の成立にとってカント読解が果たした役割についても重要な議論を重ねていて、裨益されること大だと思います。

● 森鷗外に関しては、いつか平野啓一郎さんにまとまった本を書いてもらうことにして、次の1冊をあいかわらず挙げておきたいと思います。

石川淳『森鷗外』岩波文庫、1978年（原著：三笠書房、1941年）

これは鷗外が小説から歴史小説（史伝）へと移行した意義を明らかにした労作です。ただ、本文でも触れましたが、史伝における傍観者としての鷗外という定義は再考しないといけないと思っています。そのためには、鷗外をより時代の思想的文脈に置き直した読解が必要だと考え、陽明学との対比を行った次第です。

[対談 3]

他者とともに変容する

明治の終わり

小林　日本文化のマクロ・パースペクティヴを論じるというわれわれの試行も、ここでようやく近代に入るわけですね。明治維新以降、日本がどのように近代化し、その近代化がどのように日本の「こころ」を変えたのか、変えなかったのか。もちろん、現代にも続く途方もなく大きな問題ですが、少しでもそのアクチュアルな問題に迫ろうとしたわけだけど、ふたりが選んだのが、どちらも小説であったというのは、おもしろいですね。しかもほとんど同じ時代、明治の終わりですものね。ある意味では、第1段階の近代化が完了して、その影響をどう受けとめるかという問題が切実に提起された時期だとも言えるわけで、一挙にさまざまな問題が噴出する。西洋的近代をどう受けとめるか、単に国家の体制の問題としてだけではなく、ひとりひとりの個人のまさに「こころ」の問題として提起される。それこそ近代ですよね。小説というのは、まさに「近代」のもっとも鮮やかな場ですものね。

中島　西洋的近代が真に問われた場所が「こころ」だというのは重要ですね。近代的な国家の諸制度を大急ぎで拵《こしら》えた段階をすぎると、そうした諸制度がちゃんと機能するためには、「こころ」が整えられなければならない。しかし、それは実に難しい課題です。一方には近代天皇制という複雑極まりない制度があり、他方には近代の宿痾のごときニヒリズムがあります。その間で、「こころ」をどう整えるのか。とりわけ、明治という時代の終わりにあっては、近代的な主体がもはや死につつあるわけです。

小林　そうなんですよね。漱石の『こころ』もやはり背景には天皇の問題があるわけで、しかも、それは単なる背景というより、もっと深刻に、死という問題にかかわっている。明治天皇の崩御、そして乃木将軍の「殉死」、この時代の背景のうえに、農村における自然的な「死」と、インテリである「先生」のきわめて主観的な「死」。自殺という現象としては、乃木将軍のそれと「先生」のそれとが重なっているわけです。古代から続くレジティマシー（正統性）を根拠にして成立している天皇制とそれと真逆とも言うべき西洋近代的な知識人の意識が向かいあっているわけで、しかもその2つを奇妙なことに西洋的なニヒリズムがつないでいるような感じですよね。そこに現代にもまだまったく解決されていないわれわれの文化の基底があるみたいなことを見てみたかったんですね。

中島　おそらく当時の西洋よりもはるかに近代的な意識を、当時の日本の知識人はもってしまっています。ニヒリズムの深さは半端ないものがあります。しかも、天皇制を通じて、伝統的なものも温存されているわけです。ところが、明治天皇の崩御や乃木将軍の殉死とともに、辛うじて成立していた明治という時代が終わってしまう。近代の終焉《しゅうえん》に早くも立たされているわけです。そのなかでの「こころ」ですよね。

小林　そう、一方では、この小説の主人公である「先生」、その背後に「乃木将軍」、そしてその背後に明治天皇という「死」の連鎖があるわけで、そうなると、この小説自体が、明治天皇へのレクイエムとしても機能するところがある。そういう意味でものすごくプロブレマティックなんですね。それで「こころ」ですからね。いやあ、強敵というか難物というか。とても複雑な構造をしています。わたし自身まだ整理できてません、すみません。

中島　いえいえ。19世紀後半に近代日本のかたちが、なんだかんだで出来上がってきたのに、それが20世紀に入ると早くも揺らいでいくわけですよね。漱石や鷗外はこの明治という近代の終焉において思考したわけです。明治が終わったのが1912年です。漱石が『こころ』を書いたのが1914年ですね。わたしが紹介した森鷗外の『大塩平八郎』は1913年の年末に書き上げられ、1914年に出版されます。この年は第一次世界大戦がはじまった年で、『こころ』執筆中にサラエヴォ事件が起きています。

小林　世界秩序の大きな変化のなかで、明治の近代化の意義が問われたわけで、そのときの日本人のメンタリティーが反映されているよね。

中島　その中心には、先ほどのニヒリズムがありますよね。それは、西洋近代に取り憑いているニヒリズムでもありますが、西洋の場合はキリスト教がまだある仕方で効いていたと思うんですよね。問題は日本の場合です。キリスト教に匹敵するものはなにかという厄介な問題が横たわっていました。一方では、仏教なり、儒教なりをキリスト教化してなんとか疑似キリスト教みたいにしようとしました。しかし、他方に、天皇制があるわけです。渡辺浩先生に言わせると、あれこそが疑似キリスト教なんだとおっしゃるわけです（渡辺浩『東アジアの王権と思想』東京大学出版会、増補新装版2016年）。

近代は世俗化を大原則にする時代ですから、宗教は表に出てはいけないんですが、個人の内面には根づいていなければならない。難しいのは、この緊張ですよね。この文脈で、近代天皇制は世俗化と宗教化という2つの方向をなんとかとりまとめたものではないのか。そうすると、それを支える内面の装置が「こころ」ということになる。漱石はこのことをちゃんと理解しているように思うんですよね。しかし、理解した上で、でもその図式に収まらないようなものを書いたのではないか。『こころ』は不思議な小説じゃないですか。あえて言えば、遺書ですよね。

遺書というもの

小林　遺書なんですよね。遺書で終わっている。第3部は全部「先生」の遺書です。だから、第1部、第2部の「私」と第3部の「私」が違う人であるという、1人称の逆転が起きてしまって、そのまま終わってしまう。ある意味では未完成のまま放り出されたテクストですね。

『こころ』は不思議な小説じゃないですか。あえて言えば、遺書ですよね（中島）

中島　どうやって遺書という形式を理解したらいいんでしょうね。なにに対する遺書なのか。

小林　まさに、そのことを、わたしのテクストは論じているわけです。簡単に言えばこれは、遺書が遺書を生んでいく連鎖の構造なのです。はじめに「先生」の友人のKが遺書を残すのだけど、それは秘密を明かさない遺書だった。それをもらった「先生」は、受け取り人になってしまったので、逆に、その明かしえない「秘密」に運命づけられてしまった。遺書だから手紙と死がワンセットで来るわけですよ。遺書の文字が死の光をたたえている。小説では「黒い光」と言われてるんだけど、それが受け渡される。それをもらった人も誰かにそれを渡さなくちゃいけないという、まさにジャック・デリダが言っていた「送付 en-voie」が起こるわけです。そして、最後に、語り手の「私」は帝国大学に入って、「先生」を追っかけたことによって、とうとう「先生」から遺書をもらってしまう。そうなるとかれは次に誰かに送らなくちゃいけないわけですよ、死の「黒い光」をね。で、次に送ったのが、はい、この小説です、となってますね。

中島　われわれに送られたんですかね。

小林　それは微妙ですね。だってこれ小説だから。つまり、むしろ文学って遺書だよねって方向に読みたいかな。この語り手の「私」は、「先生」が死んでずいぶんたってから、その死を振り返り思い出しながら書いているわけです。これが文学なんです。この遅延というか。で、その文学はなにをしているかというと、遺書の連鎖そのものを書いているわけです。

これが文学というものなんだ、と。「こころ」も「死」も連鎖的に伝えていける、いくべきものなんだ、と。「黒い光」をたたえた「こころ」を伝えていく。この問題が明治天皇から乃木大将への「死」の伝達と、どう交錯するのか。実際には、小説は、そのあたりは時代背景とか「きっかけ」という形でしか書いていないようにも思えるので、よくわかりません。もしわたしがこれを読むことで、この連鎖の正統な受け取り人になるのなら、わたしもまた遺書を書かなければならなくなってしまうわけじゃないですか。

中島　そうなりますよね。受け取っちゃったら。

小林　いや、読みながら、これまさにジャック・デリダの世界だと思って、不意を撃たれて感動しました。ディフェランス différance（差延）そしてアンヴォア envoi（送付）、すぐ1冊書けちゃいますね、「遺書」としてね。

近代的な死

中島　その場合にも、おそらく大事な概念がいくつか出ていると思いますが、「死」ということと「秘密」に焦点を当ててみてはどうでしょうか。「死」は漱石が『こころ』を通じてつかまえようとしたもので、近代的な死の概念だとは思うんですけれども、それはどういうものなんでしょうね。たとえばレヴィナスがハイデガーの死の概念を批判して、ハイデガーに窮まるような近代的な死の概念をなんとかたたき壊さなきゃいけないと言うわけです。死を死ぬことで本来性を回復できるような構えがやっぱりよくなかったんじゃないのか。逆に、死はある種の不可能性が露呈するような経験なんだ。ところが近代的な死は、死をちゃんと死ぬとか、死を死にうるものにするとか、利用しうるものに改良したんじゃないか。こうした批判を20世紀後半にするわけですよね。そうすると、漱石の「死」は、近代的な死に乗り続けたものなのか、あるいはなにか外れているような死を伝えているのか。このあたりをどんなふうにお考えですか。

小林　難しい問いを直球で聞かれている感じがしますけれども、わたしの理解では、ハイデガーの特に『存在と時間』（1927年）における死の問題は、われわれがそうである現存在の固有性の意味につながる問題なわけですよね。

中島　まさにその通りです。

小林　つまり、死こそその人の存在の固有性、その人であることの本質みたいなものが「意味」として示されるモーメントだと。そして、そのもっとも固有な「意味」としての自分自身に向かって投企していくことこそが本来的な生きることだ、と言うわけですよね。つまり、これは西洋近代が開いたとも言える人間の根本的な自由について、自由は自分の存在の固有性、その「意味」へとみずからを投企することにおいてであり、そのような「意味」が実現する最終的なモーメントこそ「死」だ。ある意味では、人間は自分の「死」に向かってみずからを投企するということになってきて、なんて言うのか、ある種の終末論的なアポカリプスの論理が隠れているようにも思いますよね。

中島　やはりキリスト教的な終末論が見え隠れしているのでしょうか。

小林　終末論的でもあり、目的論的でもあり、でもキリスト教的ではありませんよね。あくまでも「意味」の終末論というかな、現存在という近代的な個人ベースの終末論的なわけですよね。でもキリスト教的終末論に裏うちされているわけだから、これは非常に強力な論理ですよね。まあ、強いて言えば、「神は死んだ」というニーチェ的ニヒリズムに対して、わたし自身の固有性という「意味」において救おうとする自力救済の終末論でもあるかもしれませんね。なにしろニヒリズムは「永劫回帰《えいごう》」に行く。終点はない、究極の end はない、永遠に繰り返すだけだ、つまり決定的な「意味」というものはない、というわけです。西洋人にはこれは辛いんですよ。なにしろ一神教的ロゴスによって、すべては超越的な「意味」として統べられているはずだという根本的ドクサにどっぷりつかってきたわけだから。最終的、究極的なモーメントがないことには耐えられない。

中島　錨《いかり》をちゃんと下ろせるようなものがないわけですよね。

小林　そう、歴史に投錨《とうびょう》できないというか。ニヒリズムというのは、まさに「歴史」、それも人間が「主体」として構築する「歴史」という観念に突入したときにはじめて登場するもので、「近代」の陰画《ネガ》なわけですけど、そこでは、人間は自分が「主体」であるべき「歴史」にいわば投げ出されてあるわけです。それが自由ということなのだけれども、でもそうなると

近代というのは、自由かつ無意味というなんともいえない微妙な問題を突きつけてくる（小林）

その「自由の主体」としての実存はみずからの「意味」をうしなって茫然と立ちすくむわけですね。では、この「私」という実存の「意味」はなんなんだ。なにがわたしの「意味」を救ってくれるのか。いや、近代というのは、自由かつ無意味というなんともいえない微妙な問題を突きつけてくる。

中島　そこは哲学的に実に微妙ですよね。

小林　すごく哲学的です。神学ではなく、哲学。実存は「歴史」のなかに自分自身の「意味」を見出すのか、そうではなく、自分自身の「歴史」の究極である「死」、この誰にも譲ることができない、つまり誰も他人の死を代わって生きることはできないのだから、死こそはかけがえのない絶対的な固有性にほかならないので、そこにこそ「意味」が立ち現れるという方向に投企するしかないのではないか、そういうことだよね。これは、ある意味、とても強力な論理ですよね。どうだろう、これに対して、たとえばレヴィナスみたいな人はどう立ち向かうのだろう。

中島　レヴィナスは、そのような「歴史」を徹底的に批判しています。それは全体性に人間を還元するものです。そして、「歴史」との共犯関係のなかで、固有性を強烈に主張することが、レヴィナスにとっては存在論の詐術であって、他者を排除するものです。死がないというわけではなくて、死の根本的な他者性、そしてそれはある種の無意味さですが、それに耐えるしかないんじゃないか。

小林　そうなると、それは、ある意味で、ニヒリズムの……

中島　ひとつの形式ですね。

小林　形式にすぎなくなる。あれだけニーチェを読み込んでいたハイデガーだからこそあの方向を切り開いたわけで、それに対してレヴィナスは……

中島　わかった上で、この議論をやっているんですよね。

小林　ハイデガーは、20世紀の人間がこの時代に生きる最後の実存的よりどころは、みずからの死の固有性に賭けるしかないんじゃないか、と考えた。でもそのときに、いま、中島さんが、あるいはレヴィナスが提起した非常に重大な問題があって、にもかかわらず、人間はけっしてひとりとして単独で存在しないわけですよね。そしてそれこそが、「歴史」というものの根底なわけです。単独だったら「歴史」なんてない。つまり、人間はつねにひとりであり、同時に、避けがたく集団であるということです。この両極をどう哲学的に調停するか、これは現時点でも切迫している根本的な問いですよね。いま、われわれは、ハイデガーはそこで重大な間違いを犯したのではないか、と思うわけです。つまり、その存在の両極性をやはり「民族」とか、そういう集団性のもとに考えて、ナチズムにコミットメントすることになる。つまりかれ自身が集団の「歴史」に巻き込まれていくわけです。では、そうじゃなくて、レヴィナスのように、まさに「実存」の鏡像であるような「他者」をもってきて、それを調停できるのか。どうなんだろう、かれも結局は、ユダヤ的なものへと回帰していくのではないかな。つまり、そこでは、ひそかに、いや、公然と、――まるでハイデガーの鏡像ですが――民族的な存在論が回帰していないか。その下で、ユダヤ的一神教が回帰してきていないか。こういうのはとても乱暴な言い方だってわかっていますけど、でも、ハイデガーもレヴィナスも、そのように存在という思考の危うさを引き受けるくらいには、自分自身の存在と向きあっているわけですよ。自分自身の存在を棚上げして、存在論をなにか普遍的な論理みたいに扱うことでは、ほんとうは全然届いていないと思いますね。ここは誰もが躓《つまず》くんです。躓かなければいけないんです。これはまだ全然解決されていない問題です。存在において、歴史的なもの、民族的なものをどう超えていくのか。これは、21世紀に入って、ますます切迫した問いになっていると思います。

秘密を継承する

中島　ここでもうひとつの「秘密」についてうかがいたいと思います。漱石に戻ると、遺書のかたちで「秘密」を打ち明けて、それが受け渡されるわけです。この構造はさきほどの個人と共同体ということで考えると、2つを変なかたちでつないでいるようにも見えるのですが、秘密である以上、じつはつなぐことにはならない。この遺書の受け渡しの構造において、「秘密」をどう考えればよいのか。この遺書は他の人たちの参考にしてほしいと一番最後にそう書いてあるのですが、それをどう考えればいいんでしょうね。「秘密」とは結局なんなのか、いかなる「秘密」なのか。

小林　さあ、いよいよ重大なところに差しかかってきましたね。じつは、わたしはいま、『生の秘密、死の明るさ』というタイトルで、これまで折りに触れて書いてきた追悼文など短いエッセイを集めた本をつくりたいなあ、と思っているんです。デリダとか、フーコーとか、リオタールなどわたしの先生でもあるような人たちへの追悼文ですね。追悼文は遺書ではなくて、逆に他者の死に対して即刻反応しなければならないエクリチュールなんです。新聞だったら明日の朝までに書いてくれ、みたいな話で来ます。だからその瞬間に、その人の人生をわたしはどう見るのか、どうかかわるのか、という難題に直面するわけです。ショックもあり感情だって乱れているときにですよ。そのような文章をあとで読み返してみると、わたしは自分がよく「秘密」という言葉を使っていることに気がついたわけです。つまり、生に対して「秘密」という意識がわたしのなかにある。というわけで、ここでも「秘密」というのが出てきてしまったんですね。

「秘密」って、当然、他人に言えないことなわけですよね。でも、じつは、非常に些細なことだったりもします。誰にでもわかる大きな事件ではなく、一見すると些細などうでもいいように見えることなのに、その人にとっては決定的なことが隠されているという感じ。あるいは、本人すら気がつかないようなことです。なにか重大な罪を犯したというのではなくて、ちょっとしたずれの瞬間にすべてが決定されているみたいな。『こころ』の「先生」の遺書だって、友人とひとりの女を争って、友人を出し抜くかたちで女と結婚しちゃいましたというだけの話です。もちろん罪と受け止めてもいいけども、問題はそういう罪悪感とはちがったところにある。ここは非常に微妙で、読む人の人生観が問われるところかもしれないけれど、罪を犯したから死ななくちゃならないというキリスト教的な「告白」のメカニズムで動いているかというとそうじゃなくて……。

中島　わたしもそう思います。

小林　死の誘惑を自分もそこで共有したというか、受け渡されたというか。それを「黒い光」と呼んでるんだけど、そういうことだと思うんだよね。それはまさにニヒリズムって言ってもいいかな。わずかな一瞬に自分の人生のすべてが決定的な仕方で、生きる「意味」が「死」に集約するような形で見えたということですよね。まるでブラックホールみたいに自分の全人生がそこに入っちゃうみたいな。

中島　漱石はまさに近代を生きてしまったように思います。とはいえ、いまおっしゃったような告白型の内面や秘密を表現するという感じには尽きないものがあります。そういう近代の文法に、単純に乗っかっているわけではどうもなさそうです。秘密にも、なにか罪を犯した罪悪感で苦しみ続け、なんとか告白して最後は楽になりたいというものがありますが、それとは違うタイプの秘密もやはりあって、漱石はそちらも考えていたのではないでしょうか。ここでまたまたカスリスさんを思い出しますけれども、かれがインティマシーの定義で言っていたのは、秘密を親友に伝えることなんですよね。でもそれは、なにか秘密が先にあって伝えるというのかというとそうじゃなくて、やっぱり親友に伝えるということ自体が秘密を可能にしている。さっきも「些細なこと」とおっしゃいましたけれども、それがこのわたしのあり方を決めてしまっていて、その親友とのかかわり方も決めているわけです。この構造はすごく不安定な構造で、近代日本を規定していると思います。

破壊される自己

小林　そこでの重要なポイントは、「秘密」がけっしてただ「私」の外にあるわけではないということです。つまり、問題となっているのは、「私」という自己が破壊されたというようなこ

親友に伝えるということ自体が秘密を可能にしている（中島）

とです。「先生」の場合も、「黒い光」とはその一瞬に「私」が「私」であることのすべてが崩壊したこと、それがほんとうの意味での「秘密」なわけです。破壊したのは他者です。他者とのかかわりにおいて、「私」は「私」が受け止めきれない負債を負ったということかな。あるいはこれを受け止めるような「私」はいないというか。その意味で、壊れている。そこがぎりぎりの「秘密」なわけですね。どうしてかというと、そのような存在としてなにかを言うことはすごく難しいじゃないですか。つまり「私」が生きている限りにおいて、「私」が破壊された、これはもはや「私」ではない、すでに他者性に明け渡された痕跡が残り続けるというか、それが消えることはないという構造ですね。

中島　そうですよね。だからそれは、最初にお話ししたハイデガー的な死とは、また違うタイプの死を示しているということとつながっていますよね。

小林　そうですね。固有性ではなく、まさに非固有性なわけだからね。それをなんて呼ぶかというのは、大きな問題ですね。

中島　なんて呼びますか。

小林　なんですかね。難しいですけど、ただ反応しているだけなんだけど、でも「私」はひとつじゃないんだよね、という方向に行くかな、わたしの思考は。つまり、いま述べたような出来事は、ある層において起こっていて、なんて言うかな、それを超えた、つまり「私」の崩壊すらも含み込む「私」もある。そういう方向に進んでいかないとデッドロックに乗り上げる。だから、極端に言えば「私」という同一性について、無数の階層があると考えるという方向に行かざるをえないってことかな。

この同一性という「意識」そのものが、人文系の思考の非常に大きな罠《わな》になっていると思いますね。つまり、物理的な世界を考えれば、それはスケールや層として現象するわけですよね。クォークから宇宙までの指数関数的な階層感覚です。けれども人間については、「私」という言語を発する「私」を、どこかに固定しピン留めしてるわけでしょう。このレベルを超えて多層的な「私」が存在するという感覚をもちにくいわけですね。でも、無数とはいわないが、いくつもの層があるんです、実存にも、意識にも。そこで「意味」もまたそれに応じて変わるんです。さっき述べた「私」の破壊は、ある一層における出来事かもしれないけれど、同時に、もうひとつ別の層を暗示してもいる。それを無意識と言ってもいいし、別の言い方をしてもいいんだけれどもね。じつは20世紀の人文科学は、まさに人間の深層構造、多層的構造に光を当てたわけですよ。

中島　漱石の場合にそれはどうなんでしょうね。

小林　だからこの小説で「上」、「中」、「下」となっているのが、漱石にとっては……

中島　そういうレイヤーでしょうか。

小林　そういうレイヤーを示しているもののように見えるのですけれどもね。つまり「こころ」の奥底に「他人」がいたり、死者が生きていたりというような、それこそまさに「こころ」

という構造です。「こころ」はそういう意味ではひとつの宇宙なんですね。漱石はここでそういうレイヤーをいくつか見せている。となると、「先生」の「こころ」のなかに、死んだKという友人の遺志（意志）が生きて残り続けていたことになります。「こころ」は全部去らない、時間は経過しないみたいな、そういう気がするけれどもね。「こころ」のなかに死はすでに潜在している。でも同時に、残り続けるものを伝送できるわけですね。それが手紙、遺書です。手紙はむしろ時間のなかにある、空間のなかにある。手紙に呼び出されるようにして、「私」は死にかかっている自分の父親を放り出して、つまりまた、自分を破壊するようにしてまで、上京するわけでしょう。列車に乗って、列車が手紙に応答している。

中島　手紙は時間を湛えていますよね。

小林　だから手紙とは本であり、小説であり、文学なんですよね。デリダ的に言えば、誤配を避けがたい、遅延する、遅れて伝達される「ことば」、いや、「こころ」です。

中島　手紙がなくなった時代ではどうなるのでしょう。一瞬のうちに情報が伝達される。

小林　そうねえ、手紙がなくなって全部SNSでやりとりする時代になったときに、人間はどう変わるのか。すさまじい同時性の文化ですよね。

中島　過剰なほど同時性が要求されていますね。

小林　もう過去もない。ひょっとすると未来もなくなったりして。この同時性は、いわゆるプレ

中島　ザンス、現存ではないですよね。現存なき……

小林　同時性。

中島　それを生きなくちゃいけない時代にはたして「こころ」は……

小林　あるのか、ということですね。プレザンスなき同時性の時代に、先ほど議論した「歴史」はなおも意味があるのかということですよね。

中島　まさにそう思います。「歴史」が変質しはじめている。それが最大の問題ですよね。人類の歴史がいま変質をしつつある。歴史よ、おまえはどこに行くのか、みたいな。

鷗外にとっての歴史

中島　鷗外は歴史小説に転換します。近代小説という形式からちょっと離れて、歴史小説に行きます。そのきっかけとなったのが、1910年の大逆事件だろうとわたしは思っています。そのあとに明治という時代が終わることも深く影を落としています。鷗外は、歴史小説という形式でなんとか時代に立ち向かおうとしたのですが、漱石とは異なる仕方で、苦しい道であったと思います。

歴史よ、おまえはどこに行くのか（小林）

鷗外が大逆事件のあとに書いた、「沈黙の塔」や「食堂」というテクストがあります。「沈黙の塔」には、仲間内で殺しあう「パアシイ族」が出てきます。「パアシイ」というのはペルシアという意味で、歴史的に見れば、古代ペルシアのゾロアスター教徒でインドに移ってきた人々のことです。「東洋のユダヤ人」と呼ばれることもあるようです。イギリスのインド支配の際には、「パアシイ族」が純粋なアーリア人だとも表象されたことで、インド人とイギリス人の間で植民地支配に協力させたとも言われています。鷗外はそうしたかれらを、「自然主義と社会主義の本」という相矛盾するようなテクストを読む民族として描き出し、それを当時の日本に重ねていたわけですが、いったいどのような思いを込めていたのでしょうか。

小林さんがおっしゃった、歴史というものが近代に登場したことがニヒリズムの根底をなしているとすれば、鷗外はまさにその歴史の問題を鷗外なりに問うていったんだろうと思います。かれは歴史学者でも文献学者でもなく、作家として歴史の問題やテクストの問題に取り組んだわけです。そうすると、近代的な歴史学と文献学に支えられたニヒリズム（ニーチェは文献学者です）と、その上に成り立つ政治の問題に、なんらかの決着をつけたかったんじゃないか。

ここで『大塩平八郎』を見てみると、鷗外は大塩のことを「未だ覚醒せざる社会主義」と評しています。それは、当時つくられた近代陽明学が向かったひとつの方向性でした。

中江兆民、幸徳秋水、そして石崎東国につながる「赤い陽明学」です。鷗外の教養のなかに、ある種の陽明学的なものがあったわけで、それを踏まえて、ここに挙げたテクストが書かれているのだと思います。ちなみに、陽明学という点では、漱石だって同じなんですよ。いや、漱石のほうがはるかに陽明学的かもしれません。

小林　そう？

中島　漱石は陽明学者の三島中洲《ちゅうしゅう》の塾で学んでいて、『孟子』を陽明学的な線で読解することをしています。日本の近代陽明学はとても特殊なんですよ。中国の陽明学は、心学つまり心の学とも言われますよね。それは朱子学的な問題系を乗り越えていくために、陽明が心に注目をして、ある種の唯心論を展開したからです。乗り越えるべき問題系とは、他者問題です。朱子学はそれに苦しみましたが、陽明はそれを消してしまおうとしました。

ところで、日本の近代は、すでに議論したように、近代的な「こころ」の問題に直面します。その際に、それを陽明学を重ねることで解こうとしたと思います。そこにはいろんなひずみや無理があった。そのなかで、大塩平八郎は陽明学者として描かれるようになります。しかし、鷗外の大塩平八郎に対する評価は思ったより低い。曖昧な人、大塩ですね。ということは、鷗外は近代日本がつくり上げてきた、近代陽明学と西洋近代的を「こころ」で結びつけるやり方に、不満だったのかもしれません。ただし、大逆事件の幸徳秋水にしても、その知的なバックグラウンドであった中江兆民も、陽明学を身につけ、公の言説である「白い陽明学」ではなく、民衆的で社会主義的な「赤い陽明学」だと理解できます。近代陽明学といっても一筋縄ではいきません。

　鷗外はどちらの方向にせよ、近代陽明学を最終的には肯定できなかったのではないか。別のメンタリティーのあり方、「こころ」のあり方を求める方向に行こうとしたのではないか、と思うのです。

小林　それはどういう方向なんでしょう？

中島　それが鷗外にとっては歴史小説を書くということだったと思うんですよね。鷗外は、歴史を近代を支える歴史学とは違う方向で使って、別の「こころ」の形をつくりたかったんじゃないかと思うんです。

小林　鷗外の歴史小説は基本的に3人称ですよね。今回ここで、漱石、鷗外と並んだのは偶然なんですが、同時代に書かれた『こころ』は1人称です。1人称で書いているからこそ「こころ」をテーマにできるわけで、もちろん背景には天皇崩御とかあるけれど、歴史小説ではない。鷗外のほうは3人称でいわゆる歴史記述に近い。鷗外の歴史観は近代的なものだったんですか。

中島　わたしは近代的じゃない可能性があると思っているんですね。

小林　となると、近代的な歴史観ってなにかと考えなくちゃいけなくなる。当然ながら、近代が歴史をもたらしたときの最大のポイントは国家だと思うんです。国家は前からあったろうって言われるかもしれないけれども、そうではなくて、近代においてはじめて国家とネーションとしての国民、そして歴史というこの3つのセットが出てきたわけですね。いままで国とは統治者のことだった。どこにだって国はあって支配者はいた。しかし、近代国家の原理は統治者が誰であれ、この国家は全国民のものなんですね。つまりネーションステートなわけですよ。夏目漱石も森鷗外もその事態を受け止めようとしていますよね。つまり、徳川幕府だって国は国なんだけれども、明治になって藩制度を廃止し、日本の国民の国家をつくろうとした。近代化ですね。でも、日本は、それをするのに、たとえばフランスとは正反対のやり方をした。フランスは王の首をギロチンで斬首することによってネーションステートをつくったわけですが、日本は逆に封建体制に封じ込められていたレジティマシーを復権させることによってつくるという奇手を使った。正反対なつくり方をしたわけですよ。近代国家のつくり方っていろいろあると思いますけど、少なくとも建前としては、国民という存在が歴史の「主役」ですという「意味」が浮上してこなければならない。なぜならば歴史は国家の歴史だったけど、じつは主体は国民なんだというイデオロギーですよね。そうなると、国民とはいったい誰なんだという問題が出てくる。これは自明ではないんですね。男だけなのか、女も入るのか。差別されていた人々はどうなのか、子どもは、外国人はどうなのか、とか。

中島　誰が国民なのか。

近代国家の問い直し

小林　誰が国民なのか。いままでそんなこと考えたことがなかったのに、国民というアイデンティティーを付与されたわけです。この文化革命をどうやって受け止めるか。その応答のひとつが、近代小説であったわけでしょう。国民の側から歴史を問い直すというかね。1人称か3人称かは別にして。だから、わたしの問いは、森鷗外にとって近代国家はどう見えていたのかということかな。漱石の場合は、まさに「私の個人主義」に行くわけですよね、有名な講演ですが、なんとか国家に対して個人主義をぶつけようとするわけですね。

中島　あれは国家主義への批判でしたもんね。

小林　国家主義の批判。「個人」というこれまでにない思想。これは、非常に強いメッセージですよね。それに比べると、鷗外はむしろ逆を行っているんじゃないかという気もするんだけれども、どうかしら？

中島　一方で鷗外というのは、エリート官僚ですよね。

小林　国家の側にいる。

中島　国家の側にいる人間です。軍医ですから、ただ、軍医になった理由は、かれがそれほどはできなかったからだという話もありますので、当時の東大医学部を出たスーパーエリートの道ではなかったかもしれません。それでも国家を体現した人ですよね。その点では漱石とはかなり違っています。

小林　漱石も国家の命令を受けて英国に留学するけれども、どうもそれはうまくいかなくて、まさに英国で「こころ」の問題を抱え込み、そこを出発点にして、いろいろ東西のあいだで迷ったあげくに、最終的に、「私の個人主義」、個人主義一般ではなく、あくまでも「私の」、個人的な個人主義へと行くわけですね。

中島　では鷗外が、じゃあ自分が属している国家に対してイエスと言っていたかというと、そうではないと思うんですよね。もしほんとうにイエスと言っていたのであれば、さっきも紹介したような大逆事件後のテクストは書けないはずです。目の前に広がっていく近代国家日本に対して、相当アンビバレント（両義的）な思いをもっていたんじゃないでしょうか。死ぬときに、石見《いわみ》の国の森林太郎として死ぬという言い方をしていましたよね。近代国家日本の軍医として死ぬわけじゃない。なにか鷗外なりの国家への違和感が残り続けていて、それが鷗外の歴史小説に反映されているんじゃないかと思うんですよね。

小林　つまり3人称で書かれた、一見すると、すでにことが終わって歴史化されてしまった人たちのなかに、しかし支配者の側ではなくて、むしろ支配に反逆した人間というか、アンチ

鷗外なりの国家への違和感が、鷗外の歴史小説に反映されているんじゃないか（中島）

国家の人間に焦点をあてて、そういった歴史そのもののディコンストラクションを企てた、とも言えるのかしら?

中島　そう言える気もしますね。『高瀬舟』とか『渋江抽斎《ちゅうさい》』なんか読んでいてもそうですよね。鷗外の屈折の仕方は、単純じゃないですよね。

小林　でも最終的には、あくまで「歴史」として救っちゃう、そういう方向に、鷗外のエクリチュールは傾いていくのじゃないかしら。漱石のエクリチュールはあくまでも傷をかかえた、秘密に満ちた個人、けっして歴史に回収されないだろうなにかを「こころ」としてキープし続けること、その個人主義にエクリチュールを傾けていく。そういう違いですかね。

中島　そうですね。

小林　ちょっとまとめすぎてよくないかな?

中島　いえいえ。それは近代の歴史、そしてニヒリズムに対する、2つの異なるアプローチかもしれませんね。

小林　いずれにしても、2人とも時代の超エリートですよね。そのエリートが自分の「こころ」の苦痛に満ちた両義性を表現していると見えるわけだけれども。誰でも自由に情報発信できて、それが歴史をつくり上げていくようないまの時代に、こういうことがどう変わっていくのかはなかなか微妙ですね。

中島　いまの時代では、漱石にしても鷗外にしても、同じような形で出てくるのは難しいかもしれませんね。

小林　わたし自身の感覚ですが、ある意味もう1回国家が問われる時代、いや、情報文化によってもう1回国家以前の状態に戻されているような感じがします。まあ、部族的な状態です。血統でつながっている部族ではなくて、趣味とか職種とかさまざまな社会的文化的セクターによって自然と形成される「趣味の共同体」みたいな。強い結合帯をもってはいないが、しかしその「部族」だけの価値観を共有しているみたいな。合衆国のトランプ政権だって、そういう部族的な基盤に支えられているように見えるし、ほかの国もそうですよね。そこではネーションステートという近代国家の究極の理念そのものが解体しかかっているように思えます。非常に原始的なメンタリティーが、情報的部族性を通じて復活してきている。それに固有の暴力性もあるし、排他性もあるし、近代国家によっていったん解消されたように見えた諸問題が、全部もう1回吹き出しているように感じています。これは緊急の問題、しかし巨大な問題です。中島さんは、このネーションステート、近代国家、歴史という問題が、いまの時代、特に日本においてどういうふうに展開する、あるいはそこにどういう可能性、不可能性があると考えます？

中島　1980年代とかまでは、ネーションステートに対する相当な批判があって、いまにもネーションステートという制度がなくなるんじゃないかという雰囲気でしたよね。ところが、現実はそれとは違う方向に進んで、国家が再び強力になってきた。ナショナリズムは消滅するどころか、さらに勢いを増しています。そうすると、なにか問題の設定の仕方を間違っていたんじゃないかなと思うのです。たとえば近代のナショナリズムの極点のひとつがナチズムでしたが、最近つくづく思うのは、ヒトラーのナチズムはまだ不徹底だったのかもしれないということです。

小林　それはどういう意味？

中島　ひょっとしたら、ほんとうに徹底されたナショナリズムやナチズムをこれから体験するんじゃないかなという気がしているんですね。これはどこの国でもそうなのですが、とりわけいまの中国ではIT（情報技術）がものすごく進んで、生活の隅々に入ってきています。これは便利である一方で、スマートフォンを通じて、ひとりひとりの行動が把捉されているんですね。そうするとその人の記録を読んで、その態度を国家が評価し測定することが容易にできます。中国がおそらくいまの最前線でしょうが、これはどの国でも多かれ少なかれ当てはまることです。われわれはネーションステートの徹底された姿をまだ誰も知らないのかもしれません。

小林　ジョージ・オーウェルの『一九八四年』（原書1949年）を思い出しますが？

中島　『一九八四年』の世界がほんとうに来るかもしれないとすると、どういうかたちで立ち向かっていくのか、抵抗していくのかですよね。さっきおっしゃったようにプレザンス（現存）なき同時性を、国家の側が手にしてしまっているわけです。それに対して、たとえば近代小説を通じて立ち向かうこともひとつの可能性としてはありますよね。そのなかに鷗外の歴史小説も含まれるかもしれませんけれども。でもはたしてそういう抵抗がなおも有効なんだろうかが、よくわからなくなってきています。

人の資本主義

小林　わたしは基本的には、いま資本主義が近代国家を乗り越えていく局面にあると思います。資本主義そのものが近代国家を越えた広域の共同体を生み出すべき時代。EU（欧州連合）もそうした理念の産物だったと思うんですけど。でも、最近、そうした動きそのものに、それぞれの国家が逆立してくる現象が起きてますよね。ポピュリズムを背景にした、もう一度国家という枠組みに戻るというか。それもまたある種の部族的な思想を裏側にもっていると思いますけれど。民主主義のルールに従って、そうした部族的な動向がかえって強まってくる。一方では、グローバル化してしまった資本主義にとって、国家は超えられなければならない。経済的には単独国家ではどうしようもない。にもかかわらず、その資本主義的展開の利、それは巨大な額になるわけですが、それを享受できるのはごく一部の階層のみ。ほかの人々は取り残される。それなら、国家主義に戻ろうみたいな、単純なんですけれど、それが力をもつ。ここでは、一方はルサンチマンの情念と他方は経済的なマネジメントの策略、それしかない。どちらにも理念はない。こういう両極の分裂の時代に、

ルサンチマンの情念と経済的なマネジメントの策略との両極の分裂の時代（小林）

いったい人文科学は、哲学は、なにを語るのでしょう？

中島　いまおっしゃったように、資本主義がいやが応でもある仕方で展開して、変容していく状況にわれわれはいます。資本主義を飼いならしていくこと、そしてそれが国家主義や超国家主義に対する抵抗の場所になるんじゃないか。こんな夢も見てしまいそうです。ただ、その場合、どういうタイプの資本主義なら抵抗の根拠になるのかということですね。最近、「人の資本主義」と唱えてみています。それはモノからコトへ、コトから人へと、資本主義のアリーナが変わるのではないかという思いからです。モノの生産・消費とそれに連なる労働から、コトという情報や出来事が産み出す差異へと移ってきましたが、次こそ人間が問われるのではないか。フーコーが言った人間概念の消滅のあとに、もう一度「人間」があらためて問われざるをえないと思います。それは小林さんもずっとお考えになっていたことです。それを哲学が考え抜くことができるならば、「人の資本主義」を構想することもできるのではないかとやや甘く思っているわけです。

その場合、哲学はどんな人間概念を、フーコーのあとに構想していけばいいのか。その場合、主体としての人間ではなく、「からだ」を生き、感情とか感覚というものを通じて変容することを中心にするしかないのではないか。これからは、ＡＩ（人工知能）やロボットがモノとコトの次元に投入されていきますから、労働が人間から決定的に奪われていくわけです。

小林　もう、なくなりはじめてますよね。

中島　アダム・スミスの『国富論』（原書１７７６年）を見ると、１８世紀の後半に、労働する人間、生産する人間という概念が登場したわけですが、そのモデルがもう利かなくなる。さらに、消費という概念も危うい。モノの消費は飽和していますし、コトもこれからどれだけ消費できるのか。労働・生産・消費といった概念ではつかめないところで、人間概念が問われているんだろうと思います。「からだ」に基づいた創造性やアートの方向に行くのはひとつの可能性かもしれません。

小林　そこで、中島さんの思考はどういう方向に向かいますか？　単なるインデックスでいいんですけど、どういう方向に行くか。

中島　「からだ」やアートのあたりをぐるぐる回っているだけなんですけれども、小林さんはなにかありますか。

小林　歴史という問題ですよね、根底は。ある種の線形的な、単線的な「進歩」の歴史。まあ、宇宙だってそうなので、ビックバンからはじまってずっと増大しているのと同じで、人間の歴史も、爆発的に「増大」しているわけですよね。でも、同時に、物理学そのものが、その前提となる時間や空間という根源的な存在形式についてまでまったく革命的なアイデアを提出してきているわけですよね。わからないけど、わたし自身は、そうした知見を受けとめて、もう一度、メタ・メタフィジックス、つまり「形而上上学」、いや、「形而上上上学」というところにまで行かないといけないのでは、と思っています。まあ、資本主義というのは、技術という創造的なフィジックに裏打ちされた欲望のシステムですけど、それはせいぜい人間にとってそのつど、「相対的によくなる」、「よく儲かる」システムをマネジメントしましょう、ということにつきる。マネジメント、マネーを稼ぐマネジメントにつきる。それをみんな一生懸命にやってるわけですけど、結局は効率の違いだけになってしまって……

中島　それでは単純ですよね。

小林　世界戦略、経営戦略を立てて、要するにうまくマネジメントをやりましょう、と。まあ、ぜひやっていただきたいのですが、そういう理＝利の実践からはずれた役に立たないフィロソフィーの役割があるとすれば、そういう実践に還元できない、もっと根源的な空間とか時間とかまで含めた、全感覚、全存在の再構成をやらなくちゃいけないかな、と思います。

中島　もともとメタ・フィジカというのは「自然学のあと」にということですから。

小林　そうです。だからまさに「そのあと」がいま問われていますね。ポストモダンではなくて、ポストフィジックスかしら？　いま、形而上学はどう可能なのか、「メタ」はいかに可能か。なかなか難しい問題で、でもそれは、夏目漱石や森鷗外みたいな人がやろうとしていたこととどこか通ってくることになるかもしれませんよね。つまりリアリティーに対するかれらの距離の取り方みたいなもの、まあ、詩《ポエジー》というのか、それを学び直す必要があると思いますけれどもね。

中島　2018年の春学期に、イタリア人のグローバルヒストリーの先生と授業を一緒に行いました。わたしは一般的に歴史家の語るヒストリーライティングは非常にフラットな感じがしていて、あまりおもしろくないわけです。そこで、その先生に、ヒストリーライティングにもメタのレベルがあり、メタ・ヒストリーライティングをヒストリーライティングそのものに入れていかないといけないのではないか、と問うたわけです。鷗外にしても漱石にしても小説を書くなかで、ある種のメタ小説のような観点があるじゃないですか。それは近代の大事な遺産だと思います。

小林　近代がもたらした最大のものは、「理性 reason」だったわけですよね。デカルト、ライプニッツ、カント。合理性ですよね。それが最大の格律《マキシム》だったわけで。マネジメントというのは、基本、合理性をいかに最大限にするかですね。
　それは、もちろん「悪」などではなく、ある意味では「善悪の彼岸」（ニーチェ）の合理性です。そこにニヒリズムが芽生える素地があったわけですけど、その合理性そのものが、いまや、限界にきているというか、それだけではやっていけない時代になってしまった。そのとき、「メタ理性」、わたし自身は「カオス的理性」とかつて言ったことがありますが（『知のオデュッセイア』東京大学出版会、２００９年）、そういう次元に入っていかなければならない。それこそ、理性を超えた本来的な「知性 intelligence」というものだ、と。その方向に向かわなければならない。

中島　まったくそうだと思いますよ。

小林　そうでなければ、結局、われわれは、人工的「知性」、つまりＡＩに負けることになる。なにしろそれは人間の計算的理性の能力を圧倒的に上回る性能をもちうるわけだから。でも、わたし自身は、そこで重要なのは、われわれ人間の「知性」というのは、じつは、根源的には imagination、単なる想像力ではなく、世界の根源的な想像＝創造力とリンクしているということですね。その根源まで遡って、人間を再定義しなければならないのではないか、と思っています。

他者とともに変容する Human Co-becoming

中島　もうひとつだけつけ加えると、人間を Human Being ではなく、Human Becoming と捉えたほうがよいという議論があります。たとえば人間は理性を所有していると定義すると、その人間が変化することはありません。より乱雑な状態から整頓された状態にいくことはあるかもしれませんが、基本的に理性を所有している以上、大きな変容は人間には起きないはずです。でもいまおっしゃったような、イマジネーションとインテリジェンスが融合すると、大きな変容の経験を人間にもたらすと思います。人間は変容していく存在であり——もちろん変わることは危険なことなので、変なほうに変わるととてもつらくなります——、しかも単独では変容しないはずなので、他者とともに変わっていくHuman Co-becomingというあり方が見えてくるのではないか。それを哲学がどう語り直すのかが大きな課題ですね。この本がこのことにちょっとでも貢献できれば、ありがたいと思います。

［第4部］

日本から世界へ

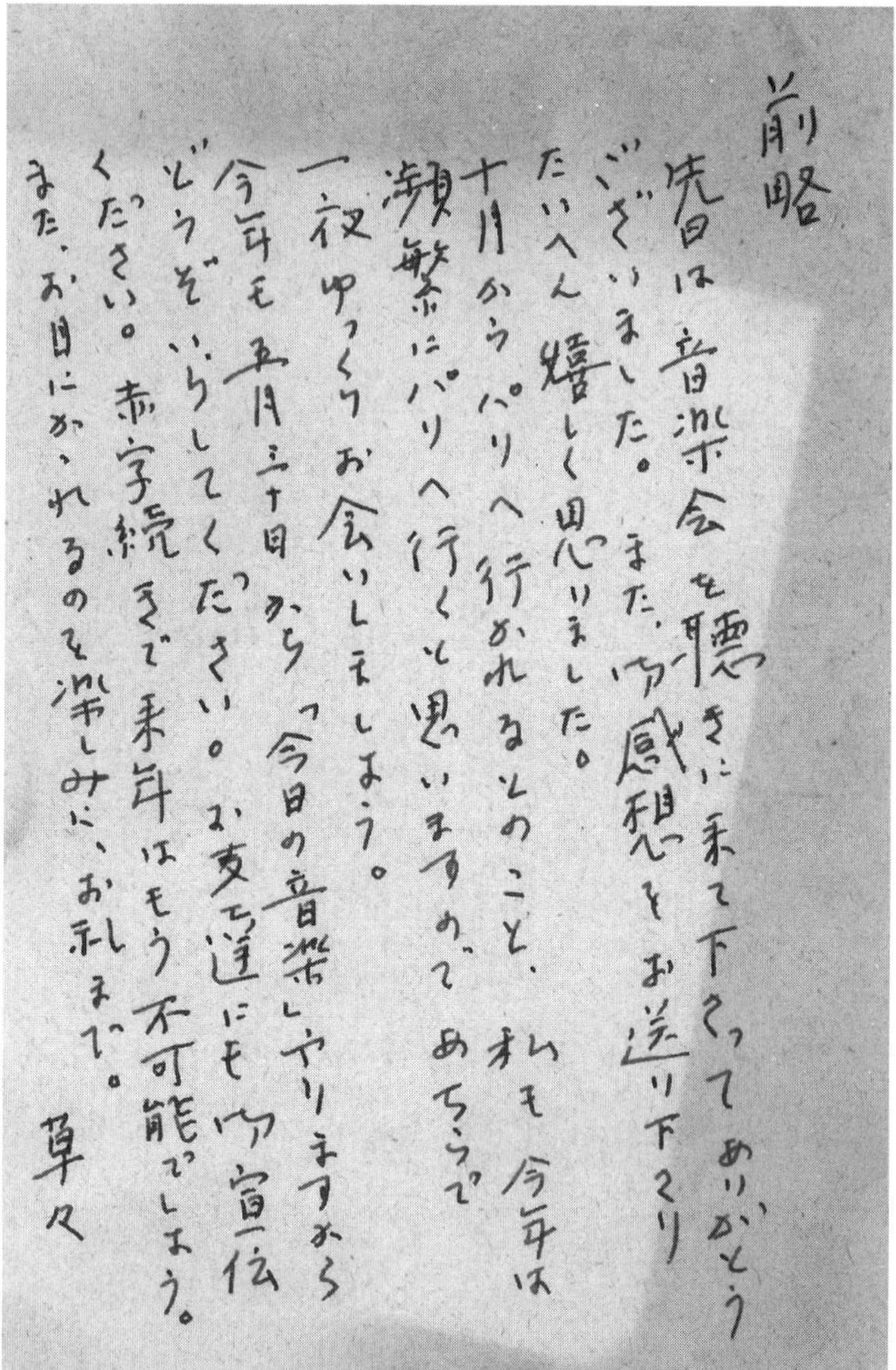
前略
先日は音楽会を聴きに来て下さってありがとう
ございました。また、御感想をお送り下さり
たいへん嬉しく思いました。
十月からパリへ行かれるとのこと、私も今年は
頻繁にパリへ行くと思いますので あちらで
一夜ゆっくりお会いしましょう。
今年も五月三十日から「今日の音楽」やりますから
どうぞいらしてください。お友達にも御宣伝
ください。赤字続きで来年はもう不可能でしょう。
また、お目にかかれるのを楽しみに、お礼まで。
草々

武満徹から小林康夫宛の葉書（消印は 1978 年 5 月 4 日）。

「今日の音楽 MUSIC TODAY」は 1973 年から 1992 年まで開催された。

せめぎあう異形のなかに自分を見出す

小林康夫

Text…武満徹『樹の鏡、草原の鏡』

かつて、私は西欧という一枚の巨大な鏡に自分を映すことが音楽することであると信じていたのだが、邦楽を知ったことで、鏡は一枚ではなく他にも存在するものであることに気付いた。やがて西欧という巨大な鏡の崩壊する音が、私の耳にも響いてきた。私は、現在《いま》このような文を書きたどってきて、思考は一向に整えられず反《かえ》って複雑に錯綜しているのを感じるのだが、それは、自分が単純な二者択一の論理に頼ることができないためである。私にとっては、西が駄目なら東というようなことは考うべくもなく、それに、西欧文明・文化の凋落《ちょうらく》の劇は、私（たち）の内部において既に起ったことなのである。

私にとって、それは「発見」と呼ぶことができるが、非西欧的音楽の異種の草原の鏡は、巨大な西欧の鏡とは本質的に異なる原理をもつものであり、それら多くの鏡が微妙に反射し合う光の屈折の中に身を置いて、私は自分の聴覚的想像力を更に新たなものに鍛えたいと望んでいる。その後で、夜に向う黄昏《たそがれ》の底にあってなお残照に映える巨大な鏡の破片のひとつひとつを、私は再び自分の内部に一枚の鏡として組立てたいと思う。それは、たぶんかつての巨大な鏡とは別なものであろう。しかも、それがどのようなものであるのかをいま予想することはできない。

私は、河を遡るために冒険を試みようとは思わず、また、この停滞に身を任せようとはさらに思わない。共通に語る言葉をもたない異なったものが、互いに触れあうことができるかくれた境界は、何処《どこ》かにあるはずである。そこへ至る路《みち》を見出すためには一枚の鏡ではなく多くの鏡に自分を投射してみることが必要であろう。東と西、というような雑駁《ざっぱく》な思考操作を追いやるためにも、束の間は、自分自身を見失うほどの光の乱反射の身を曝《さら》してみることだ。径《みち》は各個の内部にやがて細い血管のようにたち現れて、いつかそれらは偉大な創造力によってひとつの大きな流れへと収斂《しゅうれん》されるであろう。

［テクストについて］

作曲家・武満徹（1930～96）の第2エッセイ集『樹の鏡、草原の鏡』（新潮社、1975年）の冒頭「Mirror」と題された3つのエッセイの2番目の「樹の鏡、草原の鏡」より。このエッセイ群は、武満が、フランス人の音楽家たちとともに、インドネシアに現地調査の旅をしたときに受けた「衝撃」に対する（本人自身の言葉だが）「未完」の応答として書かれたテクストである。

日本文化の「問う力」

日本文化の歴史を追うように、空海（ことば）・世阿弥（からだ）・漱石（こころ）と3つの小さなピトンを打ち込むことで、日本文化のマクロなパースペクティヴの素描を試みましたが、最後にコーダとして、「日本を解き放つ」実践、しかも比較的新しい戦後の時代の実践について触れておかないわけにはいかないでしょう。

実際、20世紀後半から現在にいたる時代は、日本の文化が一気に世界へと解き放たれた時代でした。建築、映画、文学、ファッション、禅、柔道剣道などの武術、芸術、舞踏、料理、漫画、俳句、盆栽、庭園、音楽……思いつくジャンルをあげてみただけですが、どの分野でも、すぐに世界的に活躍し、世界的に認知された、何人もの固有名詞が浮かびます。日本の戦後、とりわけ1970年代以降の時代は、日本の文化がさまざまな形で世界へと浸透していった時代でした。それは、19世紀のパリで「ジャポニスム」と呼ばれた異国趣味《エキゾティズム》などではありませんでした。20世紀、日本の文化は、空間・身体・感覚を中心とする領域に、「もうひとつの普遍性」として受け容れられたのです。すでに日本の文化は世界へと「解き放たれ」ました。そして、そのことが、海外文化を移入して、独自な形で自分のたちの文化へと変容させてきた日本文化の歴史においては、どれほど画期的なことであったかをはっきりと理解しなければならないと思います。

そうであれば、21世紀に入ってすでに20年近い時間が経過し、しかもこの間に、人類の文化そのものが、グローバリゼーションであれ、情報革命であれ、また地球環境変化であれ、途方もない規模の大変化の時代へと突入してしまった現在において、問題は、――「ジャポニスム」というレッテルのもとに日本というローカルな文化をそのまま海外にもって行こうという時代錯誤は論外としても――それをただ世界の地平へと届け、もたらすというだけでは、もはや、十分ではない、と思います。問題は、日本文化をそのまま世界にもっていくことではなく、日本文化から出発して、現在の、そして未来の「人類」が直面するグローバルな問題にとっての（「解決」とは言わないまでも）

「応答」の方向性がみつけられるかどうか、です。そのためには、日本文化において、普遍的な問いを問うことができるのでなければならない。

すなわち、問う力――それこそが、いま、日本文化に問われている、ということになります。

じつはわたしがひそかに危惧しているのは、日本文化のそのような「問う力」が、最近では、とりわけ1970年代以降に起きた、世界に向かっての爆発的展開のときの迫力に比べれば、ずいぶん弱化してきているのではないか、ということ。いまこそ、新しい人類的なレベルでの普遍性への問いを顕在化させなければならないのに、ローカルに特殊な文化を「輸出」するだけでいいのか、ということです。そして、この問題に向かいあうためにも、敗戦という苛酷な現実から出発して、日本と世界のあいだで、新しい「普遍性」を問うた戦後の創造者たちの「問いの力」を、いま、一度、思い出すべきではないのか、その思いが、わたしを、冒頭の作曲家・武満徹のテクストへと向かわせました。

西洋音楽と日本の「音」がぶつかりあう

武満徹は、ほとんど伝説的なエピソードですが、戦時中に聞いたシャンソンの「Parlez-moi d'amour（聴かせてよ、愛のことばを）」に衝撃を受けて作曲を志し、戦後に、ほとんど独学で学んだ作曲家です。大学といった教育の制度のなかで学んだのではなく、詩人で芸術家であった瀧口修造ら多くの人々との交流のなかで自己形成を行った。

［小さな括弧ですが、似たような人としては、やはり独学で建築を学び、世界へと飛びたった建築家・安藤忠雄のことが思い出されますが、こうした事例には深い意味が隠されていることに気がつきます。つまり、ほんとうの創造性とは、教育制度ではなく、「独学」からこそ生まれてくるということ（教わって学べることなんて、いくらかの知識と単なる形式の扱い方だけですから）。大学を出ている出ていないは別にして、（若いときに）どのくらい「独学」しているかが、決定的に重要なのですが、日本の社会はその重要性をどのくらいはっきりと認識しているでしょうか。］

かれの最初の作品は、20歳のときに作曲した《2つのレント》（1950年）。そして、世界へと駆け上がっていくキャリアの原点となったのが、《弦楽のためのレクイエム》（1957年）でしょうか。1960年代にはいくつもの音楽賞を受賞し、1967年には、ニューヨーク・フィル創立125周年記念の委嘱作品を頼まれて、オーケストラに日本の尺八と琵琶《びわ》をアレンジした画期的な作品《ノヴェンバー・ステップス》を作曲し、それが小澤征爾《せいじ》の指揮で初演されます。そこでは西欧音楽とそれとはまったくちがった原理に立つ日本の「音」（尺八・琵琶）が、溶けあうのではなく、激しくぶつかりあう新しい音楽世界が立ち上がっていました。まるで「西欧」という「普遍性」の「鏡」をぶちこわすかのように「日本」という「特異性」が突き刺さった、あるいは響きわたった、と言ったらいいでしょうか。

もちろん、ここでは武満徹の音楽について詳しく語ることはできません。しかし、わたしにとっては、武満徹は、「西欧音楽」というある種の「普遍性」の場のまっただなかで、その「普遍性」に対して、日本文化という「特異性」をもって「問う」ことを実践した人なのです。

ここでわずかに私語りをすることをゆるしていただければ、わたし自身、――音楽にまったく縁のない人間であったにもかかわらず――武満徹の企画・構成で1973年から20年間続いたコンサート・シリーズ「今日の音楽 MUSIC TODAY」には、毎年、少なくとも1、2回は顔を出していたが、それは、ある意味で、わたしにとっての「独学」の場でした。しかも、1977年にはまるで学生がレポートを書くように、コンサートの感想を書いて武満徹に手渡したのだったか、ごていねいに、お礼の手紙をいただいたりしました。その縁もあって、翌78年に、わたしがパリへ留学したときには、「パリの秋」芸術祭のために建築家の磯崎新《あらた》が企画した（これこそ日本文化を世界へと解き放つ革命的な展覧会だったのですが）「間《ま》」展において、武満徹が企画構成したコンサート・シリーズを聴いたりもしました。そのパリ留学中に、わたしはある雑誌（『音楽の手帖』）の求めに応じて、武満徹の「音楽の場処」を論じたエッセイを書いたのですが、それが、個人的には、わたし自身の言葉で批評的になにかを論じることができるというはじめての経験を与えてくれました（『音楽の世界　武満徹』青土社、1981年）。パリという異国の地で、武満徹の音楽の「普遍」の問題を考えることが、わたしの批評の「原点」のひとつとなったのです。

さて、引用したテクストは、かれの第2エッセイ集『樹の鏡、草原の鏡』の冒頭に収められたエッセイから。1971年に出版された第1エッセイ集『音、沈黙と測りあえるほどに』は、巻頭に瀧口修造と大江健三郎のオマージュを配置し、武満自身の文章としては、1961年の「Vita Nova」

からはじまって途中、「日録」なども含みつつ、ニューヨーク・フィルによる《ノヴァンバー・ステップス》初演のリハーサルに立ち会ったときの思いを綴《つづ》った「十一月の階梯《かいてい》」へといたるエッセイ群であり、1960年代にかれが歩んだ「道」のドキュメントとなっています。その到達点とも言うべきテクスト「十一月の階梯」の最後は、はじめは琵琶や尺八の「音」に対する違和感を隠してはいなかったニューヨーク・フィルの楽団員たちが、ついにそれを受け容れる場面が書かれています。

　序奏を経て、琵琶と尺八の演奏にはいると、オーケストラの状態は徐々にだが、それまでとは変化してきた。オーケストラが出す音は精彩あるものとなってきた。そこには演奏の技術だけではないほかの何かが、加わってきたようなのだ。（／）『ノヴァンバー・ステップス』は、曲の終り近くに、琵琶と尺八だけが演奏する部分がある。それは、八分にもわたる長いものなのだが、オーケストラの楽員たちは、じっと二人の演奏に聞き入っている。もちろん、東洋の未知に対しての、好奇が手伝っていただろう。しかし、そうしたことも越えて、二人のすぐれた演奏家の音楽に強く惹《ひ》きつけられていたにちがいない。オーケストラの最後のコーダは、初めの状態からは想像もできぬほどに、生き生きとしていた。（／）曲の指定通りの沈黙の後に、楽員たちの「ブラボー」と拍手が起った。（／）ニューヨークの寒気を感じながら、私は、夜のウェスト・サイドを歩いた。自分のうちに起ってくる興奮を、一人で、さっと確かめてみたかった。（／）十一月のニューヨークでの私のステップは、やっと一歩踏み出された。

異質な文化の出会いというものは、きっとこうでなければならない。このような「激しさ」が起こるのでなければ、真の出会いではない、と言ってみたい気がします。同書の別のテクスト（「一つの音」）のなかで武満自身が言っているように「西洋と日本の、異なる二つの根源的な音の領土を、［……］、異なった二つの音楽を、自己の感受性の内に培養すること」、それこそが、根源的な想像力にとっての挑戦なのです。

バリ島の音楽との出会い

こうして《ノヴァンバー・ステップス》が、武満にとっての最初の「ステップ」であったとしたら、『樹の鏡、草原の鏡』に収録されたテクストの多くは、かれにとっての第2の「ステップ」とも言うべき経験を軸に書かれ編集されています。その軸とは、インドネシアのバリ島の音楽との出会い。1972年暮れから翌年にかけて、武満は、クセナキスらフランスの作曲家や学者とともにバリ島に調査研究に入る。そこで聴いたガムラン音楽、あるいはそこでの音楽と生活のあり方に深い感銘を受ける。西欧と日本、あるいは「普遍」と「特異性」という二項対立に、もうひとつの項が打ち込まれることで、一気に「開《ひら》け」が開かれ、「拡がり」が広がるというか。それこそ、ここで、わたしが武満からの「学び」として強調したいところなのです。

武満徹は、バリ島の夜の寺院で、ひとりの老人が演じる「一本の蝋燭《ろうそく》すら点《とも》されていない」影絵《ワヤン・クリット》を見、また雷雨激しい夜に「椰子油《やしゆ》の点された集会場」でのケチャックを聴く。そして、

「素晴らしい新資源《ニューソース》」だと興奮しているフランスの音楽家たちとはまったく異なった反応をしている自分に気がつく。その自分の反応にかれ自身が当惑しているところもあり、その当惑をひとつの問いとして受けとめて文章を書こうとしているのだが、かならずしも最終的な解が見えてくるわけではない。いや、安易な言葉として「解」が見えて来ないことこそが重要なのです。かれ自身の言葉に耳を傾けましょう。

いくつか断片的に引用します。

ジャワ島やバリ島で聴いたガムランの、あの空の高みにまで昇るような音の光の房は何なのだろうか、と思う。私たちの音楽のどの部分にあのような眩《まばゆ》いかがやきを見ることができるだろうか。陽光《ひかり》の木魂《こだま》のように響くガムランの数々の銅鑼《どら》を聴きながら、私は邦楽器の音について考えていた。私が感じたことを率直に表せば、ガムランの響きの明るさと官能性は、「神」をもつ民族のものであり、日本音楽の響きは「神」をもたない民族のものなのではないか、ということであった。

クンダンの刻むリズムは、私たちを地に繋《つな》ぎ留めてはいるが、それは生命の浮標《ブイ》のようで、私たちの肉体と精神はより大きな生命圏に向って浮揚して行くことができるのだ。私は、〈解放〉と〈祝福〉という言葉について思い、それと同時に、物質的にはけっして恵まれているとは言えないジャワ島の山間の聚落《しゅうらく》にあって、人間が音楽することの〈悲しみ〉についても考えたのであった。

即興は、旋律とリズムの音階（旋法）に魂を委ねてはじめて可能になる。そして、音階はまたその時にはじめて姿を顕す。それは日々生まれ変わり、特定の日や時間、特定の場所、また特定の内的な情景と深く結びつく。音階は人間《ひと》が歩む道であり、果てしないが、その無数の葉脈のような道は、いつか唯一の宇宙的《コスミック》な音階へ合流する。それは、「神」の名で呼ばれるものであり、地上の音階は、「神」の容貌《すがた》を映しだす鏡の無数の細片なのである。

そしてこのパッセージのあとに、冒頭に掲げた引用が来ます。

ひとつの生命が他の別の生命を呼ぶ時に音が生まれる。その、沈黙を縁どる音の環飾りが音階となり、やがて、音階のひとつひとつは光の束となって大気を突き進み、あるいは、河の流れのようにほとばしる飛沫となって大洋へと解き放たれる。それは、無音の巨大な響きとしてこの宇宙を充たしている。

最後にこのテクストのコーダの部分。

私にとって、インドネシアを旅したことは、それもまた偶然のことではあったが、意味のあることであった。（／）それはたぶん、より多くの問題を私に抱えこませることになったが、私の考えに、ある動きと変化をもたらしてくれたように思う。現在《いま》は簡単にしか言いようがないが、私は当面している問題のすべてに耐え、それを受けとめようと考えるようになった。人間の生きざまには、パッシィヴな情熱だけがそれを支えている、というようなものがあっても悪くはなかろう。どうも私たちは、全身で受けとめるべきものを、いつも半身でしかしていなかったように思えてならない。それが、実は、インドネシアで私が感じたことの全体であったかもしれない。私がしたような、あるいは、おおかたの日本人がしてきたような西欧と附合《つきあ》いかたでは、日本ともほんとうには附合えないだろうと思う。点対点的な思考、つまり、西欧と日本、というような図式は、たんに論理の筋道を捏《こしら》えるにすぎない。それでは物事は本質的な展開をしない。（／）インドネシアの草原で、遠い土地に立つ樹のことを考えていた。西欧《ヨーロッパ》から私たちが影響を受けるとすれば、ほんとうはこれからなのではないか——。ふと、そんな気がしたのだった。

美しい文章です。ここには、真正の問いがもつ誠実さがある。自己の感覚から出発して世界を問うこの文章の響きにそれぞれが耳を傾けてくれればよいので、わたしがいたずらに解説を加える必要はない。

だが、わたしがあえて言いたいのは、マクロ・パースペクティヴとはまさにこのようなものでなければならないということ。それはけっしてお手軽な全体図式というようなものではなく、ひとつひとつがその「特異性」の深さにおいて感覚され、理解されていることによって、複数の異質な「特異性」の「あいだ」に、それぞれの文化を超えた真の普遍性、超・普遍性の次元が想像的に浮かびあがってくるということなのです。

宇宙的な〈いのち〉

それを確認するために、野暮《やぼ》は承知の上で、この時点での武満徹の音楽の思考の「開け」を、あえて単純化して次のようにまとめることができるかもしれません。

（1）西欧音楽――「ことば」のように緻密に構成された関係性の音楽。（「ことば」にはそういうところがあるのですが、）そこでは、その関係性を編み、織りあげて、「天」の高みへと持ち来《きた》らす「樹」、つまり「ひとりの天才」という個人が際立つということがある。武満は本書で、これを「樹の鏡」と呼んでいます。

これに対して、非西欧音楽は、「自然の音楽」と呼ばれています。武満によれば、その「音楽は地上を覆う草々のように全体はひとつの緑のように見え、陽を受けて雨を浴びてその緑はまたさまざまの緑をあらわす。他の土地へ搬《はこ》ぶことはできないし、そうすると姿を変えてしまう」。つまり「草原の鏡」です。それは、ある意味では、大地から切り離すことができないものとしての「からだ」としてあると言うべきかもしれません。

しかし、この「草原の鏡」は、バリ島での経験から出発して、言われていました。それは、かならずしも日本の伝統音楽とは一致しない。この当時の武満にとっての邦楽の経験は、「一音に世界を聴く」という尺八の「音」の極限的なあり方であったのだとすると、（武満がそう言っているわけではありませんが）邦楽は、「草原の鏡」というより「竹林の鏡」であったのかもしれません。

いずれにせよ、

（2）邦楽――そこでは極限的に「一音に世界を聴く」ということが要請される。すなわち、「邦楽は関係のなかに在る音楽ではなく、反ってそうした関係を断つところに形あらわす」。そして、「日本人は無にまで凝縮された一音に無限定な全体を聴こうとする」ということになります。これは、武満においてはのちに「さわり」の美学として展開されるものに通じていくのですが、対象 object としての「もの」ではなく、「物の怪《け》」にも通じる出来事としての「物」の音楽と言うこともできるかもしれません。

（3）インドネシアの音楽――引用からもわかるように、武満はこの音楽を前にして、最終的には、

「かみ（神）」という言葉を持ち出しています。もちろん、西欧の一神教の「神」とは異なって、これに続くエッセイ（「磨かぬ鏡」）でアメリカ・インディアンの音楽やインドのラビ・シャンカルやタゴールを参照しながら論じているように、宇宙的なものとしての生命の普遍性とでも言うべき「かみ」です。そこでは、音楽は、宇宙的『いのち』と一致すると言いましょうか。武満は言います——「喇嘛《ラマ》僧のあの低く地を匍《は》うような声、中南米インディオの山脈《やまなみ》を刺繍《ししゅう》するように響く声、潮のように緩やかに満干《みちひ》するノラ・チャントの声、それらの多くの異なる声の響きがわたしたちに示しているのは、だが、ただ**ひとつの生命**なのである。」

「ことば」、「からだ」と来て、——ここでは「こころ」ではなく——直接に「いのち（かみ）」、すなわち宇宙的な生命です。音楽は、当然ながら、人の「こころ」から発します。しかし、そこから出発して、「こころ」を宇宙的な「いのち」へと展開させる。ここでは、もはや「西」と「東」という対立関係にはおさまらない、真に universal なものとしての「宇宙的な生命」という（個別の文化には還元できない）人類全体にとっての音楽の地平が開かれることになります。

この時期、武満徹は、建築家というより空間デザイナーと言うべきでしょうか、かのバックミンスター・フラーの言った「Universal な卵」という言葉を時々引用していました。「宇宙的卵」あるいは「普遍的卵」と訳は統一されていなかったけれど、人類がこの時代に、まったく新しい「普遍性」を孵化《ふか》させなければならないという「統合」の理念に共感を寄せていました。その時代から、すでに半世紀に近い時間が流れましたが、その使命はますます緊急性を帯びてきています。いや、あえて言葉を遊ぶならば、爆発的に進化する情報テクノロジーがもうすぐ、ひとつの卵形のポッドに内蔵された「普遍性の卵」を生み出すかもしれない21世紀、われわれの時代にあって、単なる情報操作に還元されない真に存在論的な「宇宙的卵」をどのように想像することができるのか、人間にとっては、まさに切迫した問いが提起されている現在です。だからこそ、わたしは、日本文化のマクロ・パースペクティヴを問うこの文脈のコーダとして、あらためて武満徹の真摯《しんし》な問いかけを思い出しておきかったのです。

最後に、いまもけっして色褪《あ》せることのない深い共感とともに、同じ『樹の鏡、草原の鏡』のなかから、日本出身でアメリカ合衆国に渡り、そこで彫刻など空間造形を通じて「物と生命の本質に関わる果てしない追究」を行ったイサム・ノグチの展覧会（1973年）に寄せて武満徹が書いた文章の一部を掲げておくことにします。

一枚の鏡は壊れて、砕《くだ》かれた破片のひとつ一つに異なった貌《かお》が映しだされている。もはや、ただ一枚の鏡に自分の像を見ることはできない。そして、壊れた鏡はまた元のようにならない。〈／〉統合という理念、その全人的要請は、安全無害な中和状態をつくり出すことにあるのではなくて、せめぎあう無数の異形のなかに自分を見出すことであると思う。近代日本人は、西欧という偉大な一枚の鏡に自分を照らして見ることに長い時を費やした。いまは時を掛けて、その砕かれた鏡に自分を映してみることだ。そして複雑に屈折し反射する無数の像を収斂する力が想像力なのであり、その力はまたその運動のなかにおいて培われ拡がる。

そう、いまこそ、知と想像力とが統合されなければならないのだとわたしは思います。

[読書案内]

●武満徹については、著作集も出ていますが、とりわけ
　齋藤愼爾・武満眞樹編『武満徹の世界』集英社、1997年
わたしとしてはなによりもここに収められた武満さんのたくさんの写真を見てもらいたい。「人として美しい」人の佇《たたず》まいというか、その眼差しを見届けてもらいたいという思いがあって、大判のこの本をまず挙げておきましょう。

●ここで論じた3点測量という方法は、基本的には、文化人類学という学問と通じるところがあります。つまり、「西洋」、「東洋」という二元的対立に閉じこもるのではなく、その「外」の文化、ときには「未開」とも言われたりもした文化の「野生的な豊かさ」に目を開かなければならないという思想ないし知の欲動。となれば、わたしとしては、20世紀後半の世界的な知を貫いた文化人類学の運動に触れてもらいたいと思ってしまいます。

となれば、やはりクロード・レヴィ＝ストロースでしょうね。

クロード・レヴィ＝ストロース『遠近の回想』竹内信夫訳、みすず書房

出口顯編『読解レヴィ＝ストロース』青弓社、2011年

この本にはなんと、とても若いときにわたしが書いたレヴィ＝ストロース論も収められています。

クロード・レヴィ＝ストロース『野生の思考』大橋保夫訳、みすず書房、1976年

をおとすわけにはいきません。ここで語られた「ブリコラージュ」という実践的技法は、わたし自身にとっては、人生を生きる「自由の技法」となりました。

そしてもう1冊、かれの日本論を集めた読みやすい小冊子

クロード・レヴィ＝ストロース『月の裏側――日本文化への視角』川田順造訳、中央公論新社、2014年

をお薦めしたいしたいと思います。

●日本の戦後文化については、わたし自身も「オペラ的」と称している奇妙な断章集の形式で自分なりの「内部観測」を書こうとしています。すでに、1970年までの記述については、

小林康夫『オペラ戦後文化論1』未來社、2016年

として刊行すみ。1970年以降については、雑誌『未來』で連載中だが、そのプレリュードにあたる最初の断章は武満徹を論じています。

［対談４］

世界と向きあう芸術

3点測量

小林　空海から出発して、日本文化のパースペクティヴを漱石まで追ってきて、そこで終わるわけにはいかない。やはり戦後の文化に触れなければ、そういう思いで短いテクストを書こうとしたのですが、誰をとりあげるべきか、とても迷いました。いくらでも名前は出てくる。語るべき人はたくさんいるわけです。じつは、これまで女性をとりあげてこなかったこともあって、はじめは女性をとりあげようとも思いました。石牟礼《いしむれ》道子さんを考えたのです。『苦海浄土《くがいじょうど》』（1969年）ですが、読み返して、わたしの力ではうまく展開することができない。で、そのころ、たまたま武満徹さんのことが思い出されて、かれは、西欧、日本、そして日本以外の非西欧文化という、3点測量とでも言うべき方法というか思想を生きたのではないか、と。それこそ、21世紀のいま必要な「方法」ではないかなあ、と思いとりあげることにしたのです。東と西だけではなくて、インドネシアのバリ島、東といえば東だけれども、日本ではないもうひとつの他者。そうした他者との遭遇を通じて、もう一度西欧的な普遍性を超える、もうひとつの普遍性を見出そうとしたこの動きに、いまでも感動できる。この思考はまだ有効なんじゃないかなと思って、それで書いたわけですね。

中島　わたし自身も自分の本のなかで何度か武満を引用したことがありますので、小林さんから武満についてうかがえるのはうれしいです。いまおっしゃった3点測量と絡んでくるので、武満さんの「暗い河の流れに」の1節を引用させてください。

この地上で聞かれる音のすべては、異った波長の集積で成立っている。波長の集積のぐあい、あるいは強さの度合いといったことが、その音の独自な響きをつくりだしている。そして、そこに集っている波長は、相互に物理学的な信号の役割を果すのだが、このことはたいへん暗示的なことに思われる。信号としての波長は、他の波長を全く別の新しい振動に変えてしまうが、信号もまた元の波長のままではいない。私は、これを単に物理的な相乗効果としてだけ考えたくはない。他を変え、また自己を変えるということは、〈運動〉の原則ではないか。

武満さんは、音をお互いが変容していく〈運動〉と考えています。そして、小林さんのおっしゃっている3点測量の第3項が、武満さんにとっては人間じゃないものではないか。たとえば、鳥です。

私は音楽家として、現存の四倍の努力をしなければ、鳥のようにはうたえないことになる。また、仮にそうしたとしても、あんなに美しく充実した歌がうたえるものだろうか

……

武満さんは、ここまでの覚悟をもって、自己変容や相互変容に懸けている（中島）

これは「虫、鳥、音楽」というテクストの1節です。鳥の声をテープに録って4分の1のスピードにすることで、鳥の声をほんとうに聴こうとする。これは実に武満さん的だなと思います。その上で、自分が4倍の努力をして、鳥のようにうたおうというのです。

武満さんは、ここまでの覚悟をもって、自己変容や相互変容に懸けているわけです。しかも、その試みは普遍に対しても開かれています。とはいえその普遍は西洋対東洋みたいな安直な図式の上で考えられているわけでは全然なくて、西洋も変わっていく、東洋も変わっていくというものです。そのためには3点測量の第3項のようなものに細かい注目をしなければ届かないわけですよね。武満徹という人はそこに届いていたように思います。そうすると、武満さんが見ていた日本は、わたしたちが見てしまっている日本とは全然違うわけですよね。そのような変容に解き放たれた日本を、いったいどうやって問い直せばよいのか。このことが問われているんじゃないでしょうか。

小林　難しいですよね、いまの時代はかえって難しい。すべてが情報として入ってくる。どこにも行かないで情報だけは手に入るようになってしまったので。でも武満さんにとっては、やはり旅することが決定的に重要だったということですよね。

中島　まったくそうですね。

小林　旅が、日常の延長ではなかった時代。身体をもって境界を超えて行かなければならなかった時代ですよね。やはり、自分の全身の感覚でほんとうに他者と出会わないといけない。身体を携えていって全開して、それが鳥であれ、他の文化の音楽であれ、「聴く」ということをしないと、他者には出会えない。音楽の基本は「聴く」ことですけど、いまや、音楽はそこら中にあって、誰もが電車のなかでイヤフォンを耳に入れて常時、音楽に浸されているのだけれど、ひょっとするとそこには「音楽」はないのかもしれない。「他者」を聴いていないのかもしれない。われわれは「聴くこと」を失いつつある。

だから武満さんが、日本の戦後のなにもないところから出発して、まず日本を問い、世界を問い、宇宙を問いというように、「問い」を積み重ね、世界を「聴き」ながら自分の道を聴こうとしたことが、いまでは逆に難しい。もう同じような道をたどることができなくなってしまっている気もしますよね。

官能的な営為

中島　それはどうしてなんでしょうね。そういえば、武満さんはあのすばらしい「夢と数」というテクストでこんなことを言っていました。

私の音楽も、もちろん私の整理に即して変化しています。……音楽は、（人間の裡にひそむ）自然の感情を呼びさますものでなければならない、と（私は）考えています。それは、たいへん官能的な営為です。

小林　第3部の対談では、川端康成作品の官能性について話をしましたが、この官能性が失われていることも関係しているのではないでしょうか。

それは、わたしのテクストでは、最後に、武満さんを引きながら言っている想像力ということになるんですね。世界が本質的に、イマジネーション、想像力として存在しているというところにかならず行く。ある意味では根本的なエロスの感覚ですよね。そこからすべての真正な創造、クリエーションが生まれてくる。そこまで行かないと寄せ集めのパッチワークにしかならない。でもいまや、あまりにも断片的な、いや、断片ですらないような情報、しかもある意味では人間の感覚を超えたような情報が簡単に手に入るようになってしまったので、人間が自分の身体で感じる能力、つまりセンシティビティーがすごく低下しているようになりましたよね。なにも感じられなくなった。鳥の声を聴いても、その声のなかに鳥の歌を聴くことができなくなっている。人の声を聴いても、そのなかに歌を聴けない。歌は無数にあって氾濫しているけれども、逆に「世界の歌」はどこからも聴こえてこないみたいな。人間はあらゆる感覚を、テクノロジーがもたらす情報に接続してしまって、結局は、それを閉ざしはじめていると思いますけれどもね。

中島　そこですね。深刻な問題です。

小林　きわめて深刻です。人間が最終的に、グローバリズムがもたらす情報に接続するだけの存在になるのか。それとも武満さんが言う「宇宙の卵」というコスミックな「卵」を孵すことができるのか、この半世紀くらいが勝負だと思いますけれども。

中島　いまの情報の流れ方にしても、あるいは氾濫する音楽にしても、ある種の特徴があるように思います。それは、のっぺりしたスムースさだと思っています。

吃音

中島　またしても武満さんですが、「吃音《きつおん》宣言」にこうあります。

ところで、自分を明確に人に伝える一つの方法として、ものを言う時に吃《ども》ってみてはどうだろうか。ベートーヴェンの第五が感動的なのは、運命が扉をたたくあの主題が、素晴らしく吃っているからなのだ。

ダ・ダ・ダ・ダーン。

…………ダ・ダ・ダ・ダーン。

吃音を聴くという聴き方。そして、「どもりの偉大さは、反復にある」とさらに続けます。しかし、その反復とはなんなのでしょうか。ジャズについて述べながら、こう述べています。

> **言葉をまず肉体のものにする。**どもりは同じ繰りかえしをすることはできない。いつでも新しい燃料で言葉のロケットを発射しなければならない。月に当るか星へ飛ぶのか、そんなことは知らない。飛べばなんとかなるのである。ぼくらにはおなじように聴えても、どもりも鳥も、いつも同じことはくりかえさない。その繰りかえしには僅かのちがいがある。／このちがいが重要なのだ。

小林　こんなことを言っているんですね。これが31歳のときの文章です。

そうですよ。ここにも書きましたけれども、武満さんは、大学に全然行かず、清瀬保二《やすじ》さんという作曲家についてはいたが、基本的には独学で作曲を学んだわけだし、ピアノもない境涯で、紙の鍵盤を置いて練習するというようなことをしながら、ここまでの仕事をなさった。なんという人だろうと。建築家の安藤忠雄さんも独学でしたが、われわれみたいな大学関係者は、大学のやっている教育ってなんだろうと思っちゃいますね。まあ、ここはあえて誇張して言っているのでもありますが。独学では随分でたらめなことも学ぶけれども。でもそのでたらめのなかからしか創造性は生まれてこない。まさにわずかな「ずれ」ですよね。反復なんだけれども、反復じゃない。ずれ、それが起こるのは独学だからでしょう。

先生が言ったことをそのまま反復している人間からは、創造性は生まれてこない。はっきりしていると思いますね。この国は、いまや検定がはやり、評価がはやり、すべてを点数で縛り上げる単調な反復にすぎない教育にますますシフトしているように思いますね。これでは、逸脱がゆるされない。つまりクリエーションがゆるされない。当然そういう意味での創造性が低下する。ずれは、どうしても自分の感覚で探し求めなければならないのだけれども、いまの人たちはそれをやると社会的敗北者になるのじゃないかと恐れてなかなか踏み出せないように見えますね。

武満さんからの葉書

中島　ここでややパーソナルな話をうかがえればと思うのですが、小林さんは武満さんとは、いろいろなおつきあいがあったんですね。

でたらめのなかからしか創造性は生まれてこない（小林）

小林　そう、このテクストを書いたきっかけは、武満さんからの葉書でした。実家の押し入れを整理しているときに、昔のファイルから、武満さんからいただいた郵便が出てきたんですね。１９７８年の消印で２つ（３４４頁）。わたしはそのころ大学院生で、武満さんがオーガナイズしていたコンサート「MUSIC TODAY」を毎年かならず１回は聴きに行っていたんです。そして、どうしてそうしたのか、２０代後半の生意気盛りだったからか、なんとコンサートの感想文を書いて、次のコンサートのときに、会場の武満さんをつかまえて渡したんですね。そうしたら、あとでていねいに、ご返事をくださったわけですよ。すっかり忘れていたんですが、その端正な字の葉書を見て、ああ、武満さんで書こうとなったわけです。

中島　その葉書にはなんと書いてあったんですか。

小林　いや、感想文をありがとうございました。あなたは今秋パリにいらっしゃるようなので、パリで「フェスティヴァル・ドートンヌ（秋の祭典）」をやりますので、そのときどうぞおいでくださいと書いてあった。そして、実際、ソルボンヌで行われたコンサートに招待してくださって、なおかつ、日本から来た演奏家たちとの食事にも誘ってくださった。優しい人でした。いまでもパリでその中華レストランの前を通るとその夜のことを思いだすんです。

その後、わたしのパリ留学時代の最後のころ、『音楽の手帖』（青土社）が「武満徹特集」

（1981年）をやるのですが、パリにいるのに、わたしも文章を頼まれた。それで、武満徹論を書いた。そこでは、リオタールの授業でカントを学んでいたこともあって、カントの『純粋理性批判』と武満さんの音楽を結びつけるというへんなテクストを書くのですが、そのときじつは、はじめて、芸術的なものと哲学的なものとを結んで、自分なりの批評的な文章を書けるのではないか、という気がしたんですね。それまでは苦しくてなかなか書けなかった。それがフランス語にどっぷりつかっていたパリで、日本語のエクリチュールが戻ってきたというか、開かれたというか。わたしにとっての「西欧と日本」のぶつかりあいそのものですね。それが武満徹であったことに、いまでも感謝の気持ちをもっています。

中島　小林さんはこう書いていますよね。「ここには真正の問いがもつ誠実さがある」と。武満さんを表すのに一番ふさわしい言葉かなと思いますけれども。

小林　そうですね、誠実な人ですよ。
　言葉というのは、なかなかピュアにならない。感覚だけではいかないじゃないですか。武満さんは、音楽なわけですね。聴覚、聴くこと。その感覚。鳥の声。電子音楽。尺八の一吹き。琵琶のバチの音。「一音に世界を聴く」というところにまで行ける。
　ところが言葉はどうしても歴史の汚物を引きずっているというか。その意味で、ただ自分の感覚に忠実になるだけでは、やっていけないところもあって、なんていうのかな、ノイズとしての歴史と向かいあわなくちゃいけなくなるような気がしますね。よくわからないけど。武満さんのように美しく生きるのは、難しいかもしれませんね。

ジョン・ケージからの手紙

中島　武満さんはジョン・ケージとも親しくしていましたね。対談のなかで、「本人を前にしてこんなことを言うのは照れるんだけれども、僕の感受性が変化してきた歴史を振り返ると、ジョン・ケージの音楽、芸術が、それから人となり、全ての影響があった」とか、「ジョン・ケージというと、僕はほんとうにいつも幸せな気持ちでいっぱいになる」と言っています。

小林　じつは、ジョン・ケージも、わたしは自筆の手紙をもってるんですね。

中島　どういうことですか。

小林　いや、自分のことばかり語ってもうしわけないけど、わたし20代のころは、中野幹隆さんが編集長だった雑誌『エピステーメー』の編集を手伝っていたので、「音・音楽」の特集（1976年）のためだと思うけど、ジョン・ケージに原稿を頼んだようで、そうしたらケージから返事が来て、「Unfortunately, you ask me at the time when I have no time.」とちょっと公案みたいな1行だけの返信が書いてあった。これもなんの記憶も残っていなかったのですけれどね。もちろん、ジョン・ケージが東京に来たときにはコンサート会場でちらっと会って挨拶したりはしましたが。でも、武満徹とジョン・ケージの手紙が同時に出てくるなんて。わたし、当時、28歳くらいでしたけどね。

中島　いまや手紙がなくなってしまった時代ですので、それは貴重ですね。

小林　あのとき、武満さんのね、きれいな手書きの文字を見ていると、ほとんど泣きそうになりましたよ。やはり字を見たら、武満さんそのものだという感じがするわけ。これ武満さんだよねと、こういう人だよねと思うわけ。ちょっと泣けました。

中島　ジョン・ケージの手紙はどんな字だったんですか。

小林　ジョン・ケージの手紙は、別にどうということはなかった。だって、裏にカーボン紙がついているようなホテルの便箋に1行書いてあるだけで、心がこもっていない。でも、武満さんのは、これを書く時間だけはわたしのことを考えてくださったと、よくわかる。そういう意味で泣けましたね、68歳にして、武満さんが亡くなった歳よりも、歳をとって。

中島　そうすると、武満徹の境地には戦後の哲学者や思想家は届きませんかね。

異質なもののぶつかりあい

小林　いやいや、やっぱり仕事が違うということがあって、武満さんは、たとえばここに書いてあるように、尺八の音で「無」に行くわけじゃないですか。それに出会うわけですよね。「日本」に出会うというか。書いたことの繰り返しになっちゃうけれど、西洋音楽は、厳密に構築されたすばらしい関係性の体系なわけですよね。この関係性をもってすれば、どんなことでも表現できる。ある意味での普遍的な力をもっているわけです。かれはそこから出発している、それに憧れて。ところが日本の音楽は、この関係性を外して、いまここの1音だけしかない、そこに世界がある、とくる。だから禅とつながっていくような「世界」であり、「無」であるような「1音」を聴くということになる。2つの世界はまったく異なっている。ところが、この異質なものをそのままぶつけて、ハイブリッドとも言うべき《ノヴェンバー・ステップス》を作曲してニューヨークにもっていくわけですよね。これは過激な問いかけですよね。他者への問いかけ。しかし純粋な問いかけ。そこでは、武満さんは、音、音楽、そして沈黙と自分がどう向かいあうかを真剣に探ってますよね。これほど激しく、東西のあいだで異質をぶつける形で問うた人はいないように思いますね。

でも、それだけで終わらなかった。かれは、１９７２年だったか、クセナキスなどのフランスの作曲家たちと一緒にバリ島に行く。そこで、そのどちらにも属さないもうひとつの他者の圧倒的な経験をした。それは、もちろん、バリ島において音楽がどのように人々の生のなかに溶け込んでいるか、ということもあるけれど、なによりも、わたしにとっては、ここで武満さんが「かみ」という言葉で呼んでいる存在と出会ってしまったということが大きいと思いますね。

中島　なるほど。

小林　「無」、「沈黙」、そこから「かみ」へ。わたしはこれをわざと平仮名で書いたのだけれども、一神教的な神ではなくて、世界が、あらゆるものが波打っているみたいな、そういう振動の海みたいな存在ですよね。

それをつかんだことによって、かれは、とても難しい多元的な問いを抱えるようになるとわたしは思います。作曲家としては１９８０年ぐらい、ちょうどジョン・ケージが日本にやって来たころぐらいから、かれは、もういちど、感覚的には、調性という西洋音楽の根源的な関係性の音楽のほうにシフトする。だからそのころ、「武満が前衛から伝統的西欧音楽に回帰した」という批判も出ましたね。わたしのまわりでもそうだった。

でも、そのとき、かれは、わたしの勝手な言い方ですが、「音」の「海」へと行こうとしたと思いますね。《海へ》という曲、わたしはいまでもそのマニフェストだと思っていますけどね。その延長に、さっきでてきた《夢と数》みたいなもの、さらには《ドリーム・ガーデン》のような作品も出てくる。だからほんとうは、３点測量によって、武満さんが抱え込んだ問いがどうだったのか、それをどう音楽的に発展させたのか、について書かなくてはいけないのでしょうけど、今回はそこまではできませんでした。いずれにしても、武満さんが言う「かみ」、それをかれは、ある種のコスミックな感覚として身体でつかんでいるわけですよね。それを論理的に説明しなくてもいい。

ところがわれわれのように、論理を使う人間は、その関係を論理化して、詰めなくちゃいけない。これをやるためには、われわれもまた、どこかで日本語を出なくちゃいけない。

だから、武満さんにとっての邦楽、西洋音楽、バリの音楽という3点測量を、言語のレベルでできるのは、——この本の冒頭に書いたように、空海こそ、まさに日本語、中国語、サンスクリット語の3点測量だったわけですけどね——井筒俊彦さんという巨人なきあとでは、たぶん中島さん以外にいないですよ。

中島　いえいえ。

小林　いや、日本語、中国語、それにフランス語、ドイツ語、さらには最近、韓国では韓国語で講演をしたとも聞いていますし。ほんとすごいです。わたし自身は、西欧に憧れて、フランス語をかなりのところまで感覚できるように努力しましたが、いろいろ試みはしたが、ついにフランス語以外のもうひとつの言語を使いこなすまでにはいかなかった。手をつけた言語はありますけどね。つまり2点測量がいいところ。その2点にしても、わたしのフランス語力では、創造的な論理構築はほとんどできませんね。この歳になってますます自覚します。翻訳はできるんですよ。向こうのものを翻訳して、それを解説することはいくらでもできる。難しくない。でも、ひとつひとつの言葉の感覚がほんとうにわかっているのか、といつも思いますね。翻訳できることの範囲でロジックを解説しても、ほんとうは届かない。翻訳不可能なものこそ、感覚ですから。しかも言語的な感覚。哲学だって、そこにこそ、ほんとうは生きた音楽があり、生きた「息」がある。でも、翻訳してしまうとそれが落ちてしまう。

中島　骸《むくろ》のようなものになる場合もありますね。

小林　これは難しいんですよ。たとえば、ドゥルーズは devenir といいますよね。これは複雑な意味があるから、そのまま「なる」とも訳せないので、たとえば「生成変化」と訳語ができて、それが定着する。でも、それは名詞で、原語の動詞的な感覚は消えてしまう。「存在」という言葉もそうですけどね。そのように、devenir というフランス語は子どもでも使うもっとも基本的な動詞を元にしているのだけど、訳してしまうと、どんな日本人も使わない特殊な翻訳語のまま、日本語のなかの人工部品となる。いつまでたっても輸入品。これでは、それを思想として生きることなど不可能ですよね。教室で解説してるだけならいいんだけど。いや、訳語に反対しているんじゃないんですよ。ただ、ドゥルーズの思考の生の感覚には届かないかもしれないということを忘れてはいけないのでは、ということかな。言語というのは難しい、武満さんが直面したような異質なもののぶつかりあいの激しさみたいなものにどうやって届くのだろうか、といつも思うわけです。

井筒俊彦「鳥のごとし」

中島　異質なもののぶつかりあいの激しさに届こうとした、戦後日本の哲学者であれば、さきほど名前の出た井筒俊彦かなとも思いますね。最近、井筒さんの日本語の全集が出揃いまして、いま外国語で書かれたものの翻訳にも大体めどが立ってきたと聞いています。井筒さんは、まさにマルチリンガルを生きた人で、異質な概念にどうやって触れるのかを考えぬいたのだろうと思います。たとえば、『意識と本質』のなかで、本質の手前にある「存在」という神秘を、『荘子』の「渾沌」、仏教の「一真法界《いっしんほっかい》」、イスラームの「絶対一者」がぶつかる地点で考え抜いたあとに、こんなことを述べていました。

世界のカオス化は禅の存在体験の前半であるにすぎない。一たんカオス化しきった世界に、禅はまた再び秩序を戻す、但し、今度は前とは違った、まったく新しい形で。さまざまな事物がもう一度返ってくる。無化された花がまた花として蘇る。だが、また花としてといっても、花の「本質」を取り戻して、という意味ではない。あくまで無「本質」的に、である。［……］鳥が鳥である、のではなくて、鳥のごとし、というしかもその「鳥のごとし」が無限に遠く空を飛ぶ。鳥としての「本質」が措定されていないからである。

武満さんと同様に、ここでも鳥が登場していますが、井筒さんは「鳥のごとし」という神秘の次元を探求したわけです。とはいえ、井筒さんへの評価が戦後日本の思想空間で十分になされていたかというと、そうでもありません。言語をほんとうにつかむことができるのかが問われているので、難しいわけです。

翻訳不可能性

小林　そうなんです。できるかどうか、とても微妙なことなんです。だって言語って、ほんとうに感覚としてつかんだときにはものすごく深いから。そこには音があり、声があり、概念があり、イメージがあり、そして歴史まである。それが全部詰まっていて、しかも創造的に言葉を使うときには、それを全部引き受けて、さらにそこに新しい響きを出現させる。まるで音楽。それを、なんというかな、概念的意味の「普遍性」みたいなものによりかかって、翻訳すればいいというものではないんだよね。ある意味、翻訳は不可能なんですよ。デリダの哲学の根底にはその翻訳不可能性がありますよ。まあ、わたしはそれを、バベルの塔と言うのですけれどね。つまり完全に普遍的なひとつの言語という「塔」は崩れているんです。はじめから。それが人間の自然言語です。はじめに解体ありき。つまり、われわれは言語をもっている以上は、真の普遍性には届かない、数以外はね。数理物理学以外はね。（数は別なんです。数ってなんでしょう?）でも、この根源的条件のもとで、しかしそれをどのように感覚的に突破して、実践できるかが問われていると思うのですけれどもね。

井筒さんは「鳥のごとし」という神秘の次元を探求したわけです（中島）

中島　いまなぜかふっと思い出したのは、森有正ですね。感覚の結晶化という言い方をたしか使っていたと思います。感覚から経験、そして言葉の定義に行くのですが、それは容易ではない。フランス語でもう一度言葉を生き直そうとしましたが、苦しみ抜いた道だったと思います。そして、晩年には中国の古典に向かい、もう一度感覚から読もうとしましたね。これもまた苦しい道だったと思います。「感覚に根差す」ということをうかがうと、森有正のように、西欧の哲学的な言語において感覚や経験を再構築することは、難しかったのだと思います。

小林　でも、森有正はパリに行ってパイプ・オルガンを弾いていたわけですよね。

中島　そうなんです。

小林　つまり、音ですよね。響きでもある。しかもパイプ・オルガンは、西欧の神学的音楽の根幹にある楽器というか、装置ですよね。

中島　バッハを弾いていたんですね。

小林　ある意味では、西欧の音楽は、さきほど関係性ということを言いましたけれど、なによりも数に依拠しているわけです。比例です。その比例的なもの、まさに ratio で理性的なものが、ヨーロッパ的な「神」(これは漢字です) の感覚なわけですよね。その意味で、西欧は、数理神学に基礎づけられた理性の王国ということになる。森有正は、感覚的にそこに憧れて、そこに行くんだけれども、バッハなら弾けるかもしれないけれども、思考は、日本語において実践する。当然ですよね。そのとき日本語の限界は、そう簡単には回避できない。それはいま、われわれのいるところと、どこかでつながっているわけじゃないですか。われわれは、ある意味では、日本語という限界に直面している。中島さんは、中国語、フランス語も、ドイツ語も、韓国語も使いながら、そこに揺さぶりをかけているわけですよ。

でも、他者の言語をほんとうに自分のものにするということが、どのぐらい難しいかと思いますね。言葉というものの恐ろしさ。だから言語じゃなくて、むしろ感覚に直接、根差したもののほうがはるかに楽に境界を超えていけると思うんですよ。

中島　言葉の恐ろしさと、小林さんは格闘し続けていらっしゃいましたから、余計に身に染みて感じるのでしょうね。

小林　いや、できなかった人間ですから。

批評と哲学

中島　ちょっと考えてみたいのは批評のことです。それは哲学とは区別される思考の態度だと思います。小林さんが武満さんのご縁で書いた文章も批評であって、これで自分はやっていけると思われたわけです。どうなんでしょうか。批評と哲学の違いというのをあらためてどうお考えになりますか。

小林　批評はね、かならずね、括弧つきですが「対象」があるんですよ。人のつくった創造的なもの。文学であれ、建築であれ、なんであれ、まあ、作品というもの。わたしはそのジャンルは問わない。ジャンルに限定された批評は専門知識からする批評で、それは、わたしには意味がない。むしろ知識ではなく、自分の感覚から出発して、その作品という出来事に切り込みたい。作品、フランス語では oeuvre ですが、それを désoeuvre（脱作品化）したい。désoeuvrement というブランショ的な言葉が思い浮かびますけど。ひとつの作品を、アーティストの産物ではなく、ひとつの自立的な世界、わたしにも開かれているひとつの世界として読みこみたい。わたしだけの読みをしたいわけですね。だって、それこそ、それがわたしにとっても「世界」でもあるということなんだから。そして、世界とは感覚的なものなんです。

中島　感覚ですよね。

小林　切り込むわけですよ。そのときになにかが起こる。出来事としての批評。ところが哲学は、究極的には、「対象」をもたない。

中島　歴史学なら歴史という対象がありますけれどもね。

小林　哲学の対象はなんですかと聞いたら、誰も言えないでしょう。つまり、哲学は「学」ではない。わたしはいつも言ってますが、philosophy という言葉には、「学」（たとえば-logy ですね）は入ってないんです。それを「哲学」にして、「学」の一部にしてしまったのが、大きな問題です。だって、哲学ほど形式が自由なものはないじゃないですか。ヴィトゲンシュタインみたいに命題集をつくっていてもいいし、プラトンみたいに対話を書いてもいい、スピノザみたいに完全に順序づけられた公理体系を考えてもいい。ニーチェみたいに詩を書いたっていい。もちろん、ハイデガーみたいに解釈学を応用して、まあ、「学的」な装いを導入したっていいわけです。サルトルのように戯曲や小説とリンクするやり方もある。形式を問わないんですよ。でも、ほんとうの philosophy は、まちがっても学術論文などという形では出てこない。

中島　まったくそうです。

小林　では、ほんとうに哲学をするということはどういうことなのか、そこに来ますよね。philosophy は、語源的には、愛と知、「知を愛する」というか、わたし自身の言い方だと、「知」と「愛」が一致するように知ることなんだ、となる。それは、ある意味では自分が生きているこの世界と、その自分自身の存在を「批評する」ことですよね。「知」という「愛」において批評する。しかもなおかつその「批評」に、ロゴスとしての一貫性をもたせなくちゃいけないわけです。ロゴスが愛になる。

哲学とは、「知」と「愛」が一致するように「知る」ことなんだ（小林）

哲学の最終的な義務は、それはかなえられないいんだけれども、世界の全体性みたいなことを回復することだと思いますね。全体性などというと、エマニュエル・レヴィナスは嫌な顔をするかもしれませんが、無限性と言ってもいいんですが、人間にとって「知」の「愛」がもたらす無限的全体性というものがあるんですね。倫理だけがすべてではない。論理もまた、「愛」につながるかもしれないんですよ。でもそんなに簡単に行くわけはない。ただ、個別性とか特異性とか歴史性というような「線 trait」（特徴）が、消えてしまうようなところに現れてくる途方もないもののほうへ行く。これは、奇妙なことに、たとえば現代の物理学がやっていることととっても近いと思いますね。ただ物理学は数でやるけれども、哲学は数じゃなくて、このごちゃごちゃしてイメージがつきまとっていてどうしようもない……

中島　概念ですよね。

小林　概念的な言葉でやんなくちゃいけない。ここにつらさもあるけれども、おもしろさもある。だから哲学は、わたしの感覚では、クリティカルなものを超えられないかもしれない。それはポエジーと言ってもいいんだけれども。クリティカル・ポエジーと。でもこのクリティカルはどこか自分自身の存在をあやうくすることでもあるんですけどね。つまり、哲学はそれを生きるのでなければ意味がないということ。西田幾多郎《きたろう》などのように、ある生き方を貫いた哲学者はいるわけですが、少なくとも大学の哲学科に属しているから哲学しているということにはならない。「学」の一部の「哲学学」をしているだけかもしれない。過去の philosophy の読解註釈。もちろん、それも大事なことなんですけどね。

大学で哲学する

中島　哲学にはなにか猛《たけ》り狂うものがあります。とはいえ、概念を放棄するわけにもいかない。その間で、「哲学する」ことが辛うじて成立していると思います。大学という場はその困難な試みのために開かれていかなければなりませんね。

小林　いや、ちょっと乱暴なことを言いましたが、でも、わたしもまた大学という場で哲学を学んだんです。日本ではなくパリでしたけれど。デリダ、リオタール、この2人は、パリの大学に提出したわたしの（第3課程）博士論文の審査員にもなってくれました。なぜかドゥルーズの講義にはまじめに出なかったのですが、1978年から81年まで、わたしはデリダとリオタールの授業に、ほんとうに大きな歓びをもって、毎週通いました。ほんとうの歓び。かれらの語り方、テクストへのアプローチの仕方、歴史を見せてくるその仕方、すべてに「そうか、哲学とはこういうものなのか」と目を開かされる思いがあった。リオタールが教室でしゃべっている語り口にこそ、かれが語ったこと以上に、わたしを哲学へと開いてくれたものがあったんです。

そのパリでのイニシエーションがあってこそ、留学から帰ってから、わたしは、はじめて日本の哲学の先生方へと近づくことができたように思いますね。坂部恵《さかべめぐみ》先生、廣松渉先生、大森正蔵《しょうぞう》先生、そして井上忠先生。みなさん、大学の教員ではあるが、しかし同時に、自分なりの仕方で世界へと切り込んでいらした。切り込み方はそれぞれ独自でしたね。数年前には、この方たちのことは歴史に残しておきたいと思って、オックスフォード大学の出版局から日本の現代の哲学者についてテクストを書いてくれ、と頼まれたときに、この4人をまとめて勝手に「駒場カルテット」と命名して、それぞれの哲学の姿勢みたいなものを伝えるテクストを書きました（"The Komaba Quartet," *The Oxford Handbook of Japanese Philosophy*, 2014）。これは、わたしから、これらの先生方への感謝の表現なんですね。

だから、いまの時代、フィロソファー（哲学者）がみな、大学という制度の外にいなければならないなんてことはないのです。大森先生も坂部先生も、みなさん、自分なりの存在感覚から出発して、哲学の歴史を読みとき、しかしそれにとどまらず、自分の世界をロゴス化するという詩的なミッションに殉じていらっしゃるわけですね。

中島　それは、武満さんの議論のなかのキーワードでもある感覚の問題ですよね。

小林　感覚ですね。

中島　その感覚にどれだけ誠実であるかどうか。たとえばそれをロゴス化してみたりもするし、あるいはそれが音楽であってもかまわないわけです。そういった営為が、ひょっとすると薄れてきている可能性がありますかね。

小林　やっぱり世界のなかに存在しているということですよね。世界内存在、あるいは世界に帰属している存在として。でも同時に、垂直に世界と向かいあってもいるんです。それが人間です。直立するというのは根源的なこと。この世界は、138億光年の広がりをもってあるのに、わたしは、まるで微小な、ほとんど「無」の存在なんだけれども、しかし垂直にその広大な世界と向かいあう「1本の蘆《あし》」である。それを可能にしてるのは、言語です。直立することと言語をもつことはオーヴァーラップしている。わたしという「ほとんど無」の存在が、何億もの銀河系を包みこんだ広大無辺の世界とかろうじて拮抗《きっこう》し、対抗するんです。すごいよね。言語が与えてくれるこの非対称のバランスを通じて、そして、この言葉というロゴスを通して世界を知り、世界を愛する、それはある意味では、人間にとっては、もっとも基本的な衝動なんですよ。「学」などというものではない。人間のもっとも根源的な「運動」なんです。フィロソフィーというのは、たとえそれがギリシャからはじまる「哲学」というものに収まらないとしても、どこかで人間には避けがたいんです。避けることができないんです。

けれども、世界と向かいあって存在しているという感覚が薄れてしまうと、言語をそのような探求へと発動する心が生まれてこないように思いますね。意識がいつもどこかに接続されて、つねに情報が流れ込んでくる、そういうあり方に慣れてしまうと、向かいあいという拮抗が失われてしまう。からだがなくなって、全方位、だけど世界という不思議が感じられなくなってしまうというかね。自分が「いま、ここ」に存在するというプレザンスの感覚が日々薄くなりつつあるような気がしますね。でも、われわれの脳はそれで充足できるんですよ。脳は情報が入ってくれれば癒やされるのかもしれない。これは、脳が存在しているのか、脳ではない「わたし」が存在しているのか、という大きな問題ですよね。

脳という意識は癒やされる。情報刺激が入ってくればね。テレビを見て、インターネットを見て、映像を追いかけ、音楽を聴いて、さらにはゲームに埋没して、そうすれば、存在という厄介なものは忘れてしまえる。存在って厄介ですからね。

たとえば引きこもりの人は、引きこもって存在してるというよりは、引きこもって人間の存在を忘れさせてくれる膨大な情報を引き入れていたりする。それは、いまの時代の大きな問題ですよ。「存在とは別の仕方で」存在しているというと、レヴィナス哲学を茶化しているようですけど、レヴィナスが言ったのとは違った意味で、「存在とは別な仕方で」がはやってきているように思えたりします。この現にある世界に、世界内に存在することが、難しくなってきているという奇妙な事態。脳が、この世界ではなく、ヴァーチャルな世界に常時接続しているみたいな、ね。

中島　そういった接続を切るためには、なにが必要でしょうね。

小林　難しいけれど、ひとつ考えられることは、自分のからだを使った表現が起こったときに、はじめて違う感覚が生まれるのでは、とわたしは思いますね。情報を受けるだけで満足できるんですが、それでもいったん自分が表現する、音楽をつくるでも、詩をつくるでも、ダンスをする、絵を描くでもいいんだけど、表現者に回った瞬間に、この感覚では駄目だということが、はっきりわかってしまうのではないかな。そして、そこから、自分が、世界内でいわばある種の「ずれ」というか、「すきま」というか、「ほとんど無」として存在しているのだけれど、そこになにか起こる、奇妙な言い方ですが、「存在している」ということが「起こる」、ということを感覚できるのではないか、と思いますね。まあ、わたしのある種の希望、願望でもあるけれど。それは、別に「アーティストになる」という意味じゃなくて、自分という存在の根源的な想像性を行為するみたいなことなんですけどね。そうなってはじめてほんとうに、純粋に、学びはじめるわけですよ。武満さんがそうしたようにね。世界に向かって問いを発し、それを生きようとし、みずからの身体を他者へ、異邦へと運び、そうやって動いていく。

中島　まさに、運動ですね。

小林　運動です、終わりのない運動。自分が変わることによって、存在する。devenir と言ってもいいかもしれませんが。

中島　そうだと思います。

小林　どこかで武満さんが、鈴木大拙の「存在は存在しない。よって存在は存在する」みたいな言葉を引用していたけれども、まさにそれですよね。このことはとっても大事です。自分

日本の遺産のなかに、自分が変容していくためのヒントが結構ある（中島）

が変容することを受け入れるということこそが、存在することにつながる。

中島　われわれはこれまでずっと対談してきて、日本を解き放とうとしているわけですけれども、その日本の遺産のなかに、自分が変容していくためのヒントが結構あると思います。それをもうちょっとうまく使いたいですね。

武満徹から坂本龍一へ

中島　日本の音楽の遺産についてですが、音楽の分野で武満さんに続くような人はいるのでしょうか。

小林　作曲家も音楽家もたくさんいるのですが、「日本を解き放つ」みたいなことを考えると、坂本龍一さんかなあ。かれがある仕方で武満さんのバトンを受け継いでいるような感じもします。全然違うのですが、それだからこそ。

中島　なるほど。たしか、東大で坂本龍一さんと対談したことがありませんでしたっけ。

小林　そう、あれは２００７年だったかな。「学術俯瞰講義」という枠で坂本龍一さんをお呼びするので、その相手をしてくれ、と頼まれて、もちろん名前も音楽も知ってはいましたが、追っかけていたわけではないので、CDやDVDなどを買えるものは全部買って聴きましたね。そして、駒場のホールで、そのときは銀杏《いちょう》が黄葉している季節で落ちた銀杏の葉っぱを舞台中に敷き詰めてお迎えしたのを思いだしますね。そのとき、いろいろお話をうかがって、かれがやはり地球のあちこちの場所で「音」を、純粋に「音」を聴くということを積み重ねてきていることを知って、そうか、ここにも「世界を聴く」という過激な姿勢があると感じたわけです。そうすると、坂本さんの音楽は、わたしは、武満さんの音楽とまったく違っていて、なにか都市の孤独というものに根ざしているような気がするのですが、そこから出発して、地球と都市という対立軸で、日本と世界をつなげた人ではないのか、と思った。つまり、武満さんの場合は、西欧―日本―宇宙（バリ）という3点測量となるとすると、坂本さんの場合は、「都市」というもはや西欧でも非西欧でもない人類の現実、それに対して、その「都市」の外に広がる「地球」という「自然」、「自然」だけど侵蝕《しんしょく》され、なかから崩されているような「自然」という軸。坂本さんとわたしはだいたい同世代とも言えますけれど、時代的共感がある。もうわれわれの世代にとっては、ひょっとすると、ニューヨークもパリも東京も北京も同じなのかもしれない。「東」も「西」も消えてしまって、ただ無国籍の「都市」、高層ビルが立ち並ぶ「宇宙船」みたいなある種の閉鎖系のシステムである「都市」、メガロポリスがあるだけ。そこは、「宇宙」じゃなくて「宇宙船」、しかもそこはまた「戦場」でもあってね、強いていえば、「戦場のメリークリスマス」が流れているみたいな、ね。

中島　坂本さんは、わたしの世代ではＹＭＯで、テクノポップの象徴でした。音楽のなかにテクノロジーを導入した、あるいはテクノロジーを通じて音楽を再定義しようとしたように思います。

小林　そう、武満さんが尺八を通して、１本の竹のなかを吹きすぎる風の音、「無」の音を聴こうとしたとすると、坂本さんの場合は、その「聴く」のなかにすでにテクノロジーが入ってきているような気もしますね。電子音というか、音響に関する技術的進歩はすごいものがあったわけだから。われわれの世代は、「宇宙」という感覚は、バリ島の影絵芝居やケチャを通してというより、映画やシンセサイザーやそういったテクノロジーに支えられたフィールドを通して出会われるのかもしれませんね。

坂本さんは、たしか芸大時代に、武満徹批判のビラを書いて撒いたりしていたわけですが、それだけ武満さんを意識していましたよね。とても似てるところがあるわけですね。映画音楽への真剣な取り組み方とかね。映画音楽は、どちらにとっても、けっして2次的な、派生的な仕事ではなかったと思いますね。むしろ「映画」というメディアのあり方のなかに、文化の変容の核があったと考えないといけない。坂本さんはそこから、自分自身が映画に出演してしまったりするわけですけどね。それには、わたしの言葉で言うと「道化の世代」としての共感を覚えますけどね。

小林　もうひとつ、坂本龍一でつけ加えておきたいのが、やはり、カタストロフィーということ。

都市―地球―カタストロフィー

さきほど述べた、世界中どこに行っても同じ無国籍のメガロポリスと地球、その境界でカタストロフィーが起きる。それこそ、われわれの時代の感性が引き受けなければならない時代の切っ先ですよね。そう、3点測量というなら、都市―地球―カタストロフィーの3点測量と言いたくなってきたな。

よく知られているように、坂本龍一さんは、東日本大震災で壊れたピアノを引き上げて、その壊れたピアノを、調律などしないでそのまま弾くということをやってますよね。西欧的な厳密な関係性の音楽をつくるのではなく、また、竹のなかを吹きすぎる息の音を聴くのでもなく、カタストロフィーの衝撃をとどめるピアノをそのまま弾く、そしてそのままその音を聴く。そこに「聴く」というひとつの行為が、いま、人類の現時点でどのようなものであるのか、についての深い示唆があると思います。われわれはそこにいる。そこに立っている。それは、音楽家だけではなく、誰もがそうなのだと思いますけどね。この震災ピアノを弾くようになって、かれは「自分のピアノを調律することができなくなりました」と言っていたと思いますけど、そのようにカタストロフィーに対して、自分自身が変容することで応答する。それは、中島さんが言う「触れあって変容する」ということですよね。そこに坂本龍一のすごさがあると思っています。

中島　なるほど。じゃあ期待したいですね、坂本さんとその後というのにね。

病床のレシピノート

小林　最後にもう一度、武満さんに戻りますけれど、わたしがとても感動するのは、かれの最後のノートというか、虎の門病院に入院なさっていて、そのときに、色鉛筆で食材の絵を描いて、そこにレシピが書いてあるスケッチ帖（『サイレント・ガーデン』新潮社、1999年）。自分が食べたいと思うものを描いているのでしょうけど、病院のベッドで、結果的には死に臨んだ人生最後の時間、もちろん日誌的メモもあるのですが、観念的なことや感情的なことはまったくなくて、ただ食べ物、しかもそれが食べたいと書いてあるのではなく、どうやってつくるかが書いてある。スケッチも入って。

中島　卵焼きとかですか。

小林　いや、もっと凝ったものなんですよ。「松茸《まつたけ》となめこのパスタ」とか「鮑《あわび》めし」とか「ビーフ・ストロガーノフ（コーカサス風）」とか、およそ50のレシピ。たとえば「鮑めし」だったら、「米はといでだし昆布をいれておく。ごく少量の塩」、「鮑は一糎《センチ》角五粍《ミリ》厚ていどの喰《た》べ易い大きさに切る。酒で洗う。」と下ごしらえからして細やかなんです。ほんとうに神経がすべてに行き届いている。病床にあって、人生の最後に臨んで、こういうものが50というオーダーで描かれ、書かれたということに、わたしは心うたれます。どんな哲学的な言葉よりも、この表現が、地上における人間の姿を美しく語っているというような感じかな。

中島　すばらしいですね。

小林　この入院期間中に武満さんは、たしかラジオでバッハの「マタイ受難曲」を聴いて感動するとか、いろいろエピソードはあるのですが、わたしは、自分の情念とか、思想とかを綴るのではなく、自分が食べたい料理のレシピを、しかも絵つきでていねいに描いていた、この人はなんなんだろう、と素直に感動するんです。しかも、絵もそうですが、レシピももちろん、きれいな端正な字なんです。

中島　なんか居住まいのいい人ですね。

小林　だから美しい人なんですよ。人として美しい。純粋なものがある。料理なんだから、食べるという欲望もあるのだろうけど、それをこのように美しく表現できる。この表現の過激

どんな哲学的な言葉よりも、この表現が、人間の姿を美しく語っている（小林）

なまでの純粋さにかなあ、わたしが感動しているのは。そんな気がしますね。こういう人としてのあり方というのは、その人がそこに佇《たたず》んでいるのを見ただけで、感じ取ることができるじゃないですか。わたしはコンサートホールでいつも武満さんが、胸があかないタイプのグレーのスーツを着て立っていらした姿を思い出しますね。そういう人の姿をこの目で見ることができたというのは、大げさみたいだけど、わたしの人生にとってはある種のギフトであったと思っているんです。

おわりに——ともに思考する友人へ

中島隆博

共著という形式があります。自然科学の論文だと、共著者が何十人、何百人になることもあると聞きました。その共著者リストは、時には、共著論文本体よりも長いことがあるそうです。多くの研究者が課題を分担して実験を行い、その成果をひとつにまとめるからだとのことです。では、人文学でもそんなことは可能なのでしょうか。

わたしが書いた著作を振り返ってみると、ほとんどは単著に分類されます。いま流行《はや》りの業績評価なるシステムを見てみますと、「共著」という枠があります。論文集として何人かの人と一緒に作った本のことを、そこに分類したりもします。しかし、それはどう考えても変な感じがします。自然科学の論文の共著というツリー状の形式に向かうことは困難だとしても、それでも人文学だからこそできる共著もあるのではないか。フランスの戦後を代表する知性であったジル・ドゥルーズとフェリックス・ガタリが行なったものは、その範例になるようなものでした。それは、二人がまるでひとりの著者のようにともに書くというものです。わたしも、いつかはそのような著作をものしてみたいと少しは考えましたが、実際にそれを実践するのは容易ではありませんでした。

こうした背景のなか、この本で小林康夫さんと一緒に試みたのは、今日のわたしたちにとっての共著とはいかなるものでありうるのか、ということでもありました。これは一緒に哲学の挑戦を長い間共有してきた小林さんであったからこそできたように思うのですが、その反面、やり方としては誰ともできるはずだという思いもあります。

それにしてもおもしろい試みでした。重要な物事が往往にしてそうであるように、はじまりはふとしたことでした。東大EMP（東京大学エグゼクティブ・マネジメント・プログラム）という社会人向けのプログラムが翌年に10周年を迎えようとする2017年の夏前でしたでしょうか、せっかくだから二人でそれを記念するような哲学・思想のマクロ・パースペクティブの本を作らないかと、小林さんから提案を持ちかけられたのです。そして、その共著の作り方は、二人でそれぞれエッセイを書いてきて、それをもとに対話をする、というものでした。

わたしが強く惹《ひ》かれたのは対話という実践でした。小林さんとは、1990年代の後半に講談社で『哲学の木』という本を作る過程ではじめて出会い、2000年にわたしが東京大学の表象文化論コースに移るときに大変お世話になっていました。そしてその後、COEという世界的な研究拠点を作るプロジェクトをUTCP（東京大学共生のための国際哲学教育研究センター）として駒場で展開するなかで、それをともに支えあった仲でもありました。特に2007年からのグローバルCOEの時代には、ほぼ毎日のようにひとつのやや大ぶりのテーブルの両端に二人でずっと座っていたのです。正確に言うと、小林さんはわたしの右に座っていたのでした。

わたしたち二人の盟友であった文化人類学者のジョエル・トラヴァール（2016年3月逝去）

は、友人同士の座り方についてこう語っていました。それは対面して座るのでもなく、真横に座るのでもなく、やや斜めに腰掛けて座るものだ、と。小林さんとわたしはずいぶん長い間、やや斜めに腰掛けながら、一緒に座っていたのでした。そして、今回の対話でもまた、わたしたちはやや斜めに座り、小林さんはやはりわたしの右に座っていました。

とはいえ、二人で対話を繰り返すということは、実はあまりしたことはありませんでした。数え切れないほどのカンファレンスやワークショップにおいて、二人で議論をしたことはよくありましたし、他の人を含む座談会をいろいろな機会でもってはいました。しかし、あらたまって対話をしたことはなかったように思います。だからこそ、小林さんの提案に対する即座の反応として、対話に強く心を惹かれたのだろうと思います。

読んでいただけるとすぐにわかると思いますが、この対話を通じて、わたしたち二人はこれまで口にすることのなかったこと、あるいは一歩踏み込んで考えてはこなかったことを、お互いに晒《さら》しています。まさに「秘密を親友に打ち明ける」というインティマシーの語義通りのことが生じたのです。つまり、友情がなければこの対話は成立しなかったのです。とはいえ、わたしたちの議論は、このインティマシーの構造を考えるということでもあったので、秘密を共有して喜ぶというものとは少し違います。わたしたちの思考にも反復されているような「秘密」の構造を、日本の哲学・思想の一種のリフだと考えることによって、それ自体を解き放とうとしたのです。「日本を解き放つ」ことは、自らの思考を脱構築するという関与なしには到底考えることはできないことなのです。

あるいは、対話を通じて自由になることを実践したと言ってもいいのかもしれません。今日の語彙《ごい》のなかで「自由」という言葉はずいぶん価値が下がってしまいましたが、人文学が、とりわけ哲学が「自由」を擁護しないでいったいどうするのだといつも思います。とはいえ、それは決して容易なことではありません。この対話から伝わればいいなと思いますが、小林さんもわたしも相手に対して相当きつい問いを投げかけていて、思考に思考を畳み掛けるようなことをしています。なんとか逃げ切ったと思った瞬間に、次の問いが重ねられているのです。そして、そうした対話こそが、人を自由にするし、わたしたちが遺産として継承しているテクストを解き放つことだと思うのです。

この対話は多くの友情なしには成立しませんでした。『日本哲学資料集』を編んだトマス・カスリスさん、ジェイムズ・ハイジックさん、ジョン・マラルドさん。その中でも、今回はその姉妹本である『日本哲学小史』を書いたカスリスさんから多くのインスピレーションを受け取りました。この3名が開いた日本哲学研究の地平を受け取っていなければ、日本哲学を主たる専門にしない小林さんとわたしが、日本の哲学・思想と取り組む勇気はでなかったと思います。また、小林さんにとって武満徹さんへの敬愛・友情がどれだけのものであったのかは、その手紙からもひしひしと伝わってきます。そのほかにも、この本で言及した空海、道元、親鸞、荻生徂徠、本居宣長、森鷗外、夏目漱石、丸山眞男、井筒俊彦等々の先人への（一方的かもしれませんが）友情は不可欠なものでありました。ヤン・コットはかつて『シェイクスピアはわれらの同時代人』という本を書きましたが、まさしく同時代人としてのこれら思想家たちと対話できたような気もしています（うまくいったかどうかは別として）。

この本を手に取って読んでくださった方へ。

不思議に思われるかもしれませんが、わたしたちの対話は、いまは不在の、しかし未来の読者が隣にいるように感じながら行われました。その人たちに何か鍵を届けたい。それがわたしたちの願いでした。読むというのはおもしろい行為です。決して単なる受け身ではありません。読む人が頁をめくり、ともに考えないと、次の扉は開かれないからです。わたしはいまでも自分が中学生だった頃の読書の一シーンを鮮明に思い出します。あまりに興奮していて、すぐには次の頁を読むことができませんでした。一呼吸置きます。読みたい一方で、読むためには頭を整理したり、何か準備が必要な気がしたりして、頁をめくることを躊躇《ためら》うのです。それでも、扉の先を見てみたいという思いには勝てません。意を決して頁をめくり、次の扉のなかに飛び込んでいく。こんなシーンです。その後も、幸福な読書はたくさんありましたが、あれほどドキドキした読書のシーンは、まさに「初心」だったからこそ到来したように思います。

こうした「初心」の読書のイメージが、ここにあるイラストです。「夜中の書庫の侵入者」ってなんともワクワクしませんか。

「夜中の書庫の侵入者」（サトウテン）

読者のなかには、ひょっとすると苦しみや困難のなかにいる方がいるかもしれません。その際に、いろいろな情報を検索して集めて、自分の状況を整理しようと試みるかもしれません。しかし、そのやり方はそれほどうまくはいかないのです。というのも、そうした情報はほとんどが「距離を置いた知」であって、「関与する知」ではないからです。自分の状況に関与するためには、「ともに思考する」友人がどうしても必要です。読書は、どんなにシャイな人であっても、友人とめぐり合う経験です。それは時空を超えた友情です。わたしはよく思うのですが、読書を通じて得た友情が、現実の人間関係においても豊かな友情を育む基礎になるのではないでしょうか。

読書は情報を得ることではありません。この本にも、はじめて知るようなことが数多くあるかもしれませんが、そんなものは捨ててください。その代わりに、読むことを通じて、是非、何世代にもわたる読書を通じて作り上げられてきた思考の空間に参加してもらいたいのです。「日本を解き放つ」とはこうした思考の空間を開くということなのです。受け取った鍵をいろいろな扉に差し込んでみてください。きっとどこかの扉が開くはずです。そのときの興奮を忘れないようにお願いします。そして、次の誰かに再び鍵を渡していただければと思います。

この本がなるにあたっては、東京大学出版会の黒田拓也さんと住田朋久さんに大変お世話になりました。毎回の対話で、小林さんとわたしが斜めに座って言葉を届けた最初の読者は、このお二人だったのです。無論、お二人の後ろに、不在の読者を感じながらではありますが。このお二人は、毎回ほぼノンストップで3時間ほど喋《しゃべ》り続けたわたしたちの「声」を聞き届けた上で、見事な原稿に仕立ててくれました。ですので、この本は4人の共著だと言ってもよいと思っています。あらためて御礼申し上げます。

小林康夫

青山学院大学特任教授，東京大学名誉教授．1950 年生まれ．専門は表象文化論，現代哲学．主な著書に『表象文化論講義　絵画の冒険』（東京大学出版会，2016 年），『知の技法』（共編，同，1994 年），『オペラ戦後文化論 1 ――肉体の暗き運命 1945-1970』（未來社，2016 年），『君自身の哲学へ』（大和書房，2015 年）などがある．

中島隆博

東京大学東洋文化研究所教授．1964 年生まれ．専門は中国哲学，比較哲学．主な著書に『共生のプラクシス――国家と宗教』（東京大学出版会，2011 年，和辻哲郎文化賞受賞），『東大エグゼクティブ・マネジメント　世界の語り方』1・2（共編，同，2018 年），『ヒューマニティーズ　哲学』（岩波書店，2009 年），『思想としての言語』（同，2017 年）などがある．

日本を解き放つ

2019 年 1 月 31 日　初　版

［検印廃止］

著　者　小林康夫《こばやしやすお》・中島隆博《なかじまたかひろ》

発行所　一般財団法人　東京大学出版会

代表者　吉見俊哉

153-0041 東京都目黒区駒場 4-5-29

http://www.utp.or.jp/

電話 03-6407-1069　FAX 03-6407-1991

振替 00160-6-59964

印刷所　株式会社真興社

製本所　誠製本株式会社

ISBN 978-4-13-013097-4　Printed in Japan